아이디어 기획서 최소원칙

Copyright ⓒ 2019 published by SuperGraphic Company
All rights reserved. No part of this book may be reproduced, stored in a retrieval system, or transmitted in any form or by any means, electronic, mechanical, photocopying, recording, or otherwise, without prior permission in writing from the publisher.

저작권자 ⓒ 정경수
이 책의 저작권은 저자에게 있으며 출판권은 큰그림(슈퍼그래픽)에게 있습니다.
이 책은 저자와 큰그림(슈퍼그래픽) 사이의 저작권 계약에 의해 출판되었습니다.
서면에 의한 저자와 출판사의 허락 없이 내용의 일부를 인용하거나 발췌하는 것을 금합니다.
이 책에 사용된 사이트와 프로그램, 로고는 해당 회사가 상표나 저작권을 가지고 있습니다.

아이디어 기획서 최소원칙

초판 1쇄 인쇄	2019년 3월 19일
초판 1쇄 발행	2019년 3월 21일
지은이	정경수
펴낸곳	큰그림(슈퍼그래픽)
펴낸이	윤정
책임편집	정도환
디자인	박상화
그래픽	데코앤데코
등록번호	제2-5081호
등록일자	2009년 2월 23일
ISBN	979-11-87201-24-3 13320
주소	서울시 중구 필동2가 93번지 2층
전화	02-2264-6422
팩스	0505-116-6422
이메일	sgpress@hanmail.net

잘못 만들어진 책은 구입하신 곳에서 바꾸어 드립니다.
값은 뒤표지에 있습니다.
'큰그림'은 슈퍼그래픽 SuperGraphic의 출판 브랜드입니다.

이 도서의 국립중앙도서관 출판예정도서목록(CIP)은 서지정보유통지원시스템 홈페이지(http://seoji.nl.go.kr)와 국가자료 공동목록시스템(http://www.nl.go.kr/kolisnet)에서 이용하실 수 있습니다.(CIP제어번호: CIP2019003336)

Idea Planning Document Principle

명료하고 구체적인 기획서가 회사를 살린다

아이디어 기획서 최소원칙

정경수 지음

머리말

아이디어 하나만 가지고 창업하는 스타트업과 1인 기업이 꾸준히 늘고 있다. 대기업에서는 이미 오래전부터 사내 벤처를 만들어서 혁신적인 아이디어를 현실로 만들기 위해 노력하고 있다. 삼성전자 C랩, 롯데 엑셀러레이터, 아모레퍼시픽 린 스타트업이 대표적인 벤처 육성 제도다. 네이버도 사내벤처로 시작했다. 잘 키워낸 벤처가 회사를 살린다는 말도 생겨났다. 공모를 통해서 아이디어가 참신하다고 판단하면 전폭적으로 지원하고 탁월한 결과를 만들면 별도의 법인으로 독립한다. 규모를 갖춘 중견기업도 아이디어가 좋으면 태스크포스팀(TFT)을 만들어서 새로운 사업을 추진한다.

회사 규모가 크든 작든 잘 된 사업은 "아이디어가 좋아서 성공했다"라고 말한다. 모든 기업에서는 아이디어의 가능성을 판단하기 위해 기획서를 본다. 기획서는 눈에 보이지 않는 아이디어를 구체적으로, 낱낱이 볼 수 있게 해준다. 아이디어와 기획서는 떼려야 뗄 수 없는 관계다. 혼자 일하든 여럿이 팀으로 일하든 아이디어를 기획서로 만들어서 문자화, 시각화해야 비로소 논리와 직관이 작동한다. 기획서를 쓰는 동안 예상하지 못했던 일을 추가하거나 미처 생각하지 못한 허점을 발견한다.

아이디어가 없으면 기획서를 쓸 수 없다. 기획서를 쓰지 않으면 아이디어는 뜬구름에 불과하다. 좋은 아이디어를 내는 것은 시작일 뿐이다. 아이디어가 훌륭해도 기획서에서 '훌륭함'을 표현하지 못하면 아이디어는 묻힌다. 반면, 아이디어는 지극히 평범한데 기획서로 정리한 실행 계획이 상당히 구체적이고 시간과 노력, 비용을 들인 것에 비해서 이익이 크다면 기획서를 채택하지 않을 이유가 없다. 기발한 아이디어가 떠올랐다면 기획서에 구체적으로 표현해야 한다. 기획서를 통해서 '기발함'을 제대로 전달할 수 있다면 더 바랄 게 없다.

 기획자로 일한 경험에 비추어 보면, 아이디어와 기획서, 좋은 성과는 '만드는 것'이다. 어느 날 갑자기 아이디어가 하늘에서 뚝 떨어지지 않는다.

 아르키메데스가 아무런 노력도 하지 않다가 목욕탕에서 불현듯 아이디어가 떠올라서 "유레카"라고 외쳤다고 생각한다면 오산이다. 그는 생각을 거듭해서 왕관에 불순물이 섞였는지 알아낼 방법을 찾았다. 그리고 목욕탕에서 생각난 것이다.

 모든 아이디어가 마찬가지다. 정보와 지식을 쌓고 '적절한 절차'에 따라 생각을 거듭하면 좋은 아이디어가 나온다. 좋은 아이디어를 기획서로 쓸 때도 적절한 절차와 원칙을 지켜야 한다. 일반적으로 기획서에 쓰는 내용은 정해져 있다. 항목이 정해져있다는 것은 획일적이라는 의미가 아니다. 정해진 항목만큼은 확실하게 보여줘야 한다는 뜻이다.

모든 일에는 지켜야 하는 적절한 절차와 최소한의 원칙이 있다. 아이디어 개발, 기획서 작성에는 원칙이 있다. 하지만 바쁘다는 핑계로, 안 해도 뻔하다는 이유로 최소한의 원칙을 무시한다. 기획서를 쓸 시간이 부족해서 한두 단계는 건너뛰어도 될 것 같은 생각이 든다. 하지만 적절한 절차와 원칙을 지키지 않으면 기획서는 허술해진다.

"행복한 가정은 모두 엇비슷하고 불행한 가정은 불행한 이유가 제각각 다르다."

톨스토이가 쓴 '안나 카레니나'의 첫 문장이다. 기획서도 그렇다. 성공한 사업의 기획서에는 좋은 아이디어가 있다. 반대로 실패한 사업의 기획서는 문장이 명료하지 않고 이익도 숫자로 제시하지 못한다. 기획서가 명료하지 않은 이유는 빈칸만 채웠기 때문이다. 항목만 적당히 채운 기획서는 보기에만 그럴듯하다. 경영자가 미사여구에 현혹돼서 기획서를 채택하면 결과는 불 보듯 훤하다. 기획자는 기획한 대로 실행하면 큰 이익을 얻는다고 썼지만 빈칸만 채워 넣은 기획서는 좋은 결과를 만들지 못한다. 아이디어, 논리, 실행 계획, 비용과 이익, 손익분기를 구체적으로 쓴 기획서는 좋은 결과를 낸다.

경영자가 채택하는 기획서, 예상한 것보다 좋은 결과를 얻은 사업에는 공통점이 있다. 바로 구체적인 기획서다. 좋은 성과를 얻은 사업의 기획서에 나타나는 특징은 세 가지로 요약할 수 있다. 첫째, 아이디어를 손에 잡힐 만큼 선명하게 설명한다. 둘째, 비용은 최소화하고 큰 성과를 얻는 실행 계획이 있다. 셋째, 문제를 해결한 후에 할 일까지 제시한다. 최소 원칙을 지키면 기획서에 세 가지 특징을 담을 수 있다.

이 책에서는 아이디어를 구체화하는 과정과 기획서를 쓰는 적절한 절차를 설명한다. 무엇보다 아이디어를 기획으로, 기획을 기획서로 만드는 과정에서 지켜야 하는 원칙, 결과물을 만드는 순서에 집중해서 설명한다. 무슨 일이든지 방법론과 순서를 지키면 오류를 줄이고 성공 가능성을 높일 수 있다.

1장부터 3장까지는 발상의 원리와 프레임워크, 아이디어를 개발하고 구체화하는 방법을 소개한다. 4장부터 8장까지는 기획서 초안, 세부 내용 작성, 표현법을 정리했다. 아이디어 발상과 숙성, 구체화를 거쳐서 기획서 초안을 쓰고 세부 항목을 정리하면 누구나 완성도 높은 기획서를 쓸 수 있다.

기획서 작성을 어렵게 생각할 필요는 없다. 적절한 절차를 거치면 기획서 작성은 생각만큼 어렵지 않다. 명료하고 구체적인 기획서가 회사를 살린다. 훌륭한 아이디어를 기획서에 담아서 회사의 목표, 개인의 목표를 이루기 바란다.

● 정경수

차례

아이디어 기획서 최소원칙
Idea Planning Document Principle

머리말	4
차례	8

1 기획자의 발상법   13

관심 있는 만큼 보인다	15
정보를 받아들이는 방법	19
기획자에게 영감이란 무엇인가	24
많이 생각하면 반드시 좋은 아이디어가 나온다	30
발상의 원리를 알면 많은 아이디어를 낼 수 있다	34
아이디어가 떠오르는 순간	40
새로운 생각이 나오는 순서	45

2 기획자의 생각법   49

창의력과 사고력은 기억을 먹고 자란다	51
가능하다고 생각하는 곳에서 기획이 시작된다	55
생각에 집중하기	60
영감이 떠오르는 원리	65
디자인 씽킹과 AEIOU 프레임워크	70
공간이 좋은 생각을 만든다	75
다양한 경로로 자료를 수집하고 검토한다	79
좋은 생각은 즉시 종이에 적는다	84

3 아이디어 개발하기   89

아이디어를 만드는 과정	91
아이디어 숙성하기	97
메모는 아이디어의 씨앗	103
아이디어가 떠오르지 않을 때는 이렇게 한다	109
기획자는 항상 정보와 지식에 목마르다	113
기획자의 업무 1순위는 '리스트 만들기'	117
스토리텔링은 전달력이 매우 높다	123
검색과 자료수집	127

❹ 문제를 해결하는 기획   131

기획의 첫 번째 단계는 '문제분석'   133
문제를 분석하는 방법   137
진짜 문제를 발견하고 해결책을 찾는다   142
혁신하거나 개선의 여지를 찾거나   147
중요한 문제를 먼저 해결한다   153

❺ 논리적인 기획서   157

논리가 훌륭한 기획을 만든다   159
기획서에 무엇을 넣어야 할까?   163
자료가 논리를 만든다   169
기획자의 자료 검색법   174
분석한 정보만 기획서에 쓴다   179
기획자에게 가치 있는 정보   184

❻ 기획서 초안 만들기   187

기획서 초안의 항목   189
기획서 초안 만들기   193
초안을 쓰는 순서와 시간   197
현황 분석 자료   202
현재 상황을 정확하게 파악하는 방법   207

초안의 완성도를 높이는 기획 방법론　　　　214

7　기획서 작성하기　　　　221

기획서 문장 쓰기 원칙　　　　223
기획서를 쓰는 순서와 방법　　　　227
사실과 의견 구분하기　　　　231
기획서에서 이익을 제시하는 방법　　　　235
기획 배경에서 재정을 점검하고
기대효과에서 이익을 제시한다　　　　238
레이아웃과 넘버링　　　　245
기획서 작성 시 체크리스트　　　　251

8　기획서의 표현법　　　　255

기획서의 표현법　　　　257
성공하는 차별화, 실패하는 차별화　　　　263
근거를 제시할 때 필요한 세 가지 요소　　　　267
콘텐츠 매핑, 흩어진 내용을 연결하는 방법　　　　269
거버닝 메시지 요약하기　　　　272
애매한 표현을 고쳐쓰기　　　　276
기획자의 문장은 다작으로 향상된다　　　　281
맺음말　　　　284
참고문헌　　　　286

일러두기

- 도서명은 《 》, 영화, 예술작품, 방송 프로그램, 간행물, 논문 제목은 〈 〉로 표시했다.
- 참고문헌에서 원문 그대로 인용한 글은 본문에서 ' '와 " "로 표시했다.
- 주석은 단락 끝에 숫자로 표시했고, 참고문헌에 저자, 도서명·기사 또는 글 제목, 출판사·매체, 발행연도, 참고한 페이지 번호를 표시했다.
- 참고도서에서 서술한 내용을 맥락상 이해를 돕기 위해 부연설명하거나 표, 그래프, 도식으로 재구성했다.
- 책에 사용한 아이콘은 freepik.com에서 디자인했다.

1

기획자의 발상법

관심 있는 만큼 보인다

우리 뇌는 중요한 정보를 무의식적으로 선택해서 기억한다. 별로 중요하지 않은 정보는 기억에서 자동으로 지운다. 생존과 관련된 정보는 대부분 한 번만 보고 들어도 기억한다. 하지만 뇌에서 중요하다고 인식하지 않는 정보는 의식적으로 기억하려고 해도 얼마 안 가서 잊힌다.

눈으로 보고, 귀로 들은 정보를 잊어버리지 않기 위해서 정보를 받아들일 때 자극의 강도를 높인다. 중요한 내용에 밑줄을 긋는 것도 자극의 강도를 높여서 오래 기억하기 위해서다. 후각도 마찬가지다. 음식이 타는 냄새와 방금 원두를 갈아서 내린 커피 향은 자극의 강도가 세다. 그래서 금방 알아차린다. 큰 소리는 작은 소리와 비교해서 자극의 강도가 세서 더 잘 들리고 기억에도 오래 남는다.

이와 같이 감각 기관에 전달되는 자극이 클수록 정보를 빨리 받아들이고 오래 기억한다. 하지만 감각기관에 전달되는 자극이 크다고 해서 모든 정보를 더 빨리 받아들이고 오래 기억하는 것은 아니다. 필요한 정보를 찾아서 반복해서 보고 인지할 때 이해력이 높아지고 관련 있는 정보까지 파악할 수 있다. 유사한 정보를 여러 번 받아들이면 정보를 해석하고 인지하는 능력이 향상되고 그 정보를 완전히 이해하면 내면적 이미지가 만들어진다.

심리학자들은 이런 이미지를 '내적 표상Internal Representation'이라고 한다. 내적 표상은 실제로 존재하지 않는 사물과 자극을 가장 유사하게 재현하는 것이다. 내적 표상을 '집'에 비유해서 설명하면 이해하기 쉽다. 아파트를 제외하고 집은 각각 모양과 크기, 구조, 외관이 다르다. 하지만 아이들에게 집을 그려보라고 하면 지붕과 문, 창문이 있는 '집'을 떠올린다. 선사시대 움집이든 미래형 주택이든 빌딩이든 관계없이 집이라는 말을 듣고 머리에 떠오르는 공통된 이미지가 있다. 내적 표상은 정보의 특징과 속성을 결합하고 머릿속으로 인식하게 만드는 사고 과정이다.[1]

결과물을 만드는 과정을 설명할 때 집짓기에 비유한다. 이때 '집'에 대한 정보와 지식이 없으면 비유를 해도 이해할 수 없다. 집에 대한 개념이 없으면 집과 관련된 어떤 이미지도 떠올릴 수 없다.

기획자 중에는 자기 분야에 대한 지식이 부족해서 기획하는 데 한계가 있다고 생각하는 사람이 많다. 지식이 많으면 기획을 잘 할 수 있을까? 이렇게 생각해보자. 예를 들어, 매일 차를 운전해서 출근하는 사람이 어느 날 버스를 타고 출근하면 다른 풍경이 보인다. 항상 버스를 타고 가던 곳을 걸어가면 또 다른 풍경이 보인다. 버스를 타고 출근하는 사람은 같은 길을 가더라도 직접 운전해서 출근하는 사람이 보는 풍경을 보지 못할 수도 있다.

차를 타고, 버스를 타고, 걸으면서 보이는 풍경을 지식에 비유해서 생각하면 된다.

시야가 넓은 기획자는 다양한 분야의 정보를 다른 시각에서 바라보고 아이디어를 낸다. '아는 만큼 보인다'라는 말처럼 정보가 많으면 더 좋은 아이디어와 기획이 나온다. '아는 만큼 보인다'를 반대로 생각하면 '보는 만큼 알게 된다'가 된다. 기획자가 모든 정보를 다 알 수는 없지만 다양한 분야에 관심을 갖고 사물·현상을 바라보면 머릿속에 정보가 쌓인다. 다양한 정보와 지식을 접하면 필요한 상황에 가져다 쓸 수 있다. 지금은 많은 정보를 알고 있는 것보다 그 정보가 어디에 있는지 'Know where'를 아는 게 중요하다. 기획자는 정보와 지식이 있는 곳에 대해서 늘 관심을 가져야 한다.

지식과 정보가 없어서 기획을 못하는 시대가 아니다. 오히려 정보가 너무 많아서 문제다. 정보가 너무 많아서 원하는 자료를 찾기가 어렵다. 인터넷에서 '기획'을 검색하면 수많은 자료와 문서가 검색 결과에 나타난다. 이 검색 결과가 모두 기획과 관련 있는 정보일까? 절대로 그렇지 않다. 좋은 아이디어를 얻으려면 많은 정보와 지식을 머릿속에 정리된 상태로 갖고 있어야 한다. 그래야 필요할 때 유용한 정보를 찾아서 활용할 수 있다.

아이디어가 많은 사람은 머릿속에 정보가 많고 정보를 어디에서 찾아야 하는지도 안다. 다이어리와 스마트폰에도 기획에 필요한 정보가 저장되어 있다. 정보를 많이 축적해두었기 때문에 주제가 정해지면 어디에서 정보를 찾아야 하는지 먼저 생각한다. 예술, 건축, 미술 등 여러 분야에서 위대한 업적을 남긴 레오나르도 다빈치는 제자들에게 이렇게 말했다.

"산책할 때 항상 수첩을 가지고 다니면서 이야기하고 말다툼하고 환하게 웃고 싸우는 사람들의 동작을 자세히 관찰한 다음 수첩에 대강 그려보아라. 또 다 그린 수첩은 절대 버리지 말고 차곡차곡 모아두어라. 이것이 많이 쌓이면 쌓일수록 훌륭한 그림을 그릴 수 있다."[2]

레오나르도 다빈치는 영감을 얻은 순간에 아이디어를 놓치지 않기 위해 메모를 했다. 다빈치가 메모한 노트는 7천 페이지나 되고 일부는 지금까지 존재한다. 아이디어가 떠올랐을 때 메모를 했다는 사실이 중요하다. 메모하면서 기억에 정보가 축적되고 그 정보가 또 다른 아이디어를 만들어내는 데 밑거름이 된다. 다양한 분야의 지식을 쌓고 정보가 어디 있는지 알고 있으면 짧은 시간에 연쇄적으로 더 많은 아이디어를 떠올릴 수 있다.

정보를 받아들이는 방법

 정보를 받아들이는 인간의 감각은 시각, 청각, 후각, 미각, 촉각 이렇게 다섯 가지다. 다섯 가지 감각을 통해서 수신되는 정보는 글과 이미지, 영상, 소리, 냄새, 맛, 촉감이다. 외부에서 정보를 받아들일 때 다섯 가지 감각을 동시에 사용한다. 정보를 받아들일 때 사람마다 더 선호하는 감각이 있다.
 책이나 인터넷에서 자료를 찾는 사람은 시각 정보를 선호한다. 동영상으로 정보를 얻는다면 시각과 청각을 함께 사용한다. 정보를 수신하면서 중요한 내용을 메모한다. 손으로 메모하는 동안 촉각을 사용한다. 요리사처럼 후각과 미각을 주로 사용하는 직업을 가진 사람을 제외하고 대부분은 다섯 가지 감각 중에서 시각, 청각, 촉각으로 정보를 받아들인다.
 프랑스의 작가 마르셀 프루스트는 《잃어버린 시간을 찾아서》에서 홍차에 적신 마들렌 조각에서 버터와 레몬 향을 맡고 과거의 기억을 소환한다. 소설의 주인공은 홍차에 적신 마들렌을 먹은 느낌을 '전율', '희열', '기쁨'이라고 표현하면서 어린 시절을 떠올린다.

"그 맛은 내가 콩브레에서 일요일 아침마다 레오니 아주머니 방으로 아침 인사를 하러 갈 때면, 아주머니가 곧장 홍차나 보리수차에 적셔서 주던 마들렌 과자 조각의 맛이었다."

주인공은 마들렌의 향기가 뇌에 정보로 축적되어 시간이 한참 지난 후에 같은 향기를 맡았을 때 그 당시의 기억을 떠올렸다. 이 소설 때문에 후각으로 입수한 정보를 통해서 기억을 떠올리는 현상을 '프루스트 현상Proust phenomenon'이라고 한다. 이처럼 후각을 통해서 수집한 정보도 기억에 저장해 두었다가 활용할 수 있다.

프루스트 현상은 후각으로 정보를 입수하는 경우다. 일반적으로 사람들은 정보를 받아들일 때 시각과 청각을 이용한다. 책, 신문, 논문 등을 보고 아이디어를 얻는 기획자가 있고 영화, 드라마 등에서 아이디어를 얻는 기획자도 있다. 강연장에서도 아이디어를 얻는다. 기획자마다 정보를 수신할 때 선호하는 감각은 다르다.

나는 책, 잡지, 강연을 통해서 정보를 얻는다. 인쇄된 책과 잡지, 인터넷에 게재된 기사도 본다. 잡지는 신문 기사와 달리 심층 취재한 내용이 많다. 요즘은 신문도 깊이 있는 취재 기사를 다루지만 전문지와 비교하면 기사 방향이 다르다. 전문지는 해당 분야와 관련된 정보를 사실, 전문가 의견, 향후 전망으로 구분해서 전해주어 지식을 쌓는데 유용하다. 나는 시사와 광고, 기획 분야의 잡지를 보고 강연에도 참석한다. 강연장에서는 발표자의 말과 행동, 프레젠테이션 화면에 집중한다. 강연에 참석한 다른 청중의 모습도

본다.

공부할 때는 책과 동영상 강의를 보고 듣는다. 이렇게 얻은 정보를 언제든지 꺼내서 사용할 수 있게 기억에 저장하려면 정보를 해석하는 과정을 거쳐야 한다. '학습'은 배우고 익힌다는 뜻이다. 배우기만 하고 익히지 않으면 제대로 정보를 받아들였다고 말하기 어렵다. 새로운 지식을 배우지 않고 알고 있는 지식만 익히는 것도 정보를 받아들이는 방법은 아니다.

기획자가 지식을 쌓고 정보를 모으는 이유는 필요할 때 사용하기 위해서다. 지식과 정보를 머릿속에 축적해야 필요할 때 꺼내서 사용할 수 있다. 그러려면 정보를 해석하는 과정을 거쳐야 한다. 시각, 청각, 촉각을 동원해서 책을 읽고 강연에서 보고 들은 정보를 해석하는 과정을 거쳐야 내 것이 되고 필요한 순간에 사용할 수 있다.

강의를 듣고 책을 읽었다고 모두 내 것이 되지는 않는다. 해석 과정을 거쳐서 의미를 이해하지 못하는 정보는 머릿속에 저장되지 않는다. 어렴풋이 기억한다고 해도 필요할 때 사용할 수 있는 정보로 남지 않는다. 지금 이해하지 못한 정보도 자기만의 방식으로 해석해서 기억해두면 시간이 지난 후에 의미를 이해할 수도 있다. 정보를 해석하는 과정에서 완전히 이해하지 못해도 쓸모없는 정보라고 단정하지 말아야 한다.

정보를 해석하는 효과적인 방법은 소리 내어 읽는 것이다. 소리 내어 읽으면 정보를 이해하고 받아들이는 방법을 습득할 수 있다. 의미를 이해하지 못하는 문장을 반복해서 소리 내어 읽으면 이해가 되는 경우가 있다. 베껴 쓰는 것도 정보를 이해하는 방법이다. 의미를 전혀 모르는 상태에서 소리

내서 읽고 베껴 쓰는 건 어색하다. 하지만 소리 내어 읽고 베껴 쓰는 동안 이해하지 못했던 내용을 대강 알게 된다. 그러면 자기가 모르는 것이 무엇인지 확실해진다. 이미 알고 있는 정보와 알아둘 필요가 없는 정보를 구분하면 새로운 정보를 받아들이기 쉽다. 이때부터 소리 내어 읽는 것이 편해진다. 공부법, 독서법에서 소리 내어 읽으라고 하는 이유는 정보를 해석하는 능력이 향상되기 때문이다.

회사에서는 아이디어가 필요할 때 회의를 한다. 회의실에서 자기가 가진 아이디어를 발산하는 브레인스토밍을 할 때, 아이디어가 많은 사람에게는 공통점이 있다. 책을 많이 읽고 새로운 일에 호기심이 많고 관찰력이 뛰어나다. 새로운 경험을 하고 독서, 강연, 영화, 음악 등을 접하면서 축적된 정보가 기획의 밑거름이 된다.

정보를 얻기 위해서 책, 신문, 잡지 등에 인쇄된 문자를 읽고 동영상을 본다. 의식적으로 읽는 글과 무의식적으로 읽는 글에서 정보를 수용하는 정도는 다르다. 지하철에 붙은 광고판의 글자를 읽는 것과 카드회사에서 보낸 청구서를 읽을 때 정보를 받아들이는 수준은 분명히 다르다. 정보를 받아들이는 감각기관의 생리적 구조는 정보를 받아들이는 수준을 결정하는 데 영향을 미친다.

우리 눈은 1초에 약 5백만 가지 정보를 받아들이지만 뇌는 5백 가지만 인식한다. 시각적으로 인식한 정보 가운데 0.1퍼센트만 머릿속에 저장된다. 청각 정보도 마찬가지다. 사람은 1분에 약 250단어를 말하는데 뇌는 1분 동안 4배 이상 많은 정보를 인식한다.[3]

귀로 들어오는 단어를 처리하고도 75퍼센트의 시간이 남기 때문에 강의를 들을 때 집중력이 분산된다. 강연자의 말을 들으면서도 눈으로는 주변 사람을 쳐다보고 머릿속으로는 또 다른 생각을 한다. 이렇게 인지하는 정보의 양과 수용할 수 있는 정보의 양이 크게 차이가 나기 때문에 인간은 정보를 선택적으로 인식한다. 다섯 가지 감각 기관으로 수집한 정보 가운데 가장 관심 있는 정보, 이해한 정보만 받아들이고 나머지는 그냥 흘려보낸다. 자기에게 필요한 정보만 받아들이는 '칵테일 파티 효과'도 감각기관에서 정보를 수집하고 머릿속에 저장하는 과정과 관련이 있다.

스위스 정신과 의사 폴 투르니에는 "우리는 다른 사람의 말을 절반만 듣고, 들은 것의 절반만 이해하며, 이해한 것의 절반만을 믿는다. 그리하여 마침내 믿은 것의 절반만을 겨우 기억할 수 있다."라고 했다.[4]

폭넓은 지식을 얻기 위해 항상 호기심과 관찰력의 안테나를 세우고 있는 기획자도 보고 들은 정보를 모두 기억하지 못한다. 정보를 처리하는 능력에 한계가 있기 때문이다. 여기에 편견까지 더해지면 수용하는 정보의 양이 줄어들 뿐만 아니라 왜곡된다. 미래학자 앨빈 토플러는 미래 사회를 '정보 과잉'의 시대라고 했다. 정보가 너무 많아서 문제를 이해하고 결정을 내리는 과정에서 어려움을 겪는다고 예견했다. 정보 과잉은 너무 많은 정보가 문제를 이해하는 능력에 미치는 부정적인 영향을 말한다.

기획자에게 정보는 음식과 같다. 소화 능력에 맞게 음식의 양을 조절해서 먹는 것처럼 올바른 정보를 선별해서 수신하고 필요한 정보 위주로 머릿속에 저장하는 자기만의 방법을 찾아서 실천해야 한다.

기획자에게 영감이란 무엇인가

'영감'이라는 말을 들었을 때 제일 먼저 떠오르는 사람은 에디슨이다.

"천재는 1퍼센트의 영감과 99퍼센트의 노력으로 이루어진다."

이 말을 들은 사람들은 노력하면 천재가 될 수 있다고 생각한다. 하지만 이 말은 에디슨을 인터뷰를 했던 기자가 오역한 것으로 밝혀졌다. 에디슨은 인터뷰에서 "1퍼센트의 영감이 없다면 99퍼센트의 노력은 소용이 없다."라는 뜻으로 이야기 했는데 기자는 '99퍼센트의 노력'에 초점을 맞춰서 기사를 썼다. 에디슨은 영감의 중요성을 이야기했지만 기사를 본 사람들은 99퍼센트의 노력이 천재를 만든다고 생각했다.

전구를 발명한 것은 에디슨이 맞지만 전구에 대한 영감, 즉 아이디어를 낸 사람은 에디슨이 아니라 에디슨의 '기획자 동맹mastermind alliance'이다. 기획자 동맹은 6주마다 1개씩 작은 발명품을 내놓았다. 주요 발명품은 6개월마다 1개씩 내놓았다. 그렇게 해서 6년 정도 지난 후에는 상당히 많은 수의 발명

품을 만들었다.⁵

　에디슨은 스쳐지나가는 영감을 잡기 위해서 떠오르는 생각을 노트에 기록했다. 더 많은 사람들의 기발한 생각을 모으면 영감도 늘어날 것이라고 믿은 에디슨은 기획자 동맹을 만들었다. 누구나 기발한 생각을 하지만 빠르게 스쳐지나가서 그 생각이 좋았었는지조차 기억하지 못한다. 영감은 떠올랐다고 느끼기도 전에 금방 사라진다. 아마도 에디슨은 영감의 정체를 알고 있었던 것 같다. 그래서 영감이 떠오른 순간에 그 영감을 붙잡기 위해서 언제나 메모할 준비를 하라는 조언을 남겼다.

　세스 고딘은 스쳐가는 생각을 하루살이의 목숨에 비유했다. 특히 좋은 생각은 찾아왔다가 금방 사라지고 조금만 지나도 기억나지 않는다. 일주일, 한 달 후에는 기억 속에서 완전히 사라진다. 출판기획자 경력을 가진 세스 고딘은 영감이 떠오르면 영감이 가고자 하는 길을 가로막지 않는다. 그는 샤워할 때, 운전할 때, 어떤 순간이든 아이디어가 떠오르면 그 아이디어가 떠오른 시간과 장소까지 기억하려고 노력한다. 스쳐가는 생각을 다시 기억나게 하는 데 필요하기 때문이다. 스쳐가는 생각을 글로 기록할 수 있을 정도로 큰 영감을 받으면 다른 어떤 일보다 영감을 붙잡기 위해 집중한다. 영감을 붙잡는 일을 최우선 순위에 올려놓고 어떻게든 결과를 만든다. 세스 고딘은 영감을 붙잡는 유일한 해법은 영감을 방해하는 모든 것을 견뎌내는 것이라고 했다. 그가 말한 유일한 해법은 영감이 떠오른 일을 당장 시작해서 끝내는 것이다.

　영감이 떠올랐다가 스쳐지나가듯 사라지는 이유는 의식적으로 떠오르는 생각이 아니기 때문이다. 의식과 상관없이 갑자기 생각이 나거나 아이디어가 번쩍 떠오른다면 그것이 바로 영감이다. 생각에 생각을 거듭해서 의식적으로 떠오른 아이디어는 안타깝지만 놀랄만한 아이디어가 아닌 경우가 많다.

발상의 원천은 의식과 무의식 사이에서 나온다. 무의식적으로 떠오른 아이디어는 의식 영역으로 잠깐 나왔다가 사라진다. 그래서 좋은 생각은 스쳐 지나간다고 말한다. 무의식에서 의식으로 잠깐 넘어온 생각을 붙잡으려면 아이디어가 계속 떠오를 수 있게 의식적으로 노력해야 한다. 세스 고딘이 아이디어가 떠오른 장소와 시간까지 기억한 것도 의식적으로 세상을 관찰하기 위해서다. 혹시 아이디어가 기억에서 사라지려고 하면 장소와 시간을 기억해내서 사라지는 기억을 다시 떠오르게 하려고 그랬을 것이다.

에디슨과 세스 고딘은 스쳐가듯 떠오른 영감을 붙잡기 위해 습관적으로 메모하고 영감을 방해하는 모든 것을 나중으로 미루고 영감에 집중했다. 이와 다른 방법으로 영감을 붙잡는 사람도 있다. 사람 얼굴을 세밀하게 표현하는 기법을 개발한 화가 척 클로스는 "영감이 떠오를 때를 기다리지 말라."라고 했다. 좋은 아이디어는 모두 작업을 하는 과정에서 나오기 때문이다. 영감이 떠오르지 않아서 작품을 만들 수 없다고 말하는 작가들이 많은데 사실은 작품을 만들지 않아서 영감이 떠오르지 않는 것이다.

기획자는 기발한 생각을 붙잡기 위해서 반드시 메모를 해야 한다. 작업을 하면서 아이디어를 얻는 것도 맞는 말이다. 기획서 작성에 익숙하지 않은 직장인은 어떻게 하면 기획서를 잘 쓸 수 있냐고 묻는다.

나는 척 클로스의 생각에 동의한다. 일단 기획서를 쓰기 시작하면 아이디어가 나온다. 좋은 아이디어가 나올 때까지 기다리지 않고 일단 가제목을 쓴다. 그런 다음 생각나는 문장과 키워드를 적는다. 생각나는 것을 쓰면 좋은 생각, 그저 그런 생각, 어쨌든 생각이 떠오른다. 나는 책을 만드는 원고와 매체에서 요청한 칼럼을 쓰는 방법이 다르다. 칼럼은 비교적 짧아서 몇 개의 아이디어를 서너 단락에 넣고 결론까지 만드는 데 집중한다. 칼럼 주제와 관련 있는 정보를 찾고 내 경험에 비추어 읽는 사람이 공감하는 내용을 쓴다. 그렇게 글을 쓰고 단락마다 내용이 연결되도록 흐름을 만든다.

책을 만드는 원고는 차례를 미리 정해놓고 한 단락씩 글을 쓴다. 글을 쓴 다음 정해놓은 차례 대로 단락이 이어지는지 수시로 확인한다. 특정 주제에 관해서 몇 단락을 쓴 다음 이전에 쓴 단락과 연결되는지 읽어본다. 앞으로 쓸 내용을 구상하기 위해서 책을 보고 자료를 모은다. 그런 다음 한두 시간, 길게는 며칠 동안 다른 일을 한다. 그런 다음 이전에 써놓은 글을 읽는다. 그러면 차례를 만들 때는 생각나지 않았던, 주제와 관련 있는 사례가 머릿속에 떠오른다.

기획서를 쓸 때는 칼럼을 쓰는 순서를 따른다. 키워드를 적고 도입부에서 보여주는 기획 배경과 중간에 보여주는 사례와 근거, 마지막에 보여주는 기대효과와 이익을 배치한 다음 아이디어와 사실, 주장 등이 논리적으로 연결되는지 확인한다. 이런 순서로 기획서를 완성한다.

원고, 칼럼, 기획서를 쓸 때 일단 가제목과 키워드를 쓴다. 그런 다음 세부적인 내용이 머릿속에 떠오를 때까지 다른 일을 한다. 하나의 주제가 머릿속에 자리 잡으면 다른 일을 하더라도 잠재의식은 어딘가에 저장된 기억을 불러낸다. 그러면 연쇄적으로 아이디어가 떠오른다. 기획안을 구성하는 대표적인 키워드는 발상법을 따라서 생각하지만 이후에도 산발적으로 좋은 생각이 떠오르기 때문에 한꺼번에 발상하고 글로 정리하는 것보다 글을 쓰면서 아이디어를 보완하는 방법이 더 효과적이다.

소설가 마들렌 랭글은 "영감은 작업하기 전이 아니라 작업하는 중에 생겨난다."라고 했다. 생각을 시작해야 넓은 생각, 깊은 생각, 좋은 생각이 나온다. 생각하는 능력을 키워야 계속해서 생각할 수 있고 생각하는 과정을 즐길 수 있다. 심리학자 윌리엄 제임스는 "감정이 행동을 이끄는 경우보다 행동이 감정을 이끄는 경우가 훨씬 많다"라고 했다.[6]

생각도 마찬가지다. 생각이 잘 될 때, 생각을 하고 싶을 때까지 기다리면 결국 생각하지 못할 가능성이 크다. 생각하는 능력을 키우지 못한 상태에서는 브레인스토밍, 체크리스트 등의 발상법을 배운다고 해도 제대로 활용할 수 없다. 아이디어 발상법은 대부분 논리에 따라 생각을 이어가도록 만들어졌다. 하지만 사람의 생각은 논리에 따르지 않는다. 좌뇌는 논리에 따라 선형적으로 생각한다. 반면 우뇌에서는 갑자기 생각이 떠오른다. 각각의 생각이 연결되지 않고 비선형적이다. 선형적인 생각이 논리적으로 답을 이끌어낸다면 비선형적인 생각은 사물의 본질이나 관계를 논리에 따르지 않고 직감적으로 파악한다. 논리에 따르지 않고 갑자기 생각이 떠오르는 직감은 종교에서 말하는 '깨달음'과 비슷하다.[7]

영감이 스치듯 지나간다고 해서 어느 날 갑자기 세상에 없던 기획이 머릿속에 떠오르는 걸 기대해서는 안 된다. 리더십 컨설턴트 트레멘 뒤프리즈는 《싱크 스마트 워크 스마트》에서 창의적인 생각을 맹렬히 타오르는 모닥불에 비유했다. 모닥불을 피우는 건 생각보다 어렵다. 통나무를 던져놓고 불을 붙이면 바로 통나무에 불이 붙지 않는다. 바람이 통하도록 통나무 사이에 적당한 공간을 두어 쌓고 불이 쉽게 붙는 잔가지를 통나무 사이에 끼운다. 잔가지에 불을 붙이고 불이 잘 붙도록 부채질하면 잔가지의 불은 서서히 통나무로 옮겨붙는다.

메모하고 키워드를 순서대로 적은 다음 생각나는 대로 써 내려가는 과정은 잔가지에 불을 붙이는 것과 같다. 영감이라는 불꽃이 통나무에 잘 붙도록 잔가지, 즉 메모와 키워드를 적고 기획할 내용을 쓰면서 차근차근 구상하면, 잔가지의 불이 굵은 통나무에 옮겨붙는 것처럼, 기획서의 큰 줄기가 생긴다.

많이 생각하면
반드시 좋은 아이디어가 나온다

기획자는 항상 새로운 아이디어를 찾는다. 과거에 없던 무언가를 생각해내려고 하지만 새로운 무언가는 좀처럼 나오지 않는다. 심리학자들은 영감을 의식과 무의식이 상호 교류한 끝에 얻어지는 것이라고 했다.

영감이 나타나게 하려면 어떤 문제에 대해 의식적으로 오랫동안 생각해야 한다. 의식적으로 골똘히 생각하지 않으면 영감은 나타나지 않는다. 좋은 아이디어가 많은 사람은 그만큼 오랫동안 생각한 것이다. 갑자기 좋은 아이디어가 번쩍 떠오른 사람도 있지만 극소수일 뿐이다. 대개 아이디어를 찾아내려고 애쓴 결과 영감을 얻는다.

영감이란 '쇠로 만든 신발이 다 닳도록 찾아다녀도 찾지 못한 것이 별로 힘들지 않고 우연히 눈에 띄는 것'이라고 했다. 아무리 찾아도 없다가 등불이 다 꺼져가는 곳을 돌아봤는데 거기서 원하는 것을 찾게 되는 것이 바로 영감이다. 영감은 뜻밖의 순간에 찾아온다. 하지만 의식적으로 오랫동안 생각하지 않으면 절대로 떠오르지 않는다.

영감은 아이디어가 많은 사람의 전유물은 아니다. 인간은 누구나 영감을 가졌고 각자 영감을 창조할 수 있는 지식이 있다. 영감은 아이디어를 찾는 과정에서 새로운 형상과 개념, 생각이 갑자기 나타나는 심리상태다. 러시아 화가 레핀은 '영감은 각고의 노력에 대한 보상'이라고 했다.[8]

각고의 노력을 통해서 얻는 보상이 영감이라는 말을 부정할 사람은 없다. 영감은 의식과 무의식, 잠재의식 사이에서 갑자기 나온다. 하지만 아무것도 생각하지 않은 사람에게는 영감이 떠오르는 순간이 찾아오지 않는다. 아이디어가 어떻게 탄생했는지 거슬러 올라가면 영감이 떠오른 시작점을 찾을 수 있다. 영감이 떠오르는 순간을 제어할 수는 없지만 아이디어는 노력과 깊은 생각으로 만들 수 있다. 발상법은 더 많은 아이디어를 떠올리기 위해 수많은 시행착오를 겪으며 완성된 방법론이다.

늘 아이디어에 목마른 사람은 광고기획자다. 광고기획자 외에 광고디자이너, 카피라이터 등 광고 업종에서 일하는 사람은 대중의 머릿속에 광고주가 의도한 이미지를 남기기 위해 한 번도 본 적 없는 장면과 영상을 만들려고 노력한다. 이들은 기억에 남는 장면이 새로운 아이디어에서 나온다고 믿는다. 광고기획자가 새로운 아이디어를 개발할 때 제일 먼저 고민하는 것은 타겟이다. 광고의 대상을 구체적으로 설정하고 그에 맞게 아이디어를 낸다. 광고기획자는 대부분 좋은 아이디어는 많은 생각에서 나온다고 믿고 발상에 관한 원칙을 배워서 자기에게 맞는 발상법으로 변형해서 이용한다.

좋은 아이디어가 많은 생각에서 나온다는 말은 진리다. 어떤 결과물이든지 작품을 만드는 분야에서는 양이 질을 만든다. 데이비드 베일스와 테드 올랜드가 쓴 《예술가여, 무엇이 두려운가!》에는 양이 질을 만드는 사례가 나온다. 도예 선생님이 수업 첫날 학생들을 두 그룹으로 나누고 서로 다른 내용의 과제를 주었다. 한 그룹의 학생들에게는 작품의 무게^양로, 다른 그룹의 학생들에게는 작품의 질^{형태, 완성도}로 점수를 매긴다고 했다. 선생님의 평가 방법은 간단했다. 학기가 끝나는 날 선생님은 저울을 가져왔다. 작품의 무게로 평가하는 그룹은 저울로 학생들의 작품 무게를 쟀다. 그 결과 총 무게 22킬로그램의 작품을 제출한 학생이 최고 점수를 받았다. 그다음으로 18킬로그램의 작품을 제출한 학생이 두 번째로 높은 점수를 받았다. 작품의 질로 평가하는 그룹의 학생이 제출한 작품도 평가했다. 질로 평가하는 그룹은 한 학기 동안 만든 작품 가운데 가장 완벽한 작품 하나만 제출하라고 했다. 이 그룹은 가장 완성도 높은 작품을 제출한 학생에게 최고 점수를 주었다.

여기서 재미있는 결과가 나온다. 두 그룹의 학생들이 만든 작품 가운데 가장 우수한 작품이 무게로 평가하는 그룹에서 나왔다. 무게로 평가하는 그룹의 학생들은 작품을 많이 만드는 데 집중했다. 학생들은 작품의 개수를 늘리기 위해서 여러 작품을 만드는 동안 시행착오를 되풀이했다. 반면, 작품의 질, 즉 완성도로 평가하는 학생들은 도자기에 대한 이론을 학습하고 작품에 적용하면서 완성도 높은 작품을 만들기 위해 노력했다. 하지만 질로 평가하는 그룹의 학생들은 거창한 이론과 점토 더미를 얻은 대신 훌륭한 작품을 만드는 데는 실패했다.

'양이 질을 만든다'는 도자기처럼 예술작품에만 적용되는 게 아니다. 역사적으로 위대한 아이디어는 거의 모두 여러 번 실패를 거듭한 끝에 나왔다. 하지만 사람들은 성공한 결과에만 관심을 갖는다. 아이디어가 빛을 발할 때까지 거쳐 온 실패한 과정은 무시한다.

혁신적인 의료기술인 MRI를 발명해서 노벨상을 수상한 폴 로버터는 여러 곳의 과학 전문지에 논문을 보냈지만 번번히 거절당했다. 지금은 고전이 된 제임스 조이스의 《율리시즈》, 마크 트웨인의 《허클베리 핀의 모험》, J.D 샐린저의 《호밀밭의 파수꾼》은 출판사에 원고를 보냈지만 출판을 거절당했다. 《해리포터》를 쓴 조앤 롤링, 《마션》의 원작자 앤디 위어도 책을 내줄 출판사를 찾지 못했다. 그럼에도 불구하고 이들은 계속 연구하고 작품을 만들었다. 그리고 마침내 성공했다.

발상의 원리를 알면
많은 아이디어를 낼 수 있다

좋은 아이디어가 필요하다면 많은 아이디어를 내야 한다. 생각의 단초가 되는 단어를 계속 연결해서 생각하는 발상법으로 많은 아이디어를 낼 수 있다.

새로운 아이디어가 필요한 기획자는 자기에게 맞는 발상법을 한두 가지씩 가지고 있다. 키워드에서 가지를 뻗어가며 생각을 확장하는 발상법을 사용하는 사람도 있고 비주얼 씽킹처럼 논리적으로 아이디어를 개발하는 방법론을 사용하는 사람도 있다. 나는 주제별로 내용을 정리할 때 만다라트를 이용한다. 광고기획자들은 오스본의 체크리스트, 형태 분석법, 마인드맵, 5W1H, 5M 발상법을 주로 사용한다.

오스본의 체크리스트

오스본의 체크리스트는 질보다 양으로 승부하는 대표적인 발상법이다. 알

렉스 오스본은 미국의 광고대행사 BBDO에서 일하면서 아이디어 발상법을 고안했다. 회의에서 자주 사용하는 브레인스토밍도 오스본이 고안했다. 브레인스토밍은 자주 사용하지만 좋은 결과를 얻지 못할 때가 많다.

워싱턴대학의 심리학자 키스 소여는 실험을 통해서 "브레인스토밍을 하는 집단이 혼자 생각하고 나중에 아이디어를 한데 모으는 발상보다 훨씬 적은 아이디어를 낸다."는 사실을 밝혀냈다.

❶ Other uses : 다른 용도로 쓸 수는 있나?
- 변경하지 않고 현재 상태에서 새로운 용도로 사용할 수 있을까?
- 조금 변경해서 다른 용도로 쓸 수 있을까?

❷ Adapt : 다른 곳에 응용할 수 있나?
- 비슷한 용도로 사용하는 다른 것은 무엇이 있을까?
- 다른 아이디어를 적용해서 바꿀 수 있을까?
- 따라해 볼 수 있을까?

❸ Modify : 바꿔보면 어떨까?
- 모양, 소리, 기능을 바꾸면 어떨까
- 의미, 색, 움직임, 향기를 바꾸면 어떨까?

❹ Magnify : 확대해보면 어떨까?
- 지금보다 더 크게, 강하게, 길게, 두껍게, 높게 만들면 어떨까?
- 시간, 빈도, 재료, 기능을 늘리면 어떨까?

❺ Minify : 축소해보면 어떨까?
- 지금보다 더 작게, 약하게, 짧게, 얇게, 낮게 만들면 어떨까?
- 더 뺄 건 없을까?

❻ Substitute : 대체해서 사용하면 어떨까?
- 다른 목적으로 사용하면 어떨까?
- 다른 소재를 사용하면 어떨까?
- 다른 것으로 바꾸면 어떨까?

❼ Rearrange : 교체하면 어떨까?
- 순서를 바꾸면 어떨까?
- 자리를 바꾸면 어떨까?
- 거꾸로 해보면 어떨까?

체크리스트는 주제에 대한 질문 목록을 준비해놓고 하나씩 대답하면서 새로운 결론을 찾는 방법이다. 체크리스트를 이용하면 관점을 바꿔서 생각하고 다양한 아이디어를 만들 수 있다. 또 아이디어를 내기 위한 생각의 실마리를 찾을 때도 효과가 있다. 아이디어가 더 이상 나올 것 같지 않을 때도 체크리스트를 이용하면 아이디어를 확장할 수 있다. 무엇보다 엉뚱한 아이디어가 나오는 것을 방지하는 효과가 있다.

　체크리스트는 먼저 질문을 만들어 놓고 거기에 순서대로 대답하면서 새로운 시각에서 아이디어를 만드는 기법이다. 오스본의 체크리스트 외에 마빈스몰 체크리스트, 스캠퍼 체크리스트가 있다.

형태 분석법

형태 분석법Morphological-Box 은 아이디어를 조합하는 방법이다. 캘리포니아 공과대학의 프리츠 츠비키 교수가 고안했다. 형태 분석법을 이용하면 생각할 수 있는 모든 아이디어를 서로 조합할 수 있다.

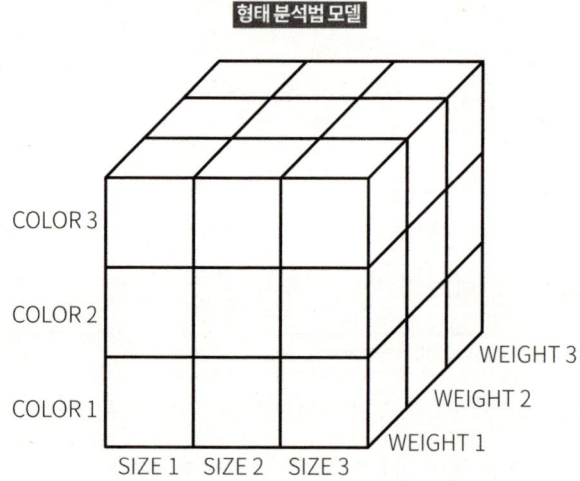

출처: www.researchgate.net

예를 들어, 새로운 컵을 만드는 아이디어를 개발할 때 크기와 형태, 재료의 조합을 매트릭스 형태 또는 정육면체 형태로 제시하는 것이다. X축에는 크기^{대, 중, 소} Y축에는 형태^{원통형, 타원형, 사각형 등}, Z축에는 재료^{종이, 유리, 플라스틱, 금속 등}를 각각 써넣으면 아이디어를 체계적으로 조합할 수 있다. 종이로 된 원통형 소형 컵, 금속으로 된 사각형 중형 컵, 유리로 된 타원형 대형 컵 등으로 아이디어를 조합하면 짧은 시간에 수많은 아이디어가 나온다. 10×10 매트릭스는 100가지 아이디어를 만들고 10×10×10 매트릭스는 1,000가지 아이디어를 만든다.

형태 분석법을 이용하면 행과 열, X·Y·Z축에 나열한 특성, 요소, 목표 등의 키워드를 서로 조합하여 새로운 아이디어를 만들 수 있다. 이런 방식으로 아이디어를 개발하면 문제에 대한 새로운 시각이나 지금까지 생각하지 않았던 새로운 방식을 발견할 수 있다.

여섯 색깔 모자 발상법

아이디어의 양을 늘리면서 질까지 높이려면 다양한 관점에서 생각하는 능력이 필요하다. 같은 대상이라도 관점에 따라, 배경지식에 따라 다른 모습으로 보인다. 에드워드 드 보노는 《생각이 솔솔 여섯 색깔 모자》에서 여섯 가지 색깔 모자를 쓸 때마다 서로 다른 관점으로 대상을 본다고 설명했다. 모자 색깔마다 분석, 느낌, 긍정, 부정, 발전, 가능성의 의미를 부여하고 모자 특징에 따라 관점을 바꾼다.

여섯 색깔 모자 발상법은 회의실에서 구성원에게 각각 모자를 씌워주고 모자의 특성에 따라 생각하는 방식과 관점을 바꾸며 아이디어를 구체화하는 것이다.

에드워드 드 보노의 여섯 색깔 모자 발상법

여섯 색깔 모자	특징
흰색 모자	아이디어를 분석하기 위해서 필요한 자료를 검토한다. 아이디어의 장점 또는 단점에 대해서 판단하지 않는다. 자료가 사실인지에 대해서만 검토한다.
빨간 모자	감정과 느낌을 말한다. 이성은 배제하고 감정만 표현한다. '화가 난다', '행복하다', '무섭다' '의욕이 솟는다' 처럼 감정을 말로 표현한다.
노란 모자	자료를 긍정적으로 본다. 실제로는 형편없어도 단점을 상쇄해 줄 장점을 찾아낸다. 아이디어를 실행했을 때 얻는 장점과 이익만 생각한다.
검은 모자	자료를 부정적으로 본다. 훌륭한 아이디어에서도 불리한 점을 찾아내서 지적한다. 취약점을 찾아내서 리스트를 만들고 가장 먼저 해결해야 하는 문제, 즉 취약점에 대한 우선순위를 정한다.
녹색 모자	아이디어를 더 효과적으로 활용할 수 있도록 의견을 내놓는다. 장점은 극대화하고 단점은 최소화하는 방법을 찾는다. 모든 가능성을 열어놓고 아이디어를 평가한다.
파란 모자	과정에 집중한다. 아이디어를 검토하는 과정이 제대로 전개되는지 확인한다. 문제를 해결하기 위해서 진행되는 과정에 집중한다.

출처 : 폴 슬론 지음, 《아이디어 사용 설명서》, (에이도스, 2011)

이 기법은 여러 사람이 모여서 회의할 때 유용하다고 알려져 있는데 혼자서도 모자를 바꿔 쓰면서 관점을 바꿀 수 있다. 모자를 바꿔 쓰고 모자 색깔이 가진 특징에 따라 문제를 보면 다양한 관점에서 아이디어를 낼 수 있다. 여섯 색깔 모자 발상법으로 아이디어를 낼 때 자기만의 관점에 매몰되지 않고 유연하게 생각하려면 모자를 쓰는 순서가 중요하다.

다음과 같은 순서로 모자를 쓰고 생각하면 여섯 가지 모자 발상법의 효과를 높일 수 있다.

①흰색 모자 자료수집 → ②빨간 모자 주관적인 느낌 → ③노란 모자 긍정적인 검토 →
④검은 모자 부정적인 검토 → ⑤녹색 모자 효과적인 방안 모색 → ⑥파란 모자 과정 검증

아이디어 발상법은 발산형 사고와 수렴형 사고로 나뉜다. 오스본의 체크리스트법과 형태 분석법은 발산형 사고법이고 6색 모자 발상법은 수렴형 사고법이다. 창의성 분야의 권위자 에드가 밀러 교수는 수렴형 사고법은 아이디어를 정리하는 방법이지 발상법은 아니므로 구분해서 사용하라고 했다. 수렴하는 사고와 발산하는 사고를 구분하는 것은 별로 중요하지 않다. 수렴하는 사고법을 발상법에 포함하느냐 마느냐를 논하기보다 발상법을 이용해서 아이디어를 만드는 것이 중요하다. 아이디어를 완성하려면 두 가지 사고법 모두 필요하다. 주제에 맞게 적재적소에 사용하면 된다.

발산형 사고	브레인스토밍, 브레인라이팅, 마인드맵, 형태 분석법, 고든법, 시네틱스, 랜덤 워드법 등
수렴형 사고	KJ법, 특성요인도, 여섯 색깔 모자 발상법 등

기획을 하려면 우선 아이디어를 많이 내야 한다. 그래야 좋은 아이디어를 찾을 수 있다. 기획자는 자료를 조사하고 사실을 모으고 분석하는 단계와 아이디어를 내는 단계를 구분해야 한다. 사실을 분석하는 단계와 아이디어를 내는 단계에서 많은 아이디어를 끌어낸 다음 좋은 아이디어, 실현 가능한 아이디어를 정리한다. 이 단계가 수렴이다. 아이디어를 간추려 수렴하는 단계에서는 새로운 아이디어를 내지 말고 지금까지 나온 아이디어를 정리하는 데 집중한다.

아이디어가 떠오르는 순간

특정한 문제에 몰두하다가 머리가 아프면 잠시 쉬거나 산책을 한다. 더 이상 생각의 진전이 없으면 산소가 부족한 회의실, 사무실에서 나와야 한다. 바깥으로 나와서 나무가 우거진 공원^{산소가 많은 곳}에서 산책을 하면서 문제에서 한발 물러선다. 시야를 넓혀서 문제를 보면 해결책이 떠오르기도 한다. 대외비가 아니라면, 골치 아픈 문제를 직장 동료가 아닌 다른 분야에서 일하는 친구에게 이야기하는 것도 좋다. 또는 문제를 잊기 위해서 영화나 드라마를 보는 것도 바람직하다. 영화를 보다가 뜻밖의 상황에서 해답의 실마리를 찾기도 한다.

머릿속에 문제의 해결책을 찾으려는 생각으로 가득할 때, 영화를 보면 새로운 자극을 받아서 불현듯 해답이 떠오른다. 갑자기 기발한 아이디어가 떠올랐다고 생각할 수도 있지만 사실은 그렇지 않다. 종로에서 여행사를 운영하는 지인은 직원들과 아이디어 회의를 할 때 창경궁을 찾는다. 직장인이

한창 일하는 평일 낮 시간에 창경궁 안쪽 대온실 주변에는 관광객 몇 사람만 지나다닐 뿐 한산하다. 여행사 직원들은 나무 그늘 아래 벤치에서 바람을 쐬면서 회의를 한다. 그러면 사무실에서는 하지 못했던 생각이 꼬리에 꼬리를 물고 나온다.

밀폐된 회의실에서 아이디어가 나오지 않는 이유를 회의실에 산소가 부족해서 두뇌 회전이 떨어지기 때문이라고 주장하는 학자도 있다. 도로시 레너드는 《스파크》에서 생각하는 공간, 즉 회의실의 물리적인 공간 설계가 잘못되면 창의력 프로세스에 대한 장벽을 만들어낼 수도 있다고 했다. 적당한 크기의 화이트보드가 있다고 회의실의 필요충분 조건을 갖추었다고 할 수 없다. 기막힌 아이디어가 떠오르는 장소는 회의실이 아닐 때가 많다. 식당이나 휴게실에서 잠깐 이야기를 나누다가 문제를 해결하는 아이디어를 얻는 경우가 종종 있다.

회의실이 아닌 다른 곳에서 여러 사람이 모여서 이야기 하다가 아이디어가 나오는 현상을 증명하는 것이 워터쿨러 효과 Water Cooler Effect다. 우리말로는 정수기 효과라고 한다. 사무실에 음료를 마실 공간휴게실이 있으면 사람들이 모여서 대화를 하고 의사소통이 활발해진다. 서로 다른 시각을 가진 사람들이 모여서 이야기를 나누다가 아이디어가 탄생한다.

어떤 문제에 대해서 분석적, 의식적으로 접근하는 것을 브리핑 Briefing이라고 한다. 브리핑은 원래 군사 용어다. 작전을 수행하기 전에 전황을 보고하는 것이다. 문제나 상황을 정확하게 파악하기 위해서 브리핑을 한다. 브리핑하는 시점은 해결책이 나오기 전이다.

식당에서 밥을 먹거나 휴게실에서 동료와 잠깐 동안 차를 마실 때, 상황을 간단하게 정리해서 전달하는 것도 브리핑이다. 업무적으로 필요한 사항을 전달하는 것 외에 일상적으로 하는 일을 다른 사람에게 대강 설명하는 것도 일종의 브리핑이다. 다른 사람에게 문제나 상황을 설명하면서 아이디어가 떠오르기도 한다. 어떤 주제에 대해서 골몰히 생각하던 중에 주변 사람에게 대강의 내용을 전달한다. 그러는 중에 새로운 발상을 하고 이렇게 말한다.

"아차! 내가 왜 그 생각을 못했지?"

수학자 김용운 교수는 아이디어가 떠오르는 순간을 통계로 정리한 결과, 조용히 쉬고 있을 때, 산책할 때, 잠에서 깨어났을 때, 목욕할 때, 기차를 타고 있을 때, 화장실에 있을 때 순서로 아이디어가 떠오른다고 했다. 통계가 보여주는 것처럼 아이디어는 예기치 않은 상황에서 나온다.

심리학자는 아이디어가 잘 떠오를 수 있도록 환경을 조성하라고 권한다. 하지만 사람마다 아이디어가 잘 떠오르는 장소와 시간은 다르다. 차를 운전하다가, 운동을 하다가, 먼 산을 바라보다가 아이디어가 떠오르기도 한다. 이런 순간은 모두 마음이 여유로운 상태다. 때문에 물리적으로 어떤 환경에서 아이디어가 잘 떠오른다고 단정할 수는 없다.

아이디어는 물리적인 환경보다 마음의 여유와 더 관련이 있다. 마음의 여유가 있는 상태는 공상에 빠져서 자기 자신에게 완전히 몰두해 있는 상태다. 아무 생각도 하지 않는 디폴트 모드 네트워크와 같은 개념이다.

미국의 심리학자 제롬 싱어는 1960년대에 긴장이 완화된 상태를 창의적 사고와 문제 해결, 호기심, 의사 결정, 고도의 연상 능력과 구체적인 관계가 있다고 확신하고 '긍정적이고 건설적인 공상'이라고 했다. 제롬 싱어는 주제에서 벗어난 상태에서 가치 있는 순간이 찾아오며, 바로 이 순간에 뇌는 문제의 해결책, 결정적인 단서를 찾아낸다고 했다.'

지금으로부터 50여 년 전에는 긍정적이고 건설적인 공상이 공감을 얻지 못했다. 하지만 현대 심리학자들은 하나의 생각에 몰두하다가 아무 생각도 하지 않을 때 머릿속에서 이 생각 저 생각이 떠오르는 '마인드 원더링Mind-Wandering'의 역할을 연구하고 있다. 《훔쳐라 아티스트처럼》을 쓴 예술가 오스틴 클레온은 "창의적인 인간에게는 그냥 앉아서 아무것도 하지 않는 시간이 필요하다. 최고의 아이디어 중 몇몇은 내가 지루해할 때 나타난다."라고 했다.

달리는 차에서 창밖을 바라보다가 번쩍하고 아이디어가 떠오르는 것은 우연이 아니다. 정보를 많이 수집하고 검토했다면 머리를 쉬게 놔둬야 한다. 그러면 정보는 머릿속에서 가공되고 새로운 방식으로 배치되고 기존의 지식과 연결된다. 이 과정에서 전에는 없었던 생각이 탄생한다. 마인드 원더링에서 아무 생각도 하지 않는 시간은 그냥 쉬는 시간과 다르다. 그냥 쉬는 동안에는 새로운 생각이 나오지 않는다.

이토 마코토는 《일점 집중력》에서 창조적인 아이디어는 "그동안 축적한 노하우에서 나온다."라고 했다. 무언가 새로운 기획을 해야 하는데 아이디어가 잘 떠오르지 않는다면 조급해하지 말고 수집한 자료를 꼼꼼하게 읽는다. 자료의 양이 많으면 밤을 새워서라도 읽어서 머릿속에 담는다. 자료를 꼼꼼하게 읽는다고 너무 오랜 시간을 쓰면 안 된다. 자료를 읽은 다음 산책을 하거나 음악을 듣거나 눈을 감고 멍한 상태로 지낸다. 하루 정도 짧은 여행을 가는 것도 좋다. 짧은 시간에 집중적으로 머릿속에 담은 정보는 다른 일을 하면서 아이디어로 숙성된다. 아이디어가 숙성되는 기간은 며칠이 될 수 있고 하룻밤 사이일 수도 있다. 머릿속에 정보를 최대한 많이 집어넣고 믹서처럼 마구 섞으면 새로운 아이디어가 나온다.[10]

이토 마코토는 새로운 아이디어를 믹서에 비유했다. 아이디어가 나오는 방법은 주방에서 사용하는 믹서를 보면 알 수 있다. 사과, 오렌지, 야채 등을 한꺼번에 믹서에 넣고 갈면 사과맛도, 오렌지맛도, 야채맛도 아닌 전혀 새로운 맛의 주스가 나온다. 새로운 아이디어는 이런 느낌이다. 맛이 다른 각각의 재료가 섞여서 전혀 다른 새로운 맛이 만들어진다. 정보를 머릿속에 넣고 숙성하면 각각의 정보가 결합해서 전혀 다른, 새로운 아이디어가 탄생한다.

새로운 생각이 나오는 순서

심리학자 조이 폴 길포드는 기획하는 과정을 인지, 기억, 발산적 사고, 수렴적 사고, 평가 다섯 개의 과정으로 구분했다. 아이디어가 떠오르면 즉시 메모하고 관련 있는 아이디어를 계속 떠올린다. 이 과정이 발산적 사고이고 좋은 아이디어를 골라내서 구체화하는 것이 수렴적 사고다. 길포드는 아이디어를 개발하는 과정을 발산과 수렴으로 나누고 따로 실행하라고 했다.

광고인 제임스 웹 영은 아이디어를 구체화하는 과정을 자료수집, 소화, 망각, 발상, 적용 다섯 단계로 나눴다. 첫 번째, 자료수집 단계에서는 아이디어 개발에 도움이 될 만한 모든 것을 수집한다. 자기 생각, 책과 인터넷에서 본 것, 들은 것, 쓸 만한 정보는 모두 찾아낸다. 두 번째, 소화 단계에서는 수집한 자료를 검토하고 관련 있는 정보끼리 분류한다. 그런 다음 기획 내용과 어떤 관련이 있는지 파악한다. 세 번째, 망각 단계는 자료를 수집하고 검토하면서 머릿속에 저장한 내용을 비우는 것이다. 망각 단계의 목표는 이전 단계에서 얻은 정보를 무의식으로 보내는 것이다. 기획을 해야 한다는 사실조차 잊고 다른 일에 몰두하면 된다. 아무 생각 안하고 쉬어도 상관없다. 네 번째가 드디어 발상 단계다. 망각의 시간을 거친 뒤에 예기치 못한 시간과 장소에서 새로운 생각이 떠오른다. 다섯 번째는 아이디어 적용 단계다. 이 단계는 아이디어를 다듬고 구체화해서 정말 실행할 가치가 있는가, 실현 가능한가 등을 판단하여 기획에 적용한다.

일본의 창조성개발연구소 소장 다카하시 마코토는 《세상에서 가장 쉬운 기획 수업》에서 아이디어 발산과 수렴을 철저하게 나눠서 실행하라고 했다. 두 가지를 동시에 하면 차를 운전할 때 브레이크와 엑셀을 한꺼번에 밟는 것과 같다고 했다. 아이디어가 나오는 과정을 믹서에 비유해서 설명한 것과 비슷하다. 정보를 머릿속에 넣은 다음 각각의 정보가 결합되기를 기다린다.

다카하시 마코토가 정리한 아이디어를 개발하는 순서는 데이터를 기준으로 세 단계로 나눈다. 첫 번째는 사실 단계다. 아이디어가 필요한 과제 또는 해결해야 할 문제를 브리핑한다. 사실 단계에서 브리핑한 요점을 명확히 파악하고 관련 정보를 철저하게 수집하고 분석해서 방향을 정한다. 여기서 취급하는 데이터는 사실에 대한 데이터다.

두 번째는 발상 단계다. 이 단계에서 문제를 해결하는 방법과 구체적인 계획을 세운다. 발상 단계에 필요한 데이터는 아이디어다.

세 번째는 실행 단계다. 실행 가능한 아이디어를 모아서 효과와 효율을 따져보고 기획서를 정리하고 검토한다. 이 단계에서 나오는 데이터가 바로 구체화된 아이디어, 즉 기획이다.

다카하시 마코토는 아이디어를 개발하는 순서를 세분화해서 9단계의 기획 순서로 정리했다.

9단계 기획 순서

❶ 오리엔테이션	과제를 전달한다.
❷ 주제 설정	과제의 핵심을 파악한다.
❸ 정보 수집과 분석	과제와 직·간접적인 관계가 있는 정보를 수집하고 검토한다.
❹ 컨셉 만들기	과제를 해결하는 아이디어의 방향을 정한다.
❺ 전체적인 구상	과제를 해결하는 모습을 구상한다.
❻ 구체적인 계획	과제 해결을 위한 구체적인 실행 계획을 세운다.
❼ 기획서 작성	수렴한 아이디어를 토대로 글과 표, 그림으로 정리한다.
❽ 프레젠테이션	기획한 내용을 다른 사람이 이해할 수 있도록 설명·설득한다.
❾ 실행과 평가	실행할 수 있어야 좋은 기획이다.

출처 : 다카하시 마코토 지음, 《세상에서 가장 쉬운 기획수업》, (북스넛, 2007)

기획서를 쓰기 위해서 아이디어를 개발할 때는 막연하게 머리를 짜내는 것보다 발상 순서에 따라 아이디어가 나오도록 유도해야 한다. 아이디어 발상은 잘 하지만 수렴하는 단계에서 좋은 아이디어를 골라내지 못하거나 기획서에서 좋은 아이디어를 살리지 못한다면 발상 순서에 따라야 좋은 결과를 만들 수 있다. 발상을 더 많이 하고 좋은 아이디어를 만들기 위해서 체크리스트, 형태 분석법 등을 적용한다. 발상의 순서에 따르고 발상법을 적용하는 것은 바람직하다. 하지만 누구나 쉽게 활용할 수 있는 발상법에 지나치게 의존하면 독특한 아이디어가 아니라 수동적 혹은 상투적인 아이디어가 나온다는 사실도 염두에 두어야 한다.

  기획은 아이디어 발상만으로 되는 게 아니다. 컨셉을 정하고 아이디어를 구체화하고 실행 계획까지 만드는 기획의 과정을 단계적으로 거쳐야 비로소 실행 가능하고 실효성 있는 기획이 나온다.

2

기획자의 생각법

창의력과 사고력은 기억을 먹고 자란다

기억은 인지와 학습을 통해서 획득한 정보를 머릿속에 저장하고 기호화하며 나중에 그 기억을 불러내서 재생산하기 위한 시스템이다. 신경과학자들은 기억을 불러내서 새로운 생각을 할 때 뉴런의 구조가 변하며 기억이 재구성된다고 말한다. 하지만 사람들은 과거의 경험을 머릿속에 영원히 저장해 놓은 것이 기억이라고 말한다.

심리학자는 사람들에게 두 가지 문장을 보여주었다.

① 자세히 기억나지 않을 때도 있지만 우리가 배운 모든 것은 머릿속에 영원히 저장되어 있다. 최면 같은 특별한 방법을 이용하면 어렴풋한 기억을 자세히 기억해낼 수 있다.

② 세부적인 내용은 기억 속에서 영원히 지워질 수 있다. 최면 같은 특별한 방법을 동원해도 세부적인 기억은 결코 되살아나지 않는다. 기억 속에 저장되어 있지 않기 때문이다.

두 가지 문장으로 사람들이 기억에 대해서 어떤 생각을 갖고 있는지 알아보았다. 문장을 본 사람 가운데 약 75퍼센트가 ①을 선택했다. ①을 선택한 사람은 사진처럼 머릿속에 그대로 복사해 놓은 것이 기억이라고 생각한다. 모든 것을 기억하는 사람은 극소수다. 기억력이 나쁜 사람도 언젠가는 기억이 날 거라고 믿는다. 당장은 기억나지 않지만 어딘가에 기억이 저장되어 있다고 생각한다. 사람들은 어떤 기억은 정확하다고 믿고 확실하게 기억한다고 생각한다. 하지만 단언컨대, 확실한 기억은 없다.

새로운 경험은 과거의 경험에 대한 기억을 바꿔놓는다. 하지만 이것을 알아차리는 사람은 극히 드물다. 기억은 과거의 재구성이다. 과거를 떠올릴 때마다 기억을 재구성한다. 반복해서 재구성하면 기억과 실제로 경험한 사실은 점점 차이가 생긴다. 이런 사실을 증명하기 위해서 영국의 두 심리학자가 케임브리지 심리학회에서 진행한 토론 내용을 기록했다. 2주일이 지난 후에 토론에 참석한 사람들에게 토론 내용 가운데 기억나는 내용을 전부 적어보라고 했다. 그러자 구체적인 논점은 10퍼센트 정도만 기억했다. 기억해서 적은 내용도 세부적인 사항은 절반이나 잘못되어 있었다. 즉석에서 이야기한 내용을 준비된 발표문으로 잘못 기억하거나 발표하지도 않은 내용을 직접 들은 것처럼 착각하는 사람도 있었다.[1]

아이디어가 필요한 기획자에게 기억은 중요한 자산이다. 기억은 관찰력, 집중력, 사고력과 관련이 있다. 기억해야 하는 내용이 있을 때, 같은 내용을 반복해서 읽으면서 머리에 저장하려는 사람이 있다. 반복해서 읽으면 외울 수 있다. 여러 번 읽으면 일시적으로 기억에 저장된다. 하지만 이런 방법으로는 오래 기억에 남기기 어렵다.

   인간의 뇌는 어렴풋이 기억하는 것도 '알고 있다'라고 인식하면 기억하려고 하지 않는다. 이럴 때는 시간과 장소, 그 내용을 읽은 곳 등 환경까지 관찰하면 기억에 오래 남길 수 있다. 단순히 정보를 보고, 듣고, 쓰고, 생각하는 과정을 거친다고 기억에 남지 않는다. 회의에서 주고받은 말은 기록하지 않으면 정확하게 기억하기 어렵다. 하지만 회의실에서 인사하며 나눈 이야기, 그날의 분위기, 회의하면서 마셨던 차 등을 떠올리면 내용을 기억하기가 수월하다.

   나는 미팅에서 업무적인 내용 외에 근황과 요즘 하는 일, 계획 중인 일, 미팅하는 날 아침에 인터넷에서 본 기사 등에 대한 얘기도 주고받는다. 안부를 묻고 대화를 이어가기 위해서 하는 말도 일부는 미리 생각해둔다. 사적인 이야기를 나누다가 업무와 연관된 이야기를 자연스럽게 끌어내기 위해서다. 이런 식으로 업무적인 이야기를 나누면 나중에 서로 다르게 기억하고 있을 때, 미팅하면서 사적으로 함께 나눴던 이야기를 떠올리면 당시의 기억을 더 생생하게 소환할 수 있다.

   기억은 경험과 사실을 완전하게 머릿속에 남기는 게 아니다. 1996년에 미국 영부인 자격으로 보스니아에 방문한 힐러리 클린턴은 비행기에서 내리자마자 저격수들을 피해 뛰어다녔다고 인터뷰한 적이 있다. 하지만 실제로 비행기에서 내릴 때 평화로운 분위기였고 환영 나온 아이에게 입을 맞추기도 했다. 클린턴 대통령과 영부인에게 영웅적인 이미지를 부여하기 위해 꾸며낸 이야기일 수도 있다. 로널드 레이건도 2차 세계대전에서 노르망디

상륙작전에 참전했다고 이야기 했다. 하지만 나중에 "어쩌면 내가 전쟁영화를 너무 많이 봤는지도 모르겠네. 가끔씩 그런 영웅담들이 현실과 혼동된다니까."라고 말하며 자신의 무용담 가운데 일부가 사실이 아니라고 인정했다.[2]

인지심리학자 울릭 나이서는 《인지심리학》에서 '기억은 테이프를 재생하거나 그림을 보는 것보다 이야기를 들려주는 것에 가깝다'라고 했다. 완전한 기억은 없다. 나는 정확하게 기억하기 위해서 기록하고 사진을 찍는다.

모든 순간을 기억에 담아둘 수는 없다. 하지만 기획자는 가능하면 많은 정보를 기억해야 한다. 기획자에게 상상력과 창의력은 필수다. 상상력과 창의력은 기억에서 나온다. 얼마나 많은 정보를 기억하느냐에 따라서 사고력, 창의력도 동시에 상승한다. 기억과 사고력, 창의력은 서로 보완하며 상승작용을 일으킨다. 기억은 창의력과 사고력을 일깨우고 동시에 창의력과 사고력은 기억을 자양분으로 성장한다.

가능하다고 생각하는 곳에서 기획이 시작된다

단어가 모여서 문장이 되는 것처럼 생각은 기억과 만나서 아이디어가 된다. 아르키메데스는 금으로 만든 왕관에 불순물이 섞였는지 알아보라는 왕의 지시를 받고 고민했다. 그는 목욕물이 넘치는 것을 보고 순금과 불순물이 섞인 금을 각각 물에 넣어서 넘치는 물의 양으로 불순물이 섞인 금을 찾을 수 있다고 생각하고 외쳤다.

"유레카!"

유레카는 그리스어로 '알았다^{eureka}'라는 뜻으로 기가 막힌 생각을 했을 때 외치는 감탄사다.

유레카와 어원이 같은 말로 '휴리스틱^{heuristic}'이 있다. 휴리스틱은 우리말로 해석하면 '어림짐작'이다. 휴리스틱은 자기가 가진 지식에 기초해서 적절한 답을 찾는 방법이다. 시간, 정보가 부족해서 합리적으로 판단할 수 없지만 '이렇게 하면 되겠다'라는 느낌이 들 때가 있다. 체계적이고 합리적인 판단을 나중에 해도 된다면 어림짐작은 기획자에게 매우 유용하다.

　휴리스틱을 대충 어림잡아 생각하기 때문에 확실하지 않다고 생각하는 사람이 있다. 기획자에게 이런 생각은 금물이다. 왜냐하면 상품 기획에 전적으로 휴리스틱을 사용하는 곳이 아이폰을 만든 '애플'이기 때문이다. 애플은 상품을 기획하는 단계에서 사용자의 의견을 구하는 리서치 과정을 생략한다. 사용자의 의견을 수집하고 그에 기초해서 상품을 기획했다면 애플의 아이폰은 지금까지 나오지 않았을 수도 있다. 휴대폰, 디지털 카메라, MP3, 인터넷 등은 기존에 있던 상품과 서비스이기 때문이다. 만약 리서치 했다면 여러 가지 기기가 가진 기능을 하나의 기기에 담는 것을 사용자들이 원하지 않았을 수도 있다. 실제로 사용자는 자기가 어떤 제품을 원하는지 알지 못한다.

　애플은 전통적으로 기획 단계에서 리서치를 하거나 모든 변수와 조건을 검토하지 않는다. 리서치를 한다고 모든 사용자의 생각을 읽을 수도 없고 모든 변수와 조건을 검토하는 것도 사실상 불가능하기 때문이다. 애플의 휴리스틱은 가장 이상적인 방법을 찾는 게 아니라 현실적으로 만족할만한 수준의 해답을 찾는 것이다.

　애플은 아이팟을 개발할 당시 MP3로 음악을 듣는 사람이 음악을 듣는 방식, 기존 제품에서 느끼는 불만을 관찰하고 중요한 사실을 발견했다. 음반 제작사마다 유통경로가 달라서 좋아하는 음악을 다운로드하려면 여러 사이트를 이용해야 하는 것이 사용자의 불만이었다. 애플은 음악을 온라인으로 유통하는 과정에 참여하는 레코드사, 저작권단체 등과 협의하여 사용자가 음반 제작사와 유통사에 관계없이 음악을 다운로드 받는 서비스 아이튠즈를 만들었다. 애플은 아이튠즈를 기획하면서 음악 유통 과정에 있는 기업과 단체를 이렇게 설득했다.

"특정한 레코드사와 계약하지 않아서 모든 기업에 똑같은 서비스를 제공할 수 있다."

"모든 오프라인 매장에 신곡을 프로모션할 수 있다."

"온라인에서 음악을 다운로드 하는 고객에게 직접 마케팅 할 수 있다."

애플은 사용자를 대상으로 리서치하지 않았지만 이런 상품과 서비스가 사용자를 만족하게 할 것이라고 예상하고 '가능한 이유'와 '해야 할 이유'를 무수히 많이 생각했다.[3]

기획자는 타당성을 증명하기 위해서 스스로 자기 기획을 평가한다. 시장의 크기와 개발에 필요한 비용과 시간, 홍보비용, 유통 경로 등의 항목에서 가능성에 따라서 점수를 매기고 평가한다. 여기서 기획자가 평가한 결과와 고객이 평가한 결과는 대부분 다르다. 일반적으로 이런 상황에서는 고객의 평가를 우선시한다.

고객의 평가에 따라 기획하고 방향을 설정하면 평범한 아이디어로 전락하는 경우가 많다. 노련한 기획자보다 기획 분야에서 경험이 없는 초보 기획자가 낸 아이디어가 크게 히트할 때가 있다. 경험이 부족한 기획자가 성공을 거두고 단 하나의 아이디어로 스타가 된다. 영화와 드라마처럼 문화예술 분야에서 이런 사례가 종종 나온다.

'운이 좋았다'는 말로 초보 기획자의 기획력을 폄하하기도 하는데, 정말

운이 좋아서 성공하는 사례는 거의 없다. 오랫동안 다양한 경험을 쌓은 기획자보다 경험이 없는 기획자가 독특한 아이디어를 제시할 때가 많다. 경험이 많은 기획자는 경험이 창의력을 가로막는다. 하지만 초보 기획자는 어디까지 할 수 있고, 불가능한 부분이 무엇인지 모르기 때문에 듣지도 보지도 못한 방법으로 기획한다. 경험이 많은 기획자가 과거에 성공했던 주제와 아이디어를 변형할 때 초보 기획자는 기존의 질서를 따르지 않고 완전히 새로운 방향과 방법으로 기획한다. 이들이 과거에 하지 않던 방식으로 기획하는 이유는 기존 세계의 질서를 부정해서가 아니다. 기존에 어떤 방식으로 기획했는지 모르고 자기 생각을 표현하려는 의지가 가득하기 때문이다. 초보 기획자의 의지가 트렌드에 부합할 때 그 기획은 성공한다. 경력 기획자는 경험이라는 테두리에서 자신의 기획을 검열하고 가능성을 차단한다. 반면에 초보 기획자는 모든 게 가능하다는 전제로 기획을 한다.

경험이 많은 기획자는 현재 시점에서 '지금 경쟁력 있는 분야'를 확장해서 미래에 무엇을 할 수 있는지 생각한다. 하지만 초보 기획자는 '하고 싶은 일'에 집중한다. 현재 시점에 얽매이지 않는다. 그래서 훨씬 자유롭게 생각하고 다양한 아이디어를 만들어낸다. 이렇게 현재 시점이 아니라 미래 관점에서 바라보면 창의적인 아이디어를 떠올릴 수 있다. 현재 시점으로 기획하면 누구나 생각할 수 있는 평범한 기획만 하게 된다.

새로운 아이디어와 실현 가능성을 갖춰야 좋은 기획이 나온다. 만약 초보 기획자가 제시한 기획이 비현실적이라면 문서상 기획으로 남는다. 기획을 시작할 때부터 실현 가능성과 실현 의지가 중요하다. 실현할 수 없는 아이디어는 기획으로써 아무런 쓸모가 없다.

  기획에서 가장 중요한 것은 실현 가능성이다. 좋은 아이디어가 있다면 실행하기 위한 구체적인 계획과 실현했을 때 얻는 이익을 정확히 제시해야 한다.

  능력 있는 기획자에게 좋은 아이디어는 필수다. 하지만 아이디어만 많다고 좋은 기획자가 되는 것은 아니다. 기획자는 창의적인 아이디어와 아이디어를 현실로 만드는 방법, 그 방법을 논리적으로 보여주는 능력까지 갖춰야 한다.

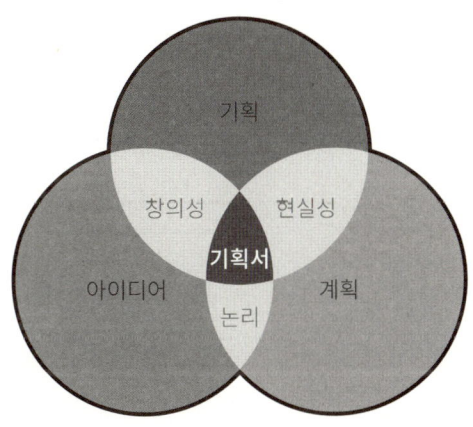

생각에 집중하기

문득 떠오르는 아이디어는 무의식과 의식, 내적·외적 사고, 기억이 상호작용을 일으켜서 새로운 생각의 연결고리가 만들어지면서 나온다. 생각의 연결고리는 아무 생각도 하지 않는 상태에서 만들어지고 머릿속을 스쳐지나가듯 사라진다.

광고·커뮤니케이션 전문가 이리스 되링은 《발상》에서 생각은 정보를 나르는 열차, 기억은 기차역과 물류센터에 비유했다. 이보다 더 정확한 비유는 없다. 새로운 정보와 지식을 얻을 때마다 열차의 좌석·화물칸이 채워진다. 열차가 기차역에 정차하면 다른 노선의 열차에 채워진 지식과 정보가 만나서 연결된다. 그러면 새로운 생각이 더 많이 나온다. 결과적으로 지식과 정보가 많으면 새로운 생각을 더 많이 할 수 있다.

책을 읽고 강의를 듣고 지식과 정보를 쌓은 다음에는 잠시 동안 아무 생각도 하지 말아야 한다. 그래야 영감이 떠오른다. 영감이 떠오르게 하기 위해서 선행해야 하는 일은 지식과 정보를 머릿속에 집어넣는 것이다. 머릿속에 다양한 분야의 지식과 정보를 저장하고 생각을 정리하면 비로소 아이디어가 나온다. 좋은 생각이 떠오를듯하면서 떠오르지 않는 이유는 생각이 정리되지 않았기 때문이다.

생각을 정리하지 않으면 좋은 생각으로 발전하지 않는다. 기획서를 쓰다가 표현이 잘 안 되거나 하고 싶은 말이 이게 아니라는 생각이 들 때가 있다. 좋은 생각이 떠오른 것 같은데 정리할 수 없다면 그것은 좋은 생각이 아니다. 애매한 아이디어는 글로 정리할 수 없다. 기획서를 쓰는 일은 일반적인 문서작성이 아니다. 아이디어를 기획서에 옮기는 일은 문서를 작성하는 의미를 넘어서, 생각을 정리함으로써 모순을 해결하고 현실적으로 실행할 수 있는 결과물을 만드는 과정이다. 생각을 거듭하면 비로소 자기 생각을 기획서에 쓸 수 있다.

기획의 본질은 창의적인 아이디어를 논리적으로 타당하고 실현가능하도록 만드는 것이다. 아이디어에 논리와 실현가능성을 더해서 기획으로 만들려면 생각을 정리하고 숙성하는 시간이 필요하다. 미국의 마케팅 서비스 회사 컨버세이션스는 경제 전문지 〈Inc〉에서 발표한 '매우 빠르게 성장하는 기업'으로 선정되었다. 컨버세이션스는 매월 첫 번째 월요일을 '두 낫 콜 먼데이 Do Not Call Monday'로 정했다. 이 날은 하루 종일 전화와 이메일 확인을 금지한다. 임직원들은 회의실에서 머물며 이야기를 나눈다. 자유롭게 자기 생각을 말하고 다른 사람의 의견을 들으며 생각을 발전시킨다. 컨버세이션스에서 두 낫 콜 먼데이를 정하고 실천하는 이유는 계속 바쁘게 업무를 하다 보면 정말 중요한 것이 무엇인지 생각할 수 없다고 인식했기 때문이다. 직원들은 매월 첫 번째 월요일은 아무 일도 안 하는 날이 아니라 정말 중요한 일에 대해서 집중적으로 생각하는 날로 활용한다.⁴

집중적으로 생각하려면 어떻게 해야 할까? 논리적으로 타당하고 실현 가능한 기획은 본질적인 가치를 제대로 인식할 때 나온다. 본질에 집중해야 비로소 밑그림을 그릴 수 있다. 깊게 생각하기 위해서 많이 사용하는 방법이 '왜?'를 반복하는 것이다. 왜?를 반복하면 문제의 본질, 즉 진짜 원인을 찾을 수 있다. 반복해서 왜?라고 묻고 답을 생각하는 것은 도요타의 기본 원칙이다. 도요타에는 "왜?를 다섯 번 반복하라"라는 원칙이 있다. 왜?를 다섯 번 반복하면서 문제의 원인을 찾는 방법인데 집중해서 생각할 때 사용하면 매우 유용하다. 하지만 단순히 왜?를 반복한다고 본질에 접근하는 것은 아니다. 오노 아이이치는 《도요타 생산방식》에서 기계가 멈춰섰다고 가정하고 왜?를 반복하는 구체적인 예를 소개했다.

① 왜 기계가 멈췄지? 과부하로 전원이 차단되었기 때문이다.
② 왜 과부하가 발생했지? 베어링 부분이 너무 뻑뻑했기 때문이다.
③ 왜 뻑뻑해졌지? 윤활 펌프가 제대로 작동하지 않았기 때문이다.
④ 왜 윤활 펌프가 제대로 작동하지 않았지? 윤활유를 분사하는 펌프의 축이 마모돼서 덜컹거렸기 때문이다.
⑤ 왜 닳았지? 펌프에 여과기가 없어서 동작하는 과정에 마모된 가루가 들어갔기 때문이다.

이렇게 왜?라는 질문에 대답하고 다시 왜?를 반복해서 문제의 본질을 파고든다.

왜?를 다섯 번 반복해서 문제의 본질에 접근한다. 이런 접근법을 '래더링laddering'이라고 한다. 마치 사다리를 타고 올라가듯이 속성·기능·정서·생활 가치를 깊게 파고들어 찾아낸다. 마케팅에서는 상품이나 서비스의 가치를 깊게 파고들어가서 소비자가 겉으로 드러내지 않는 새로운 가치를 발견하고자 할 때 사용한다.⁵

자동차 업계에서 일하는 기획자는 소비자가 느끼는 제품의 가치를 찾기 위해 도요타 생산방식에서 했던 것처럼 다음과 같이 연속적으로 질문한다.

① 왜 그것이 당신에게 소중한가? 나의 보물 1호이기 때문이다.
② 그것이 왜 보물 1호인가? 나만의 공간을 만들어주기 때문이다.
③ 나만의 공간이 왜 필요한가? 혼자 있으면 편안하기 때문이다.
④ 혼자 있는 것이 왜 편안한가? 누구에게도 간섭받지 않기 때문이다.
⑤ 왜 간섭받지 않으려고 하는가? 나 자신이 중요하기 때문이다.

이런 질문을 통해서 소비자가 느끼는 자동차의 가치가 이동하는 수단뿐만 아니라 나만의 공간을 만드는 기능이라는 사실을 알 수 있다.

왜?를 반복하면 추상적인 개념이 구체화된다. 마케팅 분야에서는 래더링을 고객 리서치에 활용하는 방법론으로 알고 있지만 깊게 생각할 때도 유용하다. 왜?를 다섯 번 반복하는 것은 깊게 생각하는 방법론이다. 왜?를 다섯 번 반복하면 생각에 집중할 수 있다. 이런 방법론을 적용하지 않으면 이 생각에서 저 생각으로 옮겨 다닐 뿐 생각을 깊게 할 수 없다.

뇌과학자 수전 그린필드는 《마음으로 떠나는 여행》에서 한 가지 생각이 다른 생각과 구별 짓는 것은 그 생각을 위해서 모이는 뉴런의 수, 그리고 그렇게 모인 '뉴런 다발'이 유지되는 시간이라고 했다. 깊게 생각하면 많은 뉴런이 모인다. 이때 더 적은 뉴런 다발에서 많은 뉴런 다발로 생각이 옮겨 간다. 비슷한 수의 뉴런이 모이면 쉽게 흩어지지 않는 쪽의 생각이 더 오래 유지된다. 뉴런 다발은 고정된 구조물이 아니다. 모였다가 흩어지는 시간이 제각각 다른 연합체다. 생각은 이리저리 떠다니는 '뇌 안의 구름' 같아서 한 가지 주제에 꼬리를 물고 집중적으로 계속 생각을 이어가기는 어렵다.⁶

두뇌에서 생각이 생성되는 속성 때문에 인간이 한 가지 생각에 집중하기는 어렵다. 인간의 의식은 관심이 있는 대상을 따라 이리저리 떠돈다. 중요한 것은 생각을 지속하는 시간이 아니라 그것을 얼마나 중요하게 느끼고 있냐는 것이다. 하나의 주제에 생각을 집중해서 아이디어를 구체화할 때는 왜?를 다섯 번 반복하는 것처럼 깊게 생각하는 방법론을 적용하면 된다. 생각에 집중하면 어떤 주제든지, 어떤 목적이든지 기획자의 의지에 따라 깊은 생각을 이어갈 수 있다.

영감이 떠오르는 원리

새로운 생각이 떠오르게 만드는 자극을 영감이라고 한다. 영감은 새로운 생각이 나오는 씨앗이다. 러시아 화가 레핀은 '영감은 각고의 노력에 대한 보상'이라고 했다.'

에디슨이 했던 말 때문에 천재만 영감을 얻는다고 생각하는 사람이 있다. 인간은 누구나 영감을 가지고 있으며 새로운 생각을 할 수 있을 정도의 지식도 있다. 새로운 생각을 하려면 영감과 다양한 분야의 지식이 필요하다. 우리 머릿속에는 여러 가지 지식이 저장되어 있다. 관심이 있어서 책을 보고 얻은 지식도 있고 경험으로 배운 지식도 있다. 말로 설명하거나 그림을 그려서 나타낼 수 없는 지식도 있다. 어렴풋이 알고 있는 지식은 다른 사람에게 설명할 수도 없고 자신도 의식적으로 알고 있는지 모르는지 인식하지 못한다. 자기가 아는지 모르는지 인식하지 못하는 지식이 영감을 일으키는 씨앗이 된다. 어렴풋이 알고 있는 지식은 필요할 때 생각나지 않다가 갑자기 떠오른다.

지식이 필요한 순간에 머리에서 꺼내서 이용하려면 장기 기억에 저장되어 있어야 한다. 기억과 창의력은 매우 밀접하다. 기억에 관한 연구는 독일의 심리학자 헤르만 에빙하우스의 '기억 곡선'이 유명하다. 그는 19세기 말에 실험을 통해서 학습과 기억에 대해서 연구했다. 연구 결과 학습한 내용을 반복하는 것이 기억하는 데 확실히 도움이 되고, 학습한 후 수 시간 안에 기억이 가장 많이 사라진다는 사실을 확인했다. 에빙하우스의 연구 결과를 근거로 1960년대에 리처드 애킨슨과 리처드 쉬프린은 다중 저장소 모델Multi Store Model of Memory을 만들었다. 이 모델은 기억에 관한 이론의 토대가 되었다. 다중 저장소 모델에서는 기억을 장기 기억, 단기 기억, 초단기 기억으로 구분한다.

캐나다의 기억 연구자 엔델 툴빙은 반복이 기억을 강화한다는 사실을 실험으로 밝혀냈다. 의식적으로 깊게 생각할 때 장기 기억에 저장된 지식들이 연결되고 동시에 사용된다. 장기 기억에 저장된 내용은 새로운 자극을 통해서 아이디어로 되살아난다. 장기 기억은 명시적 기억과 암묵적 기억으로 분류된다. 명시적 기억은 학습으로 얻은 지식·경험과 같은 사실적 기억이다. 이런 지식은 말로 설명할 수 있다. 암묵적 기억은 자전거 타기, 수영처럼 훈련을 통해서 몸으로 익힌 반응 양식과 오랫동안 반복해서 몸에 배인 습관이다. 일반적으로 기억한다고 말하는 것은 대부분 명시적 기억이다. 지식이 많은 사람은 명시적 기억과 암묵적 기억을 많이 가지고 있다. 두뇌 트레이닝이나 인지능력 계발 프로그램은 암묵적 기억을 의식적으로 남기는 훈련이다. 이렇게 암묵적 기억을 의식에 남기는 이유는 알고 있지만 기억하지 못하는 지식을 끌어내면 새로운 아이디어를 얻는 데 도움이 되기 때문이다.

단기 기억은 반복을 통해서 장기 기억에 저장된다. 생각을 거듭하면 장기 기억에 저장된 명시적 기억과 암묵적 기억이 만나서 새로운 아이디어가 떠오른다.

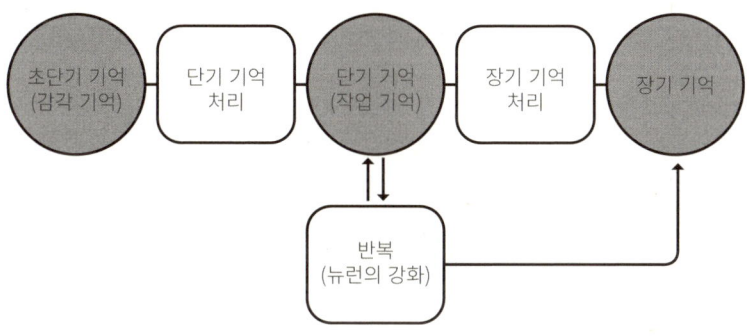

출처 : 아리스 되링·베네타 머텔슈트라스 지음, 《발상》, (올유문화사, 2018)

기획자는 전문 분야의 지식뿐만 아니라 다방면의 지식을 습득하려고 노력해야 한다. 강연에서 강연자의 지식을 전달받는다. 책에서 보았던 정보, TV 채널을 돌리다가 우연히 본 다큐멘터리 프로그램 등에서 정보를 얻는다. 다양한 분야의 지식을 쌓으면 기획을 하거나 문제해결에 필요한 아이디어를 낼 때 자기가 갖고 있는 지식을 총동원해서 답을 끌어 낼 수 있다. 많은 지식과 경험을 쌓는 일은 이래서 중요하다. 하지만 지식을 습득하는 것만으로는 부족하다. 지식이 부족해도 확실히 알고 있는 분야가 있다면 그것을 바탕으로 해답에 이를 수 있다. 다양한 체험, 학습을 통해서 지식을 쌓고, 경험을 지식으로 만드는 과정이 중요하다. 기획자는 축적한 경험과 지식을 활용해서 새로운 아이디어를 만드는 과정에 가치를 두어야 한다.

아이디어를 구체화하고 기획으로 만드는 것은 배워서 익힐 수 있는 능력이 아니다. 스스로 생각하고 도전하면서 실패를 되풀이하는 과정에서 자연스럽게 길러지는 능력이다. 지식을 아이디어로, 아이디어를 기획으로 만드는 과정을 이해하는 사람만이 지식과 경험에 기초해서 새로운 발상을 할 수 있다.

명문대학을 나와서 대기업에서 경력을 쌓은 사람 중에도 아이디어가 없거나 기획력이 떨어지는 사람이 있다. 공부를 잘 했으니까 명문대학을 나왔고 대기업에서 일하니까 아이디어도 많을 것이라고 생각하지만 실제로는 그렇지 않다. 지식과 경험을 두뇌에 쌓아두기만 하면 아는 것만 많을 뿐이다. 여러 분야의 지식과 경험을 결합해서 새로운 생각을 만들어 낼 때 비로소 기획자에게 필요한 창의력이 계발된다.

웹툰을 드라마로 제작해서 많은 사람에게 감동을 준 〈미생〉의 작가 윤태호는 매체와 인터뷰에서 평생 만화만 그렸다고 했다. 바둑을 둘 줄 모르고 직장생활도 많이 경험하지 못한 그가 수십 년 직장을 다닌 사람보다 더 생생하게 직장인의 생활을 그릴 수 있었던 이유는 직장인을 취재하며 자료를 수집하고 자기가 가진 지식을 깊게 파고들었기 때문이다.

그는 아이디어를 떠올리려고 애쓰는 것은 창작자의 태도가 아니라고 했다. 윤태호 작가는 어느 순간 갑자기 찾아오는 '영감'을 얻기 위해 산책을 하거나 카페에서 작업하지 않는다. 일을 할 때는 계속 자리에 앉아서 그림을 그리고 글을 쓴다. 걸을 때, 운전할 때, 목욕할 때, 잠잘 때 영감이 떠오른다고 계속 걷고 운전하고 목욕하고 잠을 잘 수는 없다. 책상에만 앉아있으면 아이디어가 나오지 않는다고 말하는 사람이 있는데 책상에서 떠난다고 아이디어가 나온다는 보장도 없다. 윤태호 작가는 아이디어가 떠오르면 테마를 정하고 자료를 모은 다음 관련 있는 책과 기사를 보고 작품에 필요한 자료를 정리한다. 작품을 그리기 전까지는 자료를 조사하기 위해 돌아다니지만 자료를 모은 후에는 책상에 앉아서 그림을 그리고 글을 쓴다. 그는 계속 생각하면 더 나은 생각이 떠오른다고 믿고 버티는 게 재능이라고 했다.

배움을 통한 지식과 직접 경험한 것, 즉 명시적 기억이 암묵적 기억과 만나서 새로운 생각이 나온다. 로버트 루트번스타인과 미셸 루트번스타인은 《생각의 탄생》에서 '무엇'을 생각하느냐 보다 '어떻게' 생각하느냐에 따라 관념의 단계에서 현실의 단계로 나아간다고 했다.

새로운 생각을 하는 창조적인 사람과 일반인의 차이는 재능이나 노력이 아니라 좋은 생각이 날 때까지 생각을 거듭하는 데 있다. 단, 생각을 거듭하기 전에 지식과 경험을 쌓는 과정을 반드시 거쳐야 한다는 것만 기억하자.

디자인 씽킹과 AEIOU 프레임워크

스탠퍼드대학에는 두 개의 유명한 스쿨이 있다. 하나는 B스쿨이고 다른 하나는 D스쿨이다. B스쿨은 비즈니스스쿨이고 D스쿨은 디자인스쿨이다. B스쿨의 다른 이름이 스탠퍼드대학 경영대학원이다. 이곳을 졸업하면 MBA 학위를 취득한다. D스쿨은 학위도 학점도 인정해주지 않는다. 하지만 실리콘밸리에서 혁신을 주도하는 기업가들은 D스쿨에 들어오려고 한다.

정식으로 수업을 받지 못하는 사람은 견학이라도 하려고 이곳을 찾는다. D스쿨 즉, 디자인스쿨의 디자인 씽킹 수업 때문이다. 이 수업에서 학생들은 생각에 집중하는 방법, 창조적으로 생각하는 과정을 배운다.

디자인 씽킹 수업을 들은 학생은 현상을 관찰해서 문제 해결 방법을 찾아내는 데 효과가 있다고 말한다. 디자인 씽킹은 IDEO 창업자 팀 브라운이 개발한 방법론으로 다섯 가지 과정으로 진행된다.

디자인 씽킹은 공감하기^{Empathize}, 문제정의^{Define}, 아이디어 개발^{Ideate}, 시제품

제작Prototype, 테스트Test 단계를 거친다. 첫 단계인 '공감하기'가 가장 중요하다. 이 단계에서 사용자소비자를 관찰하고 인터뷰하면서 통찰력을 얻는다. 사용자 입장에서 생각한다고 해서 '감정이입'이라고 한다.

공감하기 (Empathize)	사용자(소비자)의 요구사항을 공감한다. 사용자(소비자)를 관찰하거나 인터뷰를 통해서 무엇이 필요한지 찾는다. 사용자(소비자)가 원하는 것을 알고 있다고 가설을 세우거나 추측하지 않는다. 가능하면 많이 살펴보고 궁금한 것은 질문해서 무엇이 필요한지 정확히 알아낸다.
문제정의 (Define)	요구사항이 왜 생겼는지 사용자(소비자)의 관점에서 정의한다. 이 단계에서 문제를 제대로 정의해야 사용자(소비자)에게 필요한 아이디어를 개발할 수 있다. 다양한 관점에서 문제를 분석한다.
아이디어 개발 (Ideate)	문제해결을 위한 창의적인 아이디어를 개발한다. 좋은 아이디어를 얻으려면 우선 많은 아이디어가 필요하다. 창의적인 생각은 내 생각에 다른 사람의 생각이 더해지면서 발전한다. 글과 그림으로 표현하면 생각이 구체화된다.
시제품 제작 (Prototype)	구체화한 아이디어를 다른 사람에게 보여줄 수 있게 모델을 만든다. 이 단계에서는 완벽한 제품을 만드는 게 아니라 아이디어를 눈으로 볼 수 있게 표현하는 데 집중한다. 시제품은 짧은 기간 안에 만든다. 빨리 만들어서 테스트해보고 수정하는 것이 목표이기 때문이다.
테스트 (Test)	사용자(소비자)가 시제품을 평가한다. 비판을 수용해서 아이디어를 보완한다. 주관적인 아이디어는 반드시 사용자 또는 제3자에게 평가를 받는다.

문제를 파악하기 위해서 일반적으로 정량적인 마케팅 툴을 사용하거나 설문조사, 포커스 그룹 인터뷰를 하는데, 이렇게 하면 사용자의 관점이 아니라 문제를 해결하려는 입장에서 조사하기 때문에 문제의 본질을 벗어난 질문을 하게 된다. 자료를 수집하기보다 사용자의 행동을 관찰하고 직접 경험하면서 감정을 이입해서 사용자가 필요로 하는 게 무엇인지 알아야 문제를 정의할 수 있다.

스탠퍼드대학 디자인스쿨에서는 사용자 입장에서 더 많은 것을 관찰하고 아이디어를 개발하기 위해서 AEIOU 프레임워크를 적용하라고 가르친다. AEIOU 프레임워크는 문제해결이 필요한 대상을 활동Activity, 환경

Environment, 상호작용Interaction, 사물Object, 사용자User로 구분한다. 대상의 활동을 눈여겨보고 무엇에 관심이 있는지, 어떤 일을 하고 누구와 교류하는지 관찰한다. 대상을 둘러싼 주변 환경도 살펴본다. 공간과 테이블, 의자 모양과 배치, 조명 등 관찰 대상이 상호작용하는 모든 것이 중요하다. 자주 찾는 장소와 자주 먹는 음식, 자주 사용하는 도구, 교통수단 등도 대상을 파악하는 요소다. 생활하는 지역과 공간, 건물의 특징도 기록한다.[8]

관찰하는 다섯 가지 요소는 중복되기도 한다. 한두 가지 요소에 지나치게 집중하기보다 대상에 영향을 주는 것이 무엇인지 생각하면서 다양한 관점에서 관찰한다. 디자인 씽킹은 미학적 접근이 아니다. 필요와 욕구를 충족시키고 더 나은 경험을 제공하는 해결책을 만드는 사고방식이다.

이 프레임워크를 통해서 새로운 방식으로 관찰하고 고안한 것이 바로 '미니어처 파우치 임브레이스'이다. 디자인스쿨 학생들은 아프리카 조산아 사망문제를 해결하기 위해서 현장에서 AEIOU 프레임워크에 따라 진짜 문제가 무엇인지 살펴보았다. 그 결과 조산아의 체온을 유지해서 저체온증에 걸리지 않도록 한다면 문제를 해결할 수 있다고 결론을 내렸다. 문제를 해결하기 위해 '임브레이스 인펀트 워머Embrace Infant Warmer'를 개발했다.

낙후된 지역에서도 사용할 수 있도록 고안한 임브레이스 인펀트 워머는 전기를 사용하지 않는다. 개폐할 수 있는 장치와 밖에서 아기를 볼 수 있게 창문을 달고, 청소·세탁이 용이한 재질로 만들었다. 고가의 인큐베이터를 사용할 수 없는 낙후된 아프리카에서 임브레이스 인펀트 워머는 병원에서 사용하는 인큐베이터 가격의 1퍼센트에 불과한 적은 비용으로 2만 2천 여

명의 조산아 사망문제를 해결했다.

스탠포드대학 디자인스쿨 학생들이 개발한 '임브레이스 인펀트 워머'

출처 : embraceglobal.org

AEIOU 프레임워크를 통해서 나오는 최초 결과물, 즉 프로토타입을 만들 때는 3R 원칙을 지킨다. 3R 원칙은 '대략적으로^{Rough}', '빠르게^{Rapid}', '당장 실행하라^{Right}'이다. 이 원칙을 적용해서 IDEO는 뱅크오브아메리카와 '잔돈은 저금하세요$^{Keep\ the\ change}$' 직불카드 서비스를 만들었다. 그 결과 1,200만 명의 신규 고객을 유치했다. 이 직불카드로 계산하면 차액인 잔돈은 자동으로 저축된다.

'임브레이스 인펀트 워머'와 '잔돈은 저금하세요' 서비스 개발에서 주목할 것은 문제를 정의하기에 앞서서 사용자 입장에서 공감했다는 점이다. AEIOU 프레임워크는 사용자를 적극적으로 관찰해서 공감하기 위한 목적이 전부라고 해도 과언이 아니다. 상품이나 서비스를 개발할 때도 개발자·

서비스 제공자의 관점이 아니라 사용자의 관점에서 바라보면 무엇을 원하는지 알 수 있다. 뿐만 아니라 상품을 판매하는 방법, 공간, 환경적 요인, 점원과 상호작용 등을 포함해서 살펴보고 사용자의 요구를 따라가면 진정으로 필요한 것을 찾을 수 있다.

공간이 좋은 생각을 만든다

일하는 공간도 생각하는 데 영향을 준다. 책과 서류, 사무용품이 깔끔하게 정리되어 있어야 좋은 아이디어가 나오는 사람이 있고 조금 흐트러져 있어야 생각이 잘 되는 사람도 있다. 정리된 상태가 아이디어를 내기 좋은 사람은 자리를 정돈하면서 생각할 준비를 한다. 책상에 서류들이 흩어져 있어야 생각이 되는 사람은 생각할 주제와 관련이 있는 책과 문서, 메모들을 늘어놓는다. 달콤한 초콜릿을 먹으면 좋은 아이디어가 떠오른다는 사람도 있다. 혈액 속에 당분이 들어가면 일시적으로 피로감이 줄어들고 상상력이 풍부해진다. 커피를 마시는 것도 비슷한 효과를 낸다. 아이디어는 온몸을 통해서 나온다. 책상 앞에서 꼼짝도 하지 않고 오랫동안 집중해도 괜찮은 아이디어가 나오지 않는 이유는 환경 탓일 가능성이 크다.

구양수는 생각이 잘 떠오르는 장소를 삼상三上이라고 했다. 삼상은 마상馬上, 측상厠上, 침상枕上이다. 옛날 사람들은 말을 타고 있을 때, 화장실에 있을 때,

잠자기 직전에 좋은 생각이 떠올랐다. 삼상과 비슷한 말로 삼중三中이 있다. 삼중은 산책하는 중에, 목욕하는 중에, 차를 타고 있는 중에 좋은 생각이 떠오르는 것이다. 마찬가지로 3B가 있다. 목욕^{Bath}, 침대^{Bed}, 버스^{Bus}에서 좋은 생각이 난다. 목욕을 하다가, 침대에 누워 있다가, 버스나 기차를 타고 아무 생각 없이 창밖을 바라보다가 갑자기 아이디어가 떠오른다. 창의성을 설명할 때 관점을 바꾸라고 말한다. 목욕, 침대, 버스를 타면 생활할 때와 시각이 바뀐다. 시선을 바꾸면 사물을 바라보는 관점이 달라진다. 그 결과 이전에는 하지 못한 생각을 할 수 있다. 좋은 생각을 하려면 시선의 위치, 즉 바라보는 관점과 편안한 마음, 리듬이 중요하다.⁹

삼상, 삼중, 3B에서 보여주듯이 긴장 상태에서는 좋은 생각이 나오지 않는다. 우리가 일하는 환경을 둘러보자. 삼상, 삼중, 3B에 해당하는가? 상사와 동료의 눈치를 보고 전화벨 소리가 계속 울린다. 메일과 메시지도 쉴 새 없이 들어온다. 긴장감이 감도는 분위기에서 창의적인 아이디어는 나오지 않는다. 정신적으로 또는 신체적으로 불편한 환경에서는 생각에 집중하기 어렵다. 창의성을 강조하는 기업에서 회의실을 편안한 공간으로 꾸미는 이유는 몸과 마음이 편해야 아이디어가 더 잘 떠오르기 때문이다.

물론 창의적인 아이디어가 필요하다고 해서 회사에서 직원들과 단체로 목욕탕에 가거나 잠자리에 들 수는 없다. 생각하기 위해서 목적지도 없이 버스나 기차를 타는 것도 현실적으로 어렵다. 좋은 생각이 나오는 장소의 공통점은 정신적인 편안함과 리듬이다. 긴장을 풀고 적당한 리듬을 유지하면 좋은 생각이 나온다. 사무실에서 생각에 집중할 때는 서류 정돈, 명함 정리, 단순한 데이터 입력처럼 반복·단순 작업을 하는 게 좋다. 책상을 깨끗하게 치우지 않더라도 정리·정돈에 집중한다. 단순 작업을 하는 시간에 아이디어가 떠오를 때가 많다. 머리를 비우면서 일을 하면 문득 아이디어가 떠오른다. 이런 아이디어를 발전시켜서 기획하면 좋은 결과로 이어지기도 한다.

의자와 탁자도 아이디어를 떠올리는 데 영향을 준다. 디자인 씽킹 과정을 설명하면서 소개한 스탠퍼드대학 디자인스쿨 강의실은 일반 강의실과 비슷하다. 하지만 책상과 의자는 일반 강의실에서 볼 수 있는 것과 다르다. 이곳의 의자는 육면체 모양으로 걸터앉을 수 있게 고안되었다. 육면체 모양의 의자에 오랫동안 편하게 앉을 수는 없다. 이 의자는 스탠퍼드대학 디자인스쿨에서 직접 디자인했다. 오래 앉아 있지 못하도록 일부러 불편하게 디자인했다. 오래 앉아있기 불편하게 디자인한 이유가 있다. 바로 옆에 앉은 몇 명의 학생과 이야기 하는 게 아니라 수업에 참여하는 더 많은 학생과 대화하라는 뜻에서 의자를 앉아있기 불편하게 만들었다. 디자인스쿨에는 화학, 정치학, 미디어학, 의학, 법학, 엔지니어링, MBA 등 다양한 전공을 가진 학생들이 수업에 참여한다. 디자인스쿨에서는 아이디어가 다양함과 다름에서 나온다고 믿는다. 문제를 해결하려면 서로 다른 관점과 경험이 필요하기 때문이다. 이것을 극단적 협력 Radical Collaboration이라고 한다. 강의실의 물리적 환경을 여러 사람과 더 많이 교류하고 소통할 수 있도록 만든 것도 극단적 협력이다.

여러 사람과 의견을 나누면서 아이디어를 완성할 수도 있고 혼자서 생각에 집중해서 아이디어를 개발할 수도 있다. 스탠퍼드대학 디자인스쿨에는 소수의 인원이 생각에 집중하도록 공간을 구성한 '암흑의 공간$^{Booth\ Noir}$'을 만들었다. 이곳은 한 번에 세 명까지 들어갈 수 있는 좁은 공간이다. 암흑의 공간에는 창문이 없고 외부의 소음도 들리지 않는다. 그래서 '암흑'의 공간이라고 부른다. 디자인스쿨에서 스토리텔링과 비주얼 커뮤니케이션을 가르치는 스캇 두얼리는 암흑의 공간을 디지털 미디어를 사용할 수 없다는 뜻에서 노테크$^{no-tech}$의 공간이라고 했다. 이곳에서는 노트북과 스마트 기기 등을 사용하지 않고 손으로 글씨를 쓰고 얼굴을 보면서 대화한다. 노트북과 스마트 기기가 없어서 이야기에 귀를 기울이고 생각에 집중할 수 있다.[10]

생각에 집중하려면 공간과 마음가짐, 생각이 잘 되는 시간 등 여러 가지 조건이 맞아야 한다. 집중은 단순히 특정한 무언가에 관심을 갖는 것뿐만 아니라 답이 나올 때까지 생각하는 것이다.

앉아있기 불편한 의자와 암흑의 공간은 전혀 다른 환경이다. 아이디어를 만들려면 두 가지 공간이 모두 필요하다. 이런 공간을 모델로 삼아서 실리콘밸리의 기업에서는 사무실에 파티션을 없애고 직원들이 얼굴을 보면서 일 할 수 있게 환경을 바꾼다. 의자를 가지고 이동하기 쉬운 구조를 만들어서 의사소통과 협업을 극대화한다. 이와 동시에 파티션을 더 높게 만들어서 자기만의 공간에서 몰입할 수 있는 환경도 갖춘다. 혼자 집중해서 일해야 생산성이 극대화된다면 암흑의 공간처럼 방해받지 않고 업무에 집중할 수 있는 환경이 더 효과적이다. 다양한 지식을 가진 사람들과 소통하면서 나온다는 워터쿨러 효과$^{Water\ cooler\ effect,\ 정수기\ 효과}$에 의해서 새로운 아이디어가 나온다면 파티션을 없애는 편이 낫다.

다양한 경로로
자료를 수집하고 검토한다

문제를 해결하기 위해서, 새로운 사업을 추진하기 위해서 아이디어를 개발할 때 사람들은 가장 먼저 떠오른 생각에 집중한다. 더 좋은 생각을 떠올리기보다 먼저 떠오른 생각을 발전시키려고 한다.

좋은 생각은 풍부한 자료수집과 탐색을 거쳐서 나온다. 자료를 수집하고 탐색하는 동안 발산적 사고에 의해서 다양한 해결 방안과 아이디어가 떠오른다. 아이디어의 개수가 많을수록 좋은 아이디어가 나올 가능성이 높다. 최상 또는 최선의 아이디어를 채택하려면 수렴적 사고를 거쳐야 한다. 여러 가지 아이디어의 장단점을 파악하고 평가해서 더 유용하고 가치 있는 아이디어를 채택하는 데도 수집한 자료가 중요한 역할을 한다.

아이디어는 개발과 탐색, 채택하는 단계를 거쳐서 나온다. 확산적 사고와 수렴적 사고는 풍부한 자료가 있어야 할 수 있다. 다양한 분야에서 자료를 수집해서 탐색하고 이를 바탕으로 아이디어를 개발하고 구체화하면 비로소 실행할 수 있는 기획이 나온다. 문제를 해결하든, 사업을 기획하든 아이디어가 필요하다면 이미 알고 있는 정보와 지식을 조합하고 수집한 자료에서 새로운 지식을 학습하는 과정을 반드시 거쳐야 한다. 자료를 수집하고 활용하는 능력은 많은 자료를 접해야 키울 수 있다. 자료를 활용하는 능력은 많은 정보 가운데 필요한 정보를 골라내는 동안 향상된다.

정보가 많으면 생각의 오류는 줄어들고 좋은 아이디어는 늘어난다. 양질의 정보를 바탕으로 기획하면 실행 계획도 더 현실적으로 세울 수 있다. 자료는 많을수록 도움이 된다. 하지만 자료를 모으기만 하고 생각하지 않으면 자료의 가치는 반감된다. 세상의 모든 자료와 정보를 수집하고 검토할 수는 없다. 모든 자료를 가질 수 없기 때문에 높은 수준의 아이디어를 개발하려면 깊게 생각해야 한다. 완전한 정보를 얻을 수 있는 분야도 있지만 대부분 그렇지 않다. 완전한 정보를 갖는 것은 불가능하기 때문에 기획자는 자료 수집과 함께 생각하는 능력을 계발해야 한다.

인터넷 검색이 일상이 된 지금은 '자료 수집=인터넷 검색'이라는 공식이 만들어졌다. 나는 당장 필요한 자료, 개념을 파악하기 위한 정보는 인터넷에서 찾는다. 깊이 있게 알아야 하는 내용은 반드시 책을 본다. 대다수의 사람이 인터넷 검색이 빠르고 쉽게 자료를 수집하는 방법이라고 알고 있다. 하지만 그렇지 않다. 인터넷에는 비슷한 정보가 복제·재생산되어 검색 결과는 수십, 수백 건이 나와도 상당수가 중복된다.

창의적 사고법을 연구한 에드워드 드 보노는 이런 질문을 했다.

"완전한 정보를 갖지 못한다면 더 많은 정보를 얻는 데 시간을 들여야 할까, 아니면 사고의 기술을 향상시키는 데 시간을 들여야 할까?"[11]

다음 그림에 질문의 해답이 있다.

수집한 정보에 사고를 더하면 완전한 정보에 가까워진다.

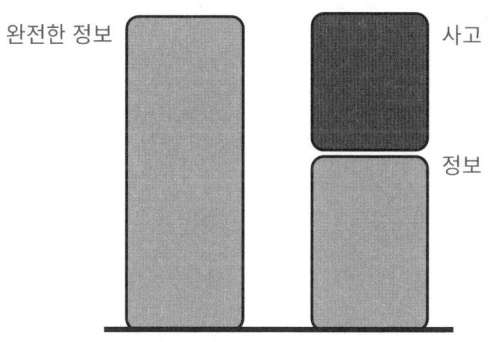

출처 : 에드워드 드 보노 지음, 《드 보노 생각의 공식》, (다난출판, 2010.)

책은 작가가 쓰고 편집자가 정리하면서 여러 번 검토와 수정을 한다. 책을 쓴 작가마다 전문 분야와 경험이 달라서 같은 주제를 다뤄도 주장과 사례가 다르다. 때문에 한 가지 주제에 대해서 관점이 다른 책을 열 권 정도 읽으면 공통적인 내용에서 핵심을 찾을 수 있고 작가마다 다른 관점으로 해석한 내용도 이해할 수 있다.

자료의 신뢰성도 책이 인터넷 검색과 비교해서 월등하다. 인터넷 검색 결과는 정보를 등록한 사람이 확실하지 않고 검증되지 않은 게시물이 많다. 검색 결과가 모두 양질의 정보라고 할 수도 없다. 책은 한 권을 펴내기까지 작가와 편집자, 디자이너 등 투입된 인력과 시간이 상당하다. 책이 완성되기까지 여러 사람이 참여하면서 검증했기 때문에 인터넷 검색 결과보다 질적으로 우수하다. 출판된 책 가운데 알맹이가 없는 경우도 있다. 하지만 일부만 그렇고 대부분의 책은 자료로써 장점이 더 많다.

인터넷에서 찾은 자료도 장점이 있다. 실시간으로 게재되는 뉴스와 사용자들이 스마트폰으로 현장을 촬영한 사진과 동영상, 생생하게 묘사한 글은 현장의 모습을 그대로 전달한다.

정보를 얻는 매체로써 책과 인터넷, 신문은 저마다 장단점이 있다. 나는 우리나라와 세계에서 일어난 사건을 TV 뉴스로 접한다. 그 가운데 자세히 알고 싶은 내용은 방송사에서 운영하는 사이트에서 후속 기사와 심층 기사를 찾아보고 인터넷에서 과거 뉴스를 검색한다. 더 깊게 알고 싶은 내용이 있으면 인터넷 서점과 도서관 홈페이지에서 관련된 주제의 책을 조사한다. 요즘은 거의 모든 도서관 홈페이지에서 소장도서를 검색할 수 있다. 내용을 직접 볼 수 있는 책도 있다. 소장 자료에 대한 간략한 정보도 제공한다. 이런 서비스를 통해서 어떤 자료가 있는지 확인하고 수집할 자료를 미리 살펴본다. 도서관 외에 사설 연구소에서 제공하는 보고서도 검색한다. 연구소에서 발행한 보고서는 인터넷에서 유료 또는 무료로 볼 수 있다. 뉴스를 통해서 새로운 정보를 얻고 책과 보고서에서 깊이 있게 살펴본다. 그리고 인터넷 사용자가 올린 사진과 영상 등을 검색해보면 뉴스에서 언급하지 않는 정보까지 알 수 있고 다양한 관점에서 생각할 수 있다.

자료를 수집하는 경로는 다양할수록 좋다. 여러 가지 경로를 통해서 자료를 수집하면 인터넷 검색에서 발견하지 못한 정보를 찾을 수 있다. 편하다는 이유로 인터넷만으로 정보를 찾거나 포털사이트에서 제공하는 정보만 믿으면 안 된다. 사용자가 직접 만들어서 올린 자료는 비록 정리가 덜 되어 있어도 현장을 가감 없이 보여주기 때문에 나름의 가치가 있다. 때로는 전문가보다 더 많이 연구한 사람이 올린 자료도 있다. 전문가의 상투적인 견해보다 설득력 있는 아마추어의 주장에서 아이디어를 얻기도 한다.

다양한 경로로 자료를 수집하고 그 안에서 필요한 정보를 얻는 것은 지식을 넓히고 생각을 확장하는 차원에서 매우 중요하다. 인터넷 커뮤니티 게시물과 뉴스의 댓글도 관심을 가지고 봐야 한다. 사람마다 생각이 다르기 때문에 지식과 관점을 공유하는 차원에서 매우 유용하다.

좋은 생각은 즉시 종이에 적는다

수집가와 아키비스트는 신문 기사를 스크랩하고 인화한 사진, 기념 우표 등을 앨범과 스크랩북에 가지런히 정리했다. 보존할 만한 가치가 있다고 생각되면 사진과 기사를 오려서 노트에 붙이거나 작은 박스 또는 파일에 보관했다.

  수집하는 것을 좋아하는 사람은 대부분 글을 쓰는 것도 좋아한다. 주머니에 들어가는 크기의 아이디어 수첩을 가지고 다니면서 머릿속에 떠오르는 생각을 적어둔다. 메모를 효율적으로 하는 방법을 설명하는 책을 읽고 강연도 참가한다. 좋은 생각이 날 때마다 메모했다가 수시로 펼쳐보면 어떤 생각을 했는지 기억을 되짚어 볼 수 있다.

  짧게 적은 메모를 나중에 보고 메모했던 당시의 상황과 장소에서 있었던 일이 조금 전에 일어난 일처럼 기억나기도 한다. 메모하면서 커피를 마시다가 다이어리에 흘려서 커피 자국이 생겼다면 그 상황이 더 생생하게 기억난다. 아날로그 메모의 장점이 여기서 나온다. 수첩에 쓴 글씨만 봐도 언제, 어디서, 어떤 기분으로 메모를 했는지 당시의 상황이 떠오른다. 반면, 모바일 기기에서 입력한 글자는 선명하게 기억이 나지 않을 때가 많다. 자기가 직접 입력한 글과 검색하다가 복사해서 붙여넣기 했던 글을 구분하지 못할 때도 있다.

요즘은 스마트 기기에 글자를 입력하거나 사진을 찍어서 기억을 보조하는 수단으로 사용한다. 이럴 때도 글자를 타이핑하는 것보다 손으로 쓴 글씨로 메모하는 앱을 이용하는 것이 좋다. 프린스턴대학과 UCLA 합동 연구팀은 강의를 들으면서 손으로 필기한 학생들과 노트북을 사용하는 학생들의 차이를 추적하며 학습과 필기에 대한 상관관계를 연구했다. 그 결과 손으로 필기한 학생들이 강의 내용을 기억하는 시험에서 두 배나 높은 점수를 받았다. 연구진은 '손으로 필기한 학생들이 수업 후에 더 많은 시간을 공부한 건 아닐까?'라고 생각하고 노트북을 사용한 학생과 필기를 한 학생들에게 같은 강의를 듣게 하고 혼자서 공부할 수 없게 강의가 끝나자마자 필기한 내용을 빼앗았다. 일주일 후에 다시 시험을 보았다. 시험 결과, 이번에도 손으로 필기한 학생들의 성적이 훨씬 뛰어났다.

심리학자 리처드 애킨슨과 리처드 시프린도 비슷한 연구를 했다. 강의를 들으면서 정보가 입력되면 감각기억, 단기기억, 장기기억을 거치는데 인간의 뇌는 정보가 감각기억에 입력되었을 때 주의를 기울이지 않으면 1~2초 안에 잊어버린다. 주의를 조금만 기울이면 단기기억으로 넘어와 30초 정도 기억에 머문다. 이때 손으로 쓰는 메모가 위력을 발휘한다. 단기기억으로

30초 정도 기억에 머무는 정보가 메모를 하면 더 오래 기억에 남는다. 머릿속에 떠오른 생각도 메모를 하면 같은 효과를 볼 수 있다. 메모는 잠재의식을 일깨우고 기억을 보조하는 역할을 한다.

박상배 독서경영 컨설턴트는 《본.깨.적》에서 책에서 본 것을 깨닫고 삶에 적용하는 독서법을 소개했다. '본.깨.적'은 책을 읽으면서 본 것, 깨달은 것, 적용할 것을 정리하는 적극적인 독서법이다. 수집한 자료를 읽을 때도 본.깨.적 독서법을 적용하면 좋은 아이디어를 얻을 수 있다. 자료를 읽으면서 본 것, 깨달은 것, 적용할 것을 구분해서 메모하면 대충 훑어볼 때보다 훨씬 더 많은 정보가 기억에 남는다.

에드워드 드 보노가 했던 질문처럼 완벽한 정보를 얻으려면 수집한 정보에 생각을 더해야 한다. 수집한 정보를 검토할 때 본 것, 깨달은 것, 적용할 것을 메모하는 것은 효과가 있다. 본.깨.적 독서법은 내용을 눈으로만 읽지 않고 중요한 부분에 밑줄을 긋고 여백에 자기 생각을 메모하면서 읽는 것이다. 자료를 검토할 때도 중요한 부분에 밑줄을 긋거나 동그라미를 그리고 여백에 관련되는 키워드를 적는다. 다시 읽어볼 내용이 많으면 밑줄을 긋는 것보다 단락에 크게 동그라미를 그린다.

《메모의 기술》에는 중요한 내용에 밑줄을 긋고 더 중요한 내용은 동그라미로 표시하라고 했다. 삼색볼펜으로 내용과 중요도를 구분하고, 나중에 다시 확인해야 하는 내용을 '기획', '비용 산정', '아이디어', '관련 내용 요청하기'처럼 키워드를 위쪽 빈 공간에 적는다. 이렇게 표시해두면 나중에 자료를 찾기 쉽고 밑줄과 동그라미, 적어놓은 키워드만 보면 중요한 내용을 바로 알 수 있다.

자료를 읽으면서 중요한 부분에 표시하고 키워드를 적으려면 생각을 해야 한다. 자료에 생각을 더해서 완전한 정보에 다가가는 것이다. 자료를 이해하기 위해 눈으로 훑어보는 게 아니라 핵심을 찾고 기획자의 시각에서 생각한다. 중요하다고 표시한 이유, 아이디어로 발전할 수 있는 내용을 간략하게 적는다. 키워드가 한두 개라도 상관없다. 키워드를 많이 적어야 하는 건 아니다. 이런 방식으로 자료를 읽으면서 습득한 지식과 정보를 어떻게 기획에 활용할지 생각하고 기록한다. 아이디어 노트, 스마트폰 메모장 어떤 것이든 상관없다. 단, 메모의 효과를 높이려면 손으로 써야 한다. 출력한 자료의 마지막 페이지 뒷면에 정리해도 좋다. 이런 방법으로 수집한 자료를 읽으면 정보와 지식을 얻으면서 통찰력까지 키울 수 있다.

좋은 아이디어는 메모에서 나온다. 비행기 1등석을 이용하는 승객들의 행동과 습관을 정리한 《퍼스트클래스 승객은 펜을 빌리지 않는다》에서 미즈키 아키코는 메모가 아이디어를 동결건조시켜 보존한다고 했다. 미즈키 아키코는 항공사 승무원으로 일하면서 퍼스트클래스 객실을 담당했다. 비행기에서 면세품 판매와 입국서류를 배부하면 여러 명의 승객이 펜을 빌려달라고 하는데 퍼스트클래스에서 근무할 때는 펜을 빌려달라는 부탁을 받은 적이 없다고 했다. 퍼스트클래스 승객들은 항상 메모하는 습관이 있어서 자기만의 필기구를 가지고 다니기 때문이다.[12]

자료나 책을 읽으면서 스치듯 지나가는 생각이 있다. 생각이 떠올랐을 때 그 생각을 계속 이어가는 것이 가장 좋다. 하지만 생각에 집중하기가 상당히 어렵다. 생각에 집중하는 효과적인 방법이 있다. 좋은 생각이 떠오를 때마다 메모하고 나중에 그와 관련된 자료를 수집·검토한 후에 아이디어를 확장하면 된다. 순간적으로 떠오른 생각은 시간이 지나면 희미해진다. 이럴 때 생각을 '동결건조'시키는 방법은 메모다.

 강연회에서 인상 깊은 말을 들었을 때, 미팅하는 도중에 상대방의 말에서 아이디어가 떠올랐을 때도 메모해야 한다. 자세히 메모하기 어렵다면 핵심 단어^{기억을 떠올릴 수 있는 키워드}를 적어둔다. 메모는 문장이 아니라 간단하게, 빠르게 적는다. 중요한 단어만 적어두면 시간이 지난 후에 단어 몇 개만 보고도 그 순간 떠오른 생각을 다시 소환할 수 있다. 그 당시에 떠오른 생각과 관련해서 자료를 수집하고 검토한 후에 메모를 다시 읽어보면 아이디어의 퍼즐 조각이 맞춰지면서 구체화된다.

3

아이디어 개발하기

아이디어를 만드는 과정

모든 아이디어는 일련의 과정을 거쳐서 쓸모 있는 아이디어가 된다. 기획자는 작가나 예술가처럼 번쩍하고 영감이 떠오르기를 기다리면 안 된다. 기획에 필요한 아이디어는 번개가 치듯이 갑자기 떠오르기를 기다리는 게 아니라 시간을 두고 찾아야 한다. 발상하는 과정은 즐겁다. 하지만 아이디어를 기획으로 만드는 과정은 상당한 노력이 필요하다. 첫 단추를 잘못 끼우면 시간을 허비할 우려도 있다. 현실성 없는 아이디어 속에서 헤매지 않으려면 과학적으로 검증된 일련의 과정을 따라야 한다. 버튼을 누르면 원하는 상품이 나오는 자판기처럼 필요할 때마다 아이디어를 꺼내서 쓸 수 있게 준비하려면 다음에 설명하는 과정을 따르기 바란다.

　모든 일에는 '적합한 과정'이 있다. 온실에서 화초를 키우는 것에 빗대서 아이디어를 개발하는 'SUN 모델'이 있다. SUN 모델의 표현을 빌리면, 아이디어 개발 과정은 온실에서 화초를 키울 때 태양 에너지를 충분히 받고

비·바람 등의 거친 날씨를 피하는 환경을 조성하는 것과 같다.[1]

SUN 모델은 ①판단 유보하기 ②이해하기 ③가꾸기 단계를 거친다.

단계	SUN	RAIN
❶	Suspend 판단 유보하기	React 즉각 반응하기
❷	Understand 이해하기	Assume 가정하기
❸	Nurture 가꾸기	Insist 주장하기

　기획자는 대부분 혼자서 아이디어를 개발하고 회의를 통해서 발전시킨다. 회사에서는 아이디어가 필요할 때 회의를 한다. 브레인스토밍으로 회의하자고 말하지 않아도 회의는 브레인스토밍으로 진행된다. 오랫동안 사용해온 브레인스토밍이 효과를 보지 못하는 이유는 적합한 과정을 무시하기 때문이다. 과정을 충실하게 따르면 브레인스토밍은 분명히 효과가 있다.

　아이디어를 발산한 다음 서로 연결하고 집중할 부분을 정해서 수렴하는 과정을 거치면 좋은 아이디어를 얻는다. 하지만 대부분 그렇게 하지 않는다. SUN 모델의 첫 번째 단계는 '판단 유보하기'다. 아이디어를 내면 즉시 의견을 제시하지 말라는 뜻이다. 브레인스토밍의 효과를 보지 못하는 이유도 마찬가지다. 아이디어가 나왔을 때 "그걸 어떻게 하는데?", "왜 그렇게 해야 하는데?", "내가 해봤는데 불가능해"처럼 묻거나 즉시 반대 의견을 제시하면 더 이상 좋은 아이디어는 나오지 않는다.

두 번째 단계는 '이해하기'다. 여기서 이해하기는 다른 사람의 시각에서 이해하는 것이다. 왜 그런 아이디어가 나왔는지, 아이디어를 현실로 만들면 무엇이 좋아지는지 살펴봐야 한다. 아이디어를 이해한 후에 지지하거나 보완할 수 있다. 자기 아이디어도 다른 사람 시각에서 이해하면 객관적으로 점검할 수 있다. 좋은 점, 실현할 경우 장단점, 아이디어를 떠올린 계기 등을 다른 사람의 시각에서 살펴본다. 다른 사람의 시각에서 생각하는 게 쉬운 일은 아니다. 하지만 이 과정을 거치면서 아이디어가 비약적으로 발전하기 때문에 반드시 거쳐야 한다.

세 번째 단계는 '가꾸기'다. 온실에서 화초를 가꾸려면 햇볕, 수분, 흙 속의 영양분을 공급하고 비·바람을 막는다. 화초처럼 가꾸는 과정을 거쳐야 훌륭한 아이디어로 발전한다.

좋은 아이디어가 나오지 않는 이유는 대충 생각한 다음 거기서 멈추기 때문이다. 아이디어의 좋고 나쁨은 나중에 판단한다. 우선 많은 아이디어를 내고 선별한 다음 정성껏 가꿔야 아이디어가 완성된다. 처음부터 좋은 아이디어가 나오는 경우는 극히 드물다. 아이디어는 질이 아니라 양과 관련이 있다. 좋은 아이디어 하나를 생각하는 것보다 100개의 아이디어를 생각하고 그 중에서 좋은 아이디어를 찾아야 한다.

기획서를 쓸 때, 아이디어는 네 단계를 거쳐서 완성된다. 첫째, 준비 단계에서 상황을 파악하고 문제의식을 갖는다. 이 단계에서 문제는 해결해야 하는 과제 또는 현재 하는 일을 더 잘 하는 방법이다. 준비 단계의 목적은 현재 상황을 인식하는 것이다. 문제를 해결할 방법을 찾기 위해 자료를 모으고 현재 상황을 분석한다. 그러면 아이디어 발상의 토대가 만들어진다.

둘째, 부화 단계에서 아이디어를 숙성한다. 문제의식을 가지면 머릿속에서 아이디어가 서서히 만들어진다. 이 과정은 의식·무의식으로 이루어진다. 종이에 쓰면 아이디어를 의식 영역으로 끌어내는 효과가 있다. 의식적으로 생각하지 않더라도 머릿속에서 생각이 정리된다. 아이디어를 내려고 애써 생각에 집중할 필요는 없다. 의식적인 노력을 잠시 멈추고 다른 일을 하는 것도 생각을 정리하는 데 도움이 된다.

셋째, 발상 단계에서 번쩍하고 생각이 떠오른다. 무의식에서 만들어진 아이디어가 의식적으로 정리한 생각과 결합한다. 이 과정은 갑작스럽게 일어난다. 노력한다고 아이디어가 빨리 떠오르지는 않는다. 아이디어가 떠오르는 순간을 예측할 수 없기 때문에 '유레카의 순간'이라고 한다. 아이디어가 떠오르면 매우 기쁘고 홀가분한 감정을 느낀다.

넷째, 검증 단계에서는 유레카의 순간에 떠오른 아이디어가 정말 문제를 해결할 수 있는 아이디어인지, 실행할 수 있는 아이디어인지 검증하고 실행하려면 어떤 과정을 거쳐야 하는지 고민한다. 그런 다음 실행 계획을 세운다.

아이디어가 떠오르는 네 단계는 모두 의미가 있다. 한 단계도 건너뛸 수 없다. 가장 결정적인 단계는 아이디어가 형성되는 부화 단계다. 준비 단계에서 많은 자료를 검토하면 좋은 아이디어가 나올 확률이 높다. 부화 단계에서는 충분한 시간을 가져야 한다. 긴장을 풀고 문제에서 멀어져야 아이디어가 무의식에서 의식 영역으로 넘어온다.

준비 단계	의식적인 문제 인식	현재 상황 인식, 자료 수집·분석·관찰
부화 단계	의식·무의식적인 아이디어 형성	자료 검토 후 좋은 생각이 나오지 않으면 생각을 멈추고 다른 일을 한다.
발상 단계	유레카의 순간	무의식에서 형성된 아이디어가 의식으로 넘어온다.
검증 단계	아이디어 검증·개량·완성	아이디어가 문제 해결에 적합한지, 실행할 수 있는 아이디어인지 검증한다.

심리학자 제롬 싱어는 긴장이 완화된 상태에서 창의적인 생각과 문제 해결, 호기심, 의사 결정, 고도의 연상 능력이 발동한다고 확신했다. 이런 상태를 '긍정적이고 건설적인 공상'이라고 했다.[2]

인간의 뇌는 긍정적이고 건설적인 공상을 하는 동안 아이디어의 단서를 발견한다. 제롬 싱어의 이런 주장은 50여 년 전에는 사람들에게 공감을 얻지 못했다. 하지만 최근 창의력을 연구하는 학자들은 부화 단계에서 생각을 촉진하는 건설적인 공상을 '마인드 원더링 Mind Wondering'이라고 부르며 심층적으로 연구하고 있다. 마인드 원더링은 한 가지 생각에 집중하지 않고 긴장이 풀린 상태로 여러 가지 생각을 하는 것이다.

순간적으로 떠오르는 생각은 거의 모두 무의식에서 나온다. 데이비드 오길비는 "빅 아이디어는 무의식으로부터 나온다."라고 했다. 무의식 속에 좋은 생각을 의식 영역으로 끌어내려면 문제 또는 자료에 대한 검토와 분석을 충분히 해야 한다. 현재 상황을 관찰하고 자료를 수집·분석하면 무의식에서 문제 해결을 위한 지식과 정보를 뽑아낸다. 그러면 수집한 자료와 지식이 결합과 분해를 반복하며 다양한 갈래의 생각을 만든다. 생각의 조각들이 서로 결합하면서 무의식의 힘이 발현된다. 무의식의 힘은 긴장을 풀고 있을 때 나온다. 목욕할 때 좋은 생각이 떠오르는 이유도 긴장이 풀리기 때문이다. 운전할 때도 마찬가지다. 운전할 때는 운전 이외에 다른 간섭이 없어서 오히려 긴장이 풀린다. 그래서 좋은 아이디어가 나온다.

아이디어 숙성하기

아이디어가 나오는 과정을 네 단계로 구분해서 설명했다. 각각의 과정은 겉으로 드러나지 않지만 연속적으로 진행된다.

부화 단계가 가장 중요하다. 아이디어 숙성은 눈에 보이지 않는다. 어느 날 갑자기 떠오른 아이디어는 이전부터 무의식에서 숙성된 결과다. 회사에서 회의를 할 때도 마찬가지다. 화요일 오전 10시에 아이디어 회의를 시작한다고 일주일 전에 공지하고 한 사람이 아이디어를 세 개 이상 내야 한다는 규칙을 만들어도 좋은 아이디어는 나오지 않는다. 어떤 때는 회의를 시작한지 몇 분 만에 기발한 아이디어가 연쇄적으로 서너 가지씩 떠오르기도 한다.

아이디어가 떠오르는 이면에는 수집한 자료를 읽고 또 읽으면서 생각하는 시간이 있다. 기획자가 가만히 있다고 해서 아무 생각 없이 노는 게 아니다. 책상 앞에서 자료만 본다고 열심히 일하는 것도 아니다.

회의를 통해서 아이디어를 찾는다면 브레인스토밍의 단점과 한계를 이야기 할 게 아니라 생각이 숙성되는 시간을 인정해야 한다. 매주 화요일 오전 10시부터 12시까지 회의를 해도 좋은 아이디어가 나오지 않는다면, 구성원이 각자 생각을 숙성하는 시간을 갖는 것도 바람직하다.

콘텐츠 개발 회의를 세 번에 나눠서 했던 적이 있다. 첫 번째 회의에서는 기획할 안건을 브리핑하고 문제를 공유했다. 그리고 두 번째 회의에서 구성원들이 조사한 자료를 한 데 모으고 아이디어 개발에 필요한 정보를 공유했다. 수집한 자료만 봐도 구성원의 기획 방향을 알 수 있었다. 각자 생각한 아이디어를 설명하고 다음날 세 번째 회의를 진행했다. 세 번째 회의에서는 두 번째 회의에서 나온 구성원의 아이디어가 섞이고 숙성되어 순조롭게 구체적인 실행 계획까지 나왔다.

자료를 수집하고 내용을 훑어보면서 중요한 부분을 표시하고 다른 사람이 중요하게 생각하는 부분을 공유한다. 회의를 세 번에 나눠서 진행할 때, 구성원이 각자 조사한 자료를 공유하는 두 번째 회의에서 가장 많은 아이디어가 나온다. 이 과정에서 구성원은 각자 조사한 자료를 공유하면서 자기가 발견하지 못한 내용과 생각하지 못한 사실을 알아차린다.

양적으로 많은 자료를 검토했다면 쉬는 시간을 갖는 게 좋다. 쉬는 동안에도 머리에서는 자료의 조각들이 기존의 지식과 계속 연결된다. 자료를 집중해서 검토하고 하루, 적어도 반나절 정도 신경을 끈다. 여유가 있다면 며칠 동안 다른 일을 해도 좋다. 모아둔 자료를 덮어두고 있으면 문득 생각이 떠오른다. 자료를 볼 때는 중요하게 생각하지 않았는데 시간이 지나면서 관심이 생기는 내용도 있다. 이럴 때 그 자료를 다시 훑어보면 좋은 아이디어가 나온다.

좋은 아이디어는 생각에 집중할 때보다 한 걸음 물러서 있을 때 나온다. 기획안을 제출해야 하는 마감일은 다가오는데 생각만큼 좋은 아이디어가 나오지 않는다면 잠들기 전에 많은 자료를 검토한다. 며칠 동안 잠들기 전에 기획에 필요한 자료를 반복해서 읽고, 중요한 내용을 체크하면 잠을 자는 동안 생각이 숙성되어 다음날 또는 며칠 뒤 새로운 아이디어가 더 많이 떠오른다.

아이디어를 숙성하려고 반드시 잠을 잘 필요는 없다. 수면이 생각을 정리해주는 효과가 있다는 연구결과가 나온 후에 여러 가지 실험을 통해서 눈을 감고 편안히 쉬기만 해도 동일한 효과를 얻는다는 사실이 밝혀졌다. 뇌에 입력되는 정보를 차단하면 생각이 정리된다. 잠을 충분히 자는 것이 좋지만 여건상 그럴 수 없을 때는 조용한 곳에서 눈을 감고 있으면 된다. 그러면 머릿속에서 생각을 정리하는 작업이 진행된다.

아이디어를 숙성하는 시간에는 새로운 정보를 받아들이지 않는 게 좋다. 쉬는 동안 TV를 보거나 게임을 하면 생각을 정리하는 효과를 볼 수 없다. 화면을 통해서 의식 안으로 들어오는 정보를 차단해야 생각이 정리된다.

아이디어 숙성은 발산과 수렴 중 어디에 속할까? 결론부터 말하면, 발산과 수렴의 중간에 해당한다. 아이디어가 숙성되는 동안 아이디어 발산 과정에서 생각하지 못한 새로운 아이디어가 나올 수도 있다. 또 하나의 아이디어에 집중하면 나머지 아이디어는 전혀 고려하지 않고 그 아이디어에 수렴하기도 한다.

심리학자 도널드 캠벨은 아이디어 숙성 단계를 발산과 수렴 사이에 다리를 놓아 연결한다고 말하며 '아이디어가 정처 없이 흐르는 상태'라고 했다.

"걷는 시간은 가치 있다. 차를 타고 간다면 라디오를 켜지 말아야 한다. 창의력이란 낭비적인 프로세스이다. 정신적으로 정처 없이 흐르고, 마음 또한 가만히 내버려 두는 것이 필수적으로 요구되는 프로세스다. 만일 당신의 정신이 라디오나 TV, 다른 사람과 대화에 의해 움직인다면 지적으로 탐험할 시간을 잘라내 버리는 것이다."[3]

그는 걷는 시간과 차를 타고 가는 시간이 생각이 숙성되는 시간이며 이 시간에는 라디오나 TV를 끄고, 다른 사람과의 대화를 멈추라고 했다.

아이디어를 내는 시간만큼 숙성하는 시간도 중요하다. 뉴욕대학 신경과학과 릴라 다바치 박사는 깨어 있는 상태에서 우리 뇌가 어떻게 작동하는지 알아보기 위해 실험을 했다. 참가자들에게 여러 가지 영상을 20분 동안 보여주고 8분 동안 눈을 뜬 채로 쉬게 했다. 영상을 본 다음 쉬는 동안 뇌 활동을 기능성 자기공명영상fMRI으로 관찰했다. 영상을 보기 전에는 평온했던 뇌가 영상을 보는 동안, 장기기억과 공간을 지각하는 해마와 시각 정보를 처리하는 시각피질 사이에 상호작용이 활발해졌다. 이런 상호작용은 영상을 보고 나서 쉬는 동안에도 계속 이어졌다. 참가자들은 쉬는 동안 자기가 본 영상을 생각하지 않았다고 했지만 뇌에서는 영상에서 본 내용을 저장하고 과거의 정보와 연결하는 상호작용이 계속해서 일어나고 있었다.[4]

아이디어 개발은 어떤 문제에 대해서 생각을 집중하는 작업이다. 집중을 하면 시야가 좁아진다. 집중集中이 '한곳으로 모은다'라는 의미다. 좁아진 시야를 넓혀서 다른 시각에서 문제를 바라보려면 잠시 생각을 중단해야 한다. 집중을 멈추면 아이디어가 숙성된다. 집중을 멈추는 방법은 두 가지다. 하나는 공간을 활용하는 것이고 다른 하나는 시간을 이용하는 것이다. 산책은 공간을 이용해서 아이디어를 숙성하는 방법으로 이미 검증되었다. 가벼운 운동도 아이디어 숙성에 도움이 된다.

산책이나 가벼운 운동을 하는 동안 뇌는 정보를 습득하거나 생각에 집중하지 않는다. 운동을 하는 신체에 혈액이 몰려서 인지 기능이 둔화되기 때문이다. 생각에 집중하면 운동 능력이 떨어진다. 반대로 운동하면 생각하는 능력이 떨어진다. 운동을 하면 기분이 좋아지고 머리가 맑아진다. 뇌의 혈액 순환을 촉진하여 감정을 조절하는 대뇌변연계와 항상성 유지에 관여하는 시상하부를 활성화하기 때문이다.

시간을 이용해서 생각을 숙성하는 방법은 잠을 자거나 아무런 생각도 하지 않는 것이다. 깊은 생각에서 잠시 벗어나는 것을 사고의 발효작용이라고 한다. 빵을 만들기 위해서 반죽을 숙성하면 발효가 진행된다. 일정한 시간이 지나면 적당히 부풀어 오르고 식감도 좋아진다. 아이디어도 마찬가지다. 집중해서 생각한 후에 아무것도 하지 않고 시간을 보내면 생각에 집중할 때 보이지 않았던 것들이 보인다.

아이디어가 많은 사람은 규칙적으로 생각을 정리하는 시간을 갖는다. 시간을 보내는 방법은 사람마다 다르다. 멍한 상태로 그냥 있거나 산책, 명상을 하는 사람도 있다. 수영장, 놀이공원에서 시간을 보내기도 한다. 음악을 듣고 영화를 보고, 그림이 많은 책이나 잡지를 보면서 감성을 자극하는 환경에 노출하는 것이 좋다. 백화점, 시장, 놀이공원처럼 사람이 많은 곳을 돌아다니는 것도 효과가 있다.

숙성의 시간에는 아무런 생각도 하지 않고 그냥 있는 것 같지만 머릿속에서 지식과 정보, 생각이 섞이고 나뉘고 충돌하면서 아이디어가 부풀어 오른다. 숙성하는 시간을 거치면 아이디어가 정리된다.

메모는 아이디어의 씨앗

〈비즈니스위크〉의 수석 편집자 스테판 베이커는 《아이디어를 얻는 201가지 방법》을 썼다. 제목만 보면 201가지 방법대로 하면 아이디어가 마구 솟아날 듯하다. 이런 기대를 갖고 이 책을 보면 실망한다.

1. 상하를 바꾼다.
2. 잡아 늘인다.
3. 줄인다.
4. 색을 바꾼다.
5. 크기를 키운다.
6. 크기를 줄인다.

이렇게 200가지 방법이 나온다. 그리고 마지막 방법은 이렇다.

201. 이상의 200가지 방법을 서로 연결한다.

인터넷에서 검색하면 201가지 방법을 쉽게 찾을 수 있다. 이 책에는 스테판 베이커가 정리한 아이디어를 얻기 위해 실천해야 하는 일곱 가지 일을 소개한다.

아이디어를 얻기 위해 실천해야 하는 일곱 가지 일

우선 시작부터 하라.

무엇이든 생각나는 대로 적어라.

대상을 염두에 두어라.

막히면 처음부터 다시 시작하라.

사람들과 의논하라.

계획을 세우고 지켜라.

방해요인에서 도망가라.

출처: 조용석 외 지음, 《광고 홍보 실무 특강》, (커뮤니케이션북스, 2007)

생각에 집중해서 아이디어를 만들어야 하는데 미팅이 있다. 지금 하고 있는 일도 이번 주 안에 마무리해야 한다. 생각에 집중하는 시간을 차일피일 미루면 아무런 아이디어도 얻지 못한다. 아이디어를 얻어야 한다면 무조건 시작해야 한다. 기획자는 '빨리 시작하면 빨리 끝난다'라고 믿어야 한다.

아이디어를 만들기 위해서 우선 시작하라고 했다. 아무것도 하지 않는 것보다 무언가 하는 편이 낫다. 그렇다면 무엇을 시작해야 할까? 기획자에게 효과가 있는 방법은 손을 움직여서 종이에 적는 것이다. 종이에 적은 내용은 나중에 좋은 아이디어로 거듭날 확률이 높다. 종이에 아이디어를 적을 때는 반드시 대상^{타겟}이 있어야 한다. 기획자의 관심사가 아니라 대상의 관심사를 생각하고 그 생각을 종이에 적는다. 그런 다음 종이에 적은 내용을 주변 사람에게 말하고 의견을 듣는다. 그러면 예상하지 못했던 아이디어를 얻을 수 있다. 아이디어가 구체화되었다면 이후에 무엇을 할지 계획을 세운다. 일을 마치는 시점에서 역순으로 계획을 세우고 당장 내일 할 일도 생각해둔다. 그러면 무의식에서 일의 순서를 배열한다. 일의 순서가 정해진 후에는 의식의 흐름에 따라 실행한다. 기획자는 대부분 시간에 쫓기며 일한다. 마감일이 정해져 있기 때문이다. 계획을 세웠다면 무조건 지킨다는 마음으로 실행한다.

나는 파일 이름에 작성일과 마감일을 적는다. '아이디어 기획서 최소원칙 원고_190321작성_190415마감' 이런 형식으로 파일 이름을 만든다. 그러면 마감일까지 어떻게든 그 일을 끝낸다.

계획한 대로 추진하려면 집중력이 필요하다. 집중하기 위해서 혼자만의 독립된 공간이 필요하다면 빈 회의실이나 도서관에서 일할 것을 권한다. 사무실에서 자리를 지키는 것보다 집중해서 마감일까지 일을 마치는 게 더 중요하다. 자리를 떠나서 일을 하지 않는 게 문제지, 더 열심히 하려고 자리를 떠나는 것은 전혀 문제가 되지 않는다.

아이디어를 얻기 위해 실천해야 하는 일곱 가지 일 가운데 제일 첫 번째는 '우선 시작부터 하라'다. 그렇다면 무엇을 시작할 것인가? 질문의 답은 두 번째 일이다.

'무엇이든 생각나는 대로 적어라.'

기획자에게 메모는 단순히 어떤 일을 시작한다는 의미가 아니다. 종이에 쓰는 행동, 습관적으로 하는 메모는 아이디어의 씨앗이 된다. 메모 습관은 기획자에게 필수다. 낙서든 메모든 그림을 그리든 상관없다. 종이에 쓰는 행위를 하면 된다. 아이디어 노트를 써도 좋고 다이어리에 써도 좋다.

나는 아이디어 노트와 다이어리 두 개를 가지고 다니기가 번거로워서 다이어리만 가지고 다닌다. 갑자기 떠오른 생각, 책에서 본 문장, 라디오에서 들은 내용을 다이어리에 적어둔다. 회의를 할 때는 A4 용지를 세로로 반 접어서 오른쪽에는 상대방과 주고받은 내용을 적고 왼쪽에는 계획과 할 일 등 결정된 사항을 적는다. A4 용지에 적은 내용은 회의가 끝나고 다이어리에 옮겨 적는다.

메모의 가치는 굉장히 크다. 《해리포터》를 쓴 조앤 롤링은 글을 쓰고 싶었지만 집에서는 글을 쓸 공간이 없어서 동네 카페에서 손으로 원고를 썼다. 틈틈이 손으로 쓴 습작 원고가 해리포터의 시작이었다. 더 놀라운 사실은 조앤 롤링이 해리포터 시리즈 5권 '해리포터와 불사조 기사단'의 플롯을 손으로 쓴 노트가 경매에 나오기도 했다.

좋은 생각이 떠오르거나 기억에 남겨야 하는 내용은 반드시 종이에 써야 한다. 문득 떠오른 생각은 잠깐 사이에 사라진다. 이런 일도 있었다. TV를 보던 중에 좋은 생각이 떠올랐다. 생각에 집중하기 위해 TV를 끄려고 리모콘의 전원 버튼을 누르자 TV가 꺼지면서 생각도 사라졌다. 갑자기 떠오른 생각을 기억해내려고 애를 썼지만 기억나지 않았다.

좋은 생각이 떠올랐다가 바로 사라지는 이유는 의식과 기억이 불완전하기 때문이다. 좋은 생각은 의식과 무의식이 뒤섞인 상태에서 나타났다가 사라진다. 기획서 제출 기한이 임박하면 머릿속은 온통 기획에 관한 생각으로 가득하다. 이때는 출퇴근길에서 본 광고전단, TV 프로그램, 인터넷 뉴스 등 보고 듣는 모든 정보를 기획과 연결한다. 평소에 관심을 가지고 본 것을 메모해두면 무의식 속에서 아이디어가 만들어진다. 좋은 생각이 떠올랐을 때, 메모를 하느냐 하지 않느냐에 따라서 아이디어의 참신함과 완성도는 차이가 난다.

생각을 붙잡아두는 유일한 방법은 메모다. 메모가 종교였다면 아마도 상당히 많은 기획자들이 이 종교를 믿었을 것이다. 메모를 할 때는 오감을 자극하기 위해서 종이에 연필로 적는 게 좋다. 메모는 리스팅, 포커싱, 그루핑, 스토리텔링 네 단계를 거쳐서 아이디어의 씨앗이 된다.

첫째, 리스팅은 생각나는 대로 종이에 적는 행동이다. 종이에 적으면 아이디어가 발산한다. 사람들은 무엇이든 적어두는 것으로 메모가 끝났다고 생각한다. 리스팅은 메모의 첫 단계일 뿐이다. 둘째, 포커싱은 실현 가능한 생각을 골라내는 것이다. 리스팅하고 바로 포커싱하기 보다 생각이 숙성되는 시간을 가진 후에 생각을 골라낸다. 포커싱을 거치면 아이디어가 수렴된다. 셋째, 그루핑은 관련이 있는 내용, 함께 실행해야 하는 일, 시기적으로 먼저 하고 나중에 할 일 등을 묶는다. 리스팅과 포커싱은 맥락, 일의 순서와 무관하지만 그루핑을 거치면서 일의 순서가 정리된다. 논리와 맥락이 중요할 때는 그루핑 단계에서 마인드맵이나 만다라트 등 논리적으로 아이디어를 묶으면서 정리하는 도구를 이용한다. 넷째, 스토리텔링은 여러 가지 아이디어를 엮어서 이야기를 만드는 과정이다. 키워드와 연상되는 것들을 넣어서 맥락이 통하게 이야기를 만들면 기획에 필요한 아이디어가 완성된다.

메모의 네 단계를 거치는 동안에도 수시로 메모를 다시 봐야 한다. 메모의 핵심은 다시 보는 데 있다. 메모는 하는 것만큼 나중에 다시 보는 것이 중요하다. 나는 아이디어 노트 겸용으로 쓰는 다이어리를 수시로 펼쳐본다. 메모를 훑어보면서 유용한 내용을 다시 적는다. 반복해서 메모한 내용은 그만큼 중요하다는 의미다. 내용이 중요해서 다시 적을 수도 있고 그 내용을 계속 머리에 담아두기 위해서 다시 적을 때도 있다. 대충 휘갈겨 쓴 메모는 알아볼 수 있게 다시 적는다. 좋은 생각이 사라지기 전에 메모해야 하기 때문에, 메모하기가 곤란해서 휘갈겨 쓸 때가 있다. 글씨를 알아보기 어려울 정도로 대충 적어두었다면 알아볼 수 있게 다시 적는다. 지하철을 타고 이동할 때는 메모해둔 내용을 다시 정리한다. 지하철은 흔들리지 않아서 메모를 다시 읽고 정리하기 좋다. 몇 달 전에 적어둔 메모를 찾아서 연결되는 내용과 함께 적는다. 그러면서 새로운 아이디어가 나온다.

메모는 단순히 기억을 보조하는 수단이 아니다. 메모를 다시 읽고 정리하는 동안 메모는 아이디어가 된다. 메모를 다시 읽으면서 필요 없는 내용은 두 줄을 그어서 삭제하고 유용한 메모는 동그라미를 그려서 표시해두면 나중에 활용할만한 메모를 알아보기 수월하다. 이런 메모들이 섞이고 연결되면서 아이디어의 씨앗이 된다.

아이디어가 떠오르지 않을 때는 이렇게 한다

어떤 조직이든지 아이디어 뱅크라고 불리는 사람이 적어도 한두 명씩 있다. 이들은 다양한 분야에 관심이 있어서 아는 게 많다. 관찰력도 뛰어나다. 하지만 이런 사람도 아이디어가 떠오르지 않을 때가 있다. 아이디어가 떠오르지 않으면 사람들은 "나는 왜 아이디어가 없을까?"라며 부정적인 생각을 한다. 이때부터 생각은 멈춘다. 아이디어가 나오는 통로를 틀어막는 것은 부정적인 생각이다.

"나쁜 것은 좋은 것보다 강력하다(Bad is stronger than good)."

이 말처럼 부정적인 생각은 긍정적인 생각보다 훨씬 강력하다. 아이디어가 떠오르지 않는 이유가 부정적인 생각 때문이라고 말하는 사람은 일상적인 스트레스를 푸는 방법을 해결책으로 내놓는다. 숙면을 취한다, 산책을 한다, 운동을 한다, 자연을 찾아 떠난다, 명상을 한다 등이 일반적으로 스트레스를 해소하는 방법이다. 기획자들은 이런 방법이 어느 정도 효과가 있다고 알고 있다. 하지만 실천하지 못한다. 널리 알려진 스트레스 해소법이 언제 어디서나 실행할 수 없기 때문이다. 숙면을 취하고 산책을 하는 등의 방법은 치료제가 아니라 진통제 역할을 할 뿐이다. 숙면을 취하고 운동을 하고 명상을 해도 다시 책상 앞에 앉으면 부정적인 생각이 악령처럼 다시 나타난다.

정신과 전문의 하워드 커틀러와 달라이 라마는 《달라이 라마의 행복론》에서 과학과 동양 철학을 접목해서 부정적인 생각과 감정을 떨쳐내는 방법을 제시했다. 부정적인 감정을 떨쳐내는 방법은 '마음 비우기'다.

마음 비우기는 네 단계로 이루어진다.[5]

① 문제 인식
② 과거의 불행·미래의 걱정
③ 다르마·카르마
④ 행동·조치

첫째, 문제 인식 단계에서 아이디어가 나오지 않는 이유를 종이에 적는다. 생각하기 싫으면 "생각하기 싫다"라고 솔직하게 적는다. 이유가 여러 가지일 수도 있다. 구체적으로 적을수록 좋다. 둘째, 종이에 적은 이유가 과거에 지나간 일인지 또는 미래에 대한 막연한 걱정인지 생각한다. 대출금 상환처럼 미래에 대한 걱정, 마감일이 임박한 상황에서 지나간 시간에 대한 때늦은 후회에서 부정적인 감정이 나온다. 셋째, 다르마와 카르마는 불교 용어로 나쁜 업보와 좋은 업보를 뜻한다. 과거에 나쁜 일을 하면 미래에 나쁜 일이 일어나고, 과거에 좋은 일을 하면 미래에 좋은 일이 일어난다. 과거의 불행과 미래의 걱정은 대부분 해결할 수 없다. 해결할 수 있는 일과 해결할 수 없는 일을 구분하면 부정적인 생각을 떨쳐낼 수 있다. 넷째, 행동하는 단계다. 해결할 수 없는 일은 기억에서 지운다. 해결할 수 있는 일을 알았다면 그 일을 하면 된다.

심리학자들은 아이디어가 떠오르지 않으면 창문 닦기, 물건 분류하기, 책상 정리하기 등을 권한다. 단순하고 반복적인 행동을 '요구 사항이 적은 행동Undemanding Task'이라고 한다. 단순한 일을 반복하는 동안 공상을 한다. 공상을 하면서 아이디어가 떠오른다. 업무와 무관한 일이라도 단순한 일을 반복하면 정신적인 방황이 줄어든다. 아무런 행동도 하지 않으면 정신은 쓸데 없는 생각과 걱정을 떠올리며 방황한다. 정신적인 방황을 멈춰야 뇌의 사고 회로가 다시 작동하면서 아이디어가 떠오른다.

산타바바라대학 심리학자 조너선 스몰우드는 아이디어가 생기는 과정을 알아보기 위해서 실험을 했다. 실험 참가자들에게 신문과 같은 일상적인 물건에 대한 다양한 용도를 제한된 시간 안에 많이 떠올리게 했다. 예를 들면, 신문의 용도는 뉴스를 읽는 것이지만 창문을 닦을 수도 있고 신발을 말리는 데도 사용한다. 야외에서는 방석으로 사용한다. 이렇게 본래의 용도 외에 다른 용도를 이야기하는 실험을 '특이한 사용법 테스트'라고 한다. 실험 참가자들을 네 그룹으로 나눠서 실험을 진행했다.

테스트를 하기 전에, 첫 번째 그룹은 평범하게 휴식을 취했고 두 번째 그룹은 어려운 문제를 풀게 했다. 세 번째 그룹은 휴식을 취하지 않았다. 네 번째 그룹은 몇 분 동안 공상을 하게 했다. 그런 다음 참가자들에게 특이한 사용법 테스트를 진행했다. 실험 결과, 공상을 한 네 번째 그룹을 제외하고 나머지 그룹의 과제 수행 능력은 비슷했다. 테스트 전에 공상을 한 네 번째 그룹에서 창의적인 답이 가장 많이 나왔다. 연구진은 다음과 같은 결론을 내렸다.

"일반적으로 뚜렷한 목적을 두고 사고할 때는 공상이 해가 되는 것처럼 보이지만, 연구 결과 공상은 창의적 발상과 영감이 나오게 만드는 기본 조건이다."[6]

단순하고 반복적인 일은 공상을 하기에 최상의 조건을 만들어준다. 아무 일도 안 하면 걱정만 늘어난다. 몸을 움직이면 부정적인 생각은 공상에 자리를 비켜준다. 새로운 아이디어를 만들어내야 한다는 강박에서 벗어나 책상 정리, 빨래, 설거지 등 집안일을 하는 것도 좋다.

나는 아이디어가 떠오르지 않을 때, 밖으로 나가서 걷는다. 밖으로 나갈 수 없으면 다이어리에 메모해 둔 것을 옮겨 적는다. 단순하고 반복적인 일을 찾아서 하거나 포털사이트 실시간 검색어 순위를 클릭해 본다. 트렌드 기사와 댓글이 많은 기사, 실시간으로 순위가 바뀌는 검색어를 클릭하면서 사람들이 지금 이 순간 어떤 콘텐츠에 관심이 있는지 살펴본다.

아이디어가 없다고 너무 실망하지는 말자. 기획자는 아이디어가 떠오르지 않을 때 대처하는 방법도 스스로 터득해야 한다. 산책과 명상, 가벼운 운동처럼 교과서적인 방법이 있고 단순·반복적인 일, 동료와 잡담, 간식을 먹는 것도 좋다. 과거에 어떤 일을 하다가 기발한 아이디어가 떠올랐다면 틈틈이 그 일을 하면서 아이디어를 기다리는 것도 좋은 방법이다.

기획자는 항상 정보와 지식에 목마르다

아이디어를 개발하려면 정보와 지식이 많아야 한다. 기획자를 대상으로 하는 아이디어 발상 교육에서 가장 많은 시간을 할애하는 내용이 정보 검색이다. 어디서 정보를 찾아야 하는지 질문하는 사람은 거의 없다. 모든 정보는 인터넷에서 검색하면 된다고 알고 있다. 인터넷 검색 결과는 자료와 정보일 뿐 지식은 아니다. 지식은 자료와 정보에 기초해서 기획자 스스로 습득해야 한다.

자료와 정보, 지식은 기획자에게 어떤 가치가 있는지 생각해 본 적이 있는가? 분야에 따라 기획자에게 필요한 지식과 정보는 다르다. 생산과 유통, 판매, 마케팅 분야는 시시각각 자료가 업데이트된다. 기획자는 계속 변하는 자료에 관심을 가져야 한다. 종합적인 사고를 거쳐서 정보와 지식으로 만들지 않으면 수집한 자료는 의미가 없다. 자료를 수집해서 분류·분석해야 비로소 의미 있는 정보가 된다. 정보는 분류와 분석을 거쳐서 지식이 된다. 기획자는 자료를 정보로, 정보를 지식으로 변환하는 과정에서 가치를 만들어야 한다.

자료·정보·지식의 특징

구분	자료	정보	지식
특징	• 단편적 사고(원인 또는 결과) • 수동적, 정적(외부에서 수용) • 정보와 지식의 기초	• 종합적 사고(원인과 결과) • 능동적(주체적으로 생각, 분류, 가공, 판단) • 사고에 의한 체계적인 결과 • 의사결정 자료, 행동	• 다양한 정보가 모여서 의사결정에 핵심 역할 • 고객 또는 기업을 타겟으로 가치 창출

출처 : 매일경제 프로젝트팀 지음,《지식혁명 보고서》, (매일경제신문사, 1998)

기획자에게 필요한 것은 지식이다. 지식을 갖고 있다는 것은 여러 가지 자료와 분석하는 능력을 가졌다는 의미다. 기획자는 전문 분야에 관해서 깊이 있는 지식을 가져야 한다. 전문 분야에 대한 기존의 해석에 가치를 더해서 새로운 방식을 만들어야 기획을 했다고 할 수 있다.

지식을 얻기까지는 상당한 노력이 필요하다. 지난 수백 년 동안 대부분의 지식은 책의 형태로 유통되었다. 지금은 지식의 종류가 다양해졌고 유통 경로는 양적, 질적으로 늘어났다. 기업에서 만드는 엄청난 분량의 자료도 사고와 분석을 거치면 지식이 된다.

기획자가 알아야 하는 지식은 계속 변하고 새로 나온다. 컨설팅업체 엔터프라이즈 디자인의 경영자 로버트 던햄은 실질적으로 필요한 지식을 '행동하는 지식'이라고 정의했다. 행동하는 지식은 시대 변화와 트렌드에 따라 계속 변한다. 경제학자가 10년 전에 나온 이론을 지금까지 강의하고 있다면 이 경제학자의 지식은 행동하는 지식이 아니다. 현실과 동떨어진 지식은 가치가 없고 활용할 수도 없기 때문에 지식이 아니다.

기획자에게 필요한 지식은 세 가지다. 이론 지식[기초과학, 인문학, 경제학 등], 실용 지식[IT, 특허 등], 노하우[현장 경험]가 있어야 실제로 기획할 수 있는 지식을 갖췄다고 할 수 있다. 경영학의 대가 피터 드러커는 현장의 지식을 강조했다. 그는 현장의 지식을 "일하는 방식을 개선해서 계속해서 부가가치를 높이는 지식"이라고 정의했다.[7]

학교에서 배운 이론과 실용 지식에 경험을 더하면 아이디어가 나온다. 업데이트 되는 정보에 지식을 더하고 가공, 변형, 종합하는 과정을 거치면 비로소 기획이 된다. 자료를 정보로, 정보를 지식으로 만들지 못하는 기획자가 아이디어 발상법에만 집중한다면 좋은 기획은 절대로 나오지 않는다.

좋은 아이디어를 쉽게 내는 비법이나 법칙은 없다. 아이디어는 기획자가 가지고 있는 지식과 더 많은 정보를 얻기 위한 노력에서 나온다. 새로운 아이디어를 구상하려면 기획자는 시시각각 변하는 정보에 귀를 기울여야 한다. 전문 서적, 잡지, 다른 업종의 기획서, 학자가 새롭게 주장하는 이론, 연구자료, 해외 기업의 기획 사례, 세미나·학술지 등에 발표된 정보는 기획자가 항상 관심을 갖고 찾아봐야 한다.

새로운 소식을 접하면 현재 구상하고 있는 기획과 연결해서 생각한다. 새로운 정보와 이미 알고 있는 지식이 만나서 아이디어가 나온다. 시간을 들이고 발로 뛰면서 얻는 정보는 인터넷에서 찾은 정보보다 가치가 있다. 국내외 기업의 사례를 수집해서 살펴보는 것은 기본이다. 다양한 분야의 책과 잡지를 읽고 강연과 세미나에 참석해서 전문가의 견해를 들어야 한다.

기획하는 분야에서 전문가가 책을 출간하고 강연회를 한다면 시간을 내서 참석하기 바란다. 전문가는 원고를 쓰면서 많은 자료를 수집하고 정보를 만든다. 그 가운데 핵심을 뽑아서 지식으로 가공하고 책으로 펴낸다. 강연회에서 책에 쓴 주요 내용을 전달한다. 강연회에 참석한 다음 책을 읽으면 더 깊게 이해할 수 있다. 인터넷에서 강연과 세미나 동영상을 볼 수 있다. 전문가의 강연은 짧은 시간에 많은 지식을 습득할 수 있는 기회다. 다른 분야에서 일하는 사람을 만나서 대화하는 것도 좋다. 사람마다 관심사가 다르다. 같은 자료를 보고 해석하는 방식도 다르다. 여러 사람의 의견을 들으면 다양한 관점에서 정보를 해석할 수 있다. 인터넷에 모든 자료가 있다고 믿는 것은 기획자의 자세가 아니다. 정보와 지식은 결국 사람에게 나온다. 전문가와 인적 네트워크를 만들면 고급 정보를 비교적 쉽게, 짧은 시간에 얻을 수 있다. 종이신문, 잡지, TV 등 전통적인 매체도 정보원으로 여전히 효과가 있다. 물론 기획자에게 필요 없는 정보도 많다. 다양한 매체를 통해서 접하는 정보를 모두 머릿속에 담으려고 하지 말고 대충 훑어보기만 해도 된다. 특히 잡지와 TV는 대충 봐도 트렌드를 파악할 수 있다. 다양한 정보에 눈과 귀를 기울이면 유용한 정보가 나왔을 때 틀림없이 발견한다.

기획의 본질은 아이디어에 있다. 논리적으로 설득하는 표현, 문서를 작성하는 기술보다 아이디어가 먼저다. 지식을 쌓지 않고 테크닉에만 집중하면 기획업무를 무리 없이 진행할 수 있을지 몰라도 기획력을 인정받기는 어렵다. 기획자로서 능력을 향상시키려면 지식을 쌓고 아이디어를 만드는 자기만의 방법론을 만들어야 한다.

기획자의 업무 1순위는 '리스트 만들기'

초보 기획자 시절, 회의 시간에 가장 많이 나오는 말이 '리스트업^{list-up}'이었다. 회의가 끝날 무렵에는 언제나 이런 지시가 있었다.

"정 대리는 오늘 나온 아이디어, 박 과장은 경쟁 상품, 김 팀장은 비용과 일정 종합해서 리스트 만들고 다음 회의에서 한 번 더 생각해보고 결정합시다."

기획팀 구성원에게 하나 이상의 리스트가 할당되었다. 당시에 나는 '기획팀에서는 무엇이든지 리스트로 만들어야 하는구나'라고 생각했다. 나중에 리스트에 기초해서 아이디어를 개발하는 체크리스트법이 있다는 것을 알게 되었다.

일단 리스트를 만들면 아이디어를 발산할 준비가 완료된다. 리스트를 준비한 다음 알렉스 오스본의 체크리스트를 이용하면 양적으로 많은 아이디어를 얻을 수 있다. 체크리스트는 다양한 아이디어를 내기 위한 항목을 미리 작성해둔 것이다. 체크리스트는 생각을 확장하는 유형을 미리 설정한 프리셋Preset과 같다. 기획자가 정리한 리스트를 오스본의 체크리스트에 대입하면 아이디어가 나온다. 오스본의 체크리스트는 아홉 가지 항목의 머리글자를 따서 '스캠퍼SCAMPER'라고 한다.

오스본의 체크리스트 발상법

항목	사고유형	질문
S	Substitute 대체하기	소재, 동력, 장소를 바꾸면 어떨까?
C	Combine 종합하기	재료를 섞으면, 아이디어를 조합하면, 두 가지 특성을 더하면 어떨까?
A	Adapt 응용하기	이것과 비슷한 것은 없는가? 과거에 비슷한 것이 없었는가?
M	Modify 변형하기	더 편리하게 바꾼다면, 다르게 사용한다면, 기능, 색상, 움직임, 소리, 냄새, 양식, 형태, 디자인 등을 바꿀수 있는가?
	Magnify 확대하기	더 강하게, 더 높게, 더 길게, 더 두껍게, 더 고급으로, 더 많은 기능을 넣는다면 어떨까?
	Minify 축소하기	기능, 크기, 무게 등을 더 작게, 더 낮게, 더 짧게, 더 가볍게 한다면 어떨까? 기능을 줄인다면, 여러 개로 분할한다면 어떨까?
P	Put to other use 용도 변경하기	다른 용도로 사용할 수 있는가, 현재 상태에서 새로운 사용법은 있는가?
E	Erase 제거하기	기능, 형태의 일부분을 제거할 수 있는가?
R	Reverse 재배열하기	구성 요소를 바꾸면 어떨까? 다른 패턴으로, 다른 레이아웃으로, 다른 순서로 바꾸면 어떨까?

별다를 것 없는 아이디어를 특별하게 만드는 것이 기획자의 역할이라고 보는 게 맞다. 리스트는 아이디어의 원천이다. 우리는 항상 리스트에 둘러싸여서 생활한다. 할 일 목록, 카드 명세서, 강의 일정, 참고도서 목록, 회의실 사용 시간표, 마인드맵 등은 모두 리스트다. 리스트는 관련 있는 일이나 사물 등을 한눈에 알기 쉽게 나열한 것이다.

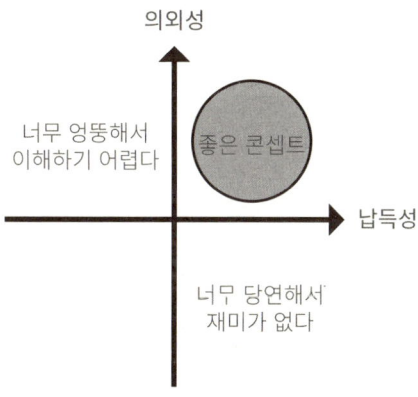

출처: 미야지와 미시노리 지음, 《도쿄대 교양학부 생각하는 힘의 교실》, (북클라우드, 2018)

리스트를 만들면 생각을 정리하기 쉽다. 리스트를 만드는 동안 논리 관계가 밝혀지거나 만들어지기도 한다. 아이디어 발상 단계에서는 논리적으로 판단하지 않는다. 지나치게 이상적인 아이디어는 너무 엉뚱해서 설득력이 떨어지고 누구나 생각할 수 있는 평범한 아이디어는 아이디어로서 가치가 없다. 엉뚱함과 설득력을 두루 갖추어야 좋은 아이디어다.

기획자는 리스트를 만들면서 아이디어와 기획 방향에 대한 확신을 얻는다. 어떤 일을 먼저 해야 하는지도 알 수 있다. 리스트를 만들면서 아이디어는 더욱 선명해진다. 여러 가지 정보와 지식을 더하고 실행할 일을 정리하면 대략적인 계획이 나온다.

나는 기획에 필요한 자료를 수집한 다음, 먼저 정리할 자료, 나중에 보충할 자료, 통계와 함께 정리할 자료로 구분한다. 그런 다음 항목에 따라 기획 배경에 넣을 자료, 기획 목표에 넣을 자료 등으로 구분한다. 그러면 자료에 순서가 생긴다. 리스트를 만드는 데 정해진 형식은 없다. 보기 편하게 정리하면 된다. 리스트를 만들고 자료를 다시 훑어보면 머릿속에서 리스트에 적은 아이디어가 새롭게 배치된다.

실현 가능성이 낮은 아이디어는 제외하고 기획과 관련 있는 자료만 추려서 '마스터 리스트'를 만든다. 마스터 리스트는 기획 방향과 연관이 있는 자료·아이디어를 적은 것이다. 깨끗한 종이에 정리해서 옮겨 적으면 마스터 리스트가 완성된다. 나중에 새로운 아이디어를 추가할 수 있게 항목 사이에 적당히 여백을 둔다. 마스터 리스트의 항목은 활용 범위에 따라 중요한 자료, 뒷받침 자료, 부수적인 자료로 구분하고 기획서를 쓰는 순서, 즉 논리적인 구성에 따라 항목을 배열한다. 마스터 리스트를 만들면 보완해야 하는 내용과 뒷받침하는 근거 자료가 추가로 필요한 부분도 알 수 있다.

대형 프로젝트는 기획서에 정리할 내용이 많다. 기획서를 쓸 때 참고할 자료의 양도 늘어난다. 수집한 자료를 모두 출력해서 하드카피로 보관하면 책상을 가득 채울 수도 있다. 컴퓨터에 파일로 저장한다고 자료의 양이 줄어들지도 않는다. 이럴 때도 리스트는 강력한 힘을 발휘한다. 기준을 정해서 분류하고 기획서 차례에 따라 단락별로 리스트를 만들고 자료를 분류한다.

리스트는 책의 차례와 같은 역할을 한다. 리스트에 따라 자료를 순서대로 정리해 두었기 때문에 자료를 뒤적거리며 찾지 않아도 된다.

출력한 자료는 모서리에 색깔 형광펜으로 표시해두면 내용별로 찾아보기 편하다. 초록색은 재무·통계 자료, 빨간색은 인력·비용에 관한 자료, 노란색은 일정에 관한 자료 등으로 구분한다. 여러 기관에서 수집한 자료를 참고한다면 기관마다 색을 다르게 표시한다.

자료를 훑어보면서 인용할 내용, 도입부 또는 결론에 사용하고 싶은 내용과 좋은 문구도 찾기 쉽게 표기하고 리스트로 만들어두면 기획서를 쓰는 시간을 줄일 수 있다. 자료를 검토하면서 필요하다고 생각하는 내용에 즉시 메모하지 않으면 나중에 같은 자료를 다시 읽어야 한다. 처음에 읽을 때 좋다고 생각했는데, 자료에서 그 내용을 다시 찾으려고 하면 눈에 띄지 않아서 시간을 낭비하게 된다.[8]

나는 자료를 출력해서 훑어볼 때 중요한 내용에는 여러 줄에 걸쳐서 크게 동그라미를 그린다. 단어나 문장에 밑줄을 긋는 것보다 중요한 내용이 있는 부분에 크게 동그라미를 그린다. 아주 중요한 내용에는 동그라미를 여러 번 겹쳐서 그린다. 한 페이지에 중요한 내용이 여러 번 나오면 여기저기 동그라미를 그려서 지저분하게 보이지만, 자료에서 중요한 내용을 한 눈에 알아 볼 수 있다면 그걸로 충분하다.

자료를 검토하면서 제목과 핵심 단어를 A4 용지에 따로 적는다. 핵심 단어 사이에는 적당히 공간을 둔다. 출력한 자료를 훑어보면서 동그라미를 그리는 것처럼 A4 용지에 적은 핵심 단어 가운데 정말 중요한 내용에 동그라미를 그린다. 관련이 있는 핵심 단어는 선으로 그어서 연결한다. 그리고 어떤 관계가 있는지 선 위에 간략하게 메모한다. 드라마 등장인물 관계도와 비슷한 모양으로 그린다. 핵심 단어를 연결하고 관계를 메모하면 복잡한 개념이나 절차가 어느 정도 정리된다.

나는 그림을 잘 못 그려서 핵심 단어를 선으로 잇는 정도로 생각을 눈에 보이게 나타낸다. 선으로 연결이 되지 않거나 한두 개의 선으로만 연결된 단어는 중요도가 떨어진다고 봐도 된다. 이런 방법으로 정리해두면 기획서를 쓸 때 수집한 자료를 전체적으로 다시 읽지 않아도 필요한 자료를 찾을 수 있다. 리스트를 만들면 아이디어를 개선하는 방법을 찾기 쉽고 중요한 내용은 꼼꼼하게 검토할 수 있다. 물론 단점도 있다. 리스트에 적은 내용 위주로 생각하기 때문에 새로운 아이디어가 나올 가능성이 현저히 떨어진다. 처음에 아이디어를 발산할 때 리스트에 적지 않은 내용을 나중에 추가하기 어렵다.

몇 가지 단점이 있어도 기획자는 리스트를 만들어야 한다. 장점이 훨씬 더 많기 때문이다. 리스트는 아이디어에 집중하게 만들고 순서를 알려준다. 일을 할 때 가이드라인 역할을 하고 할 일과 하지 않을 일을 구분해준다. 리스트를 만들면 잃는 것보다 얻는 것이 훨씬 많다. 기획자의 업무 1순위는 리스트 만들기라는 것을 기억해야 한다.

스토리텔링은 전달력이 매우 높다

기획서에 어떤 이야기를 넣느냐에 따라서 집중력이 높아지거나 주제가 모호해진다. 스토리텔링을 강조하는 사람은 기획 내용을 스토리 형식으로 구성하라고 권한다. 이야기는 흥미와 호기심을 일으킨다.

다니엘 핑크는 《새로운 미래가 온다》에서 지식 정보화 시대가 가고 '하이터치·하이컨셉'의 시대가 온다고 했다. 하이터치·하이컨셉의 시대에 능력이 뛰어난 사람은 사실을 바탕으로 스토리를 만들어 소통하는 '스토리텔러'라고 했다. 상품·서비스의 장단점을 직접 설명하기보다 실제 있었던 이야기에 기초해서 설명하면 이해하기 쉽다. 내용에 부합하는 이야기라면 공감대를 형성해서 관심을 유발할 수 있다.

전시 기획자는 스토리텔링을 효과적으로 이용한다. 사진, 회화, 조각 등의 작품을 전시할 때 작품 설명보다 작가가 살아온 이야기에 집중한다. 어떤 계기로 작가가 되었고 작품에 대한 영감은 어디에서 얻었는지, 시대적 배경 등을 극적으로 구성해서 관람객의 시선을 집중하게 만든 다음 작품을 설명한다. 관광산업 기획에서도 스토리텔링이 빠지지 않는다. 한국관광공사는 지역의 특산물과 향토 음식, 지명 등에 스토리텔링을 더해서 부가가치를 만든다. 경북 포항 호미곶은 스토리텔링 효과를 톡톡히 봤다. 호미곶의 이전 이름은 장기곶이었다. 조선의 풍수학자가 만주를 향해 포효하는 호랑이 꼬리라고 했다는 이야기를 살려내서 호미(虎尾)곶으로 이름을 바꾼 뒤에 바닷가에 거대한 손 모양의 조형물 '상생의 손'을 설치했다. 이후 호미곶은 상생의 손과 함께 호랑이 기운을 받는 해맞이 명소로 거듭났다.

일반적으로 기획서는 핵심 메시지를 중심으로 논리적으로 구성한다. '기획서'라는 단어에서 딱딱한 느낌이 묻어난다. 기획자들은 메시지의 논리적인 흐름, 객관성을 보여주는 숫자가 더 중요하다고 생각한다. 반면, 사람들은 논리나 숫자보다 이야기에 관심을 기울인다. 정보를 전달하고 설득할 때도 논리와 숫자보다 스토리텔링이 효과적이다. 스토리텔링은 기획서를 검토하는 사람이 부담없이 핵심에 접근하도록 도와준다.

기획서를 스토리텔링 기법으로 구성하는 것은 좋다. 단, 이야기는 아주 짧고 간결해야 한다. 짧은 이야기에서 핵심을 보여주는 것이 관건이다. 기획서의 스토리텔링은 단순히 재미있는 이야기로 끝나서는 안 된다. 시선을 끄는 목적 외에 기획 의도를 설명해서 기획서를 검토하는 사람과 교감해야 진정한 스토리텔링이다.

스토리텔링Pro.라는 직함으로 스토리텔링을 연구하는 심지훈 작가는 스토리텔링을 이렇게 정의했다.

"스토리텔링은 무형無形의 이야기를 갖고 유형有形의 무엇을 만들어 적재적소適材適所에 활용하는 것이다. 여기서 무형의 이야기는 당장 손에 쥘 수 없다는 의미이고 유형의 무엇은 시각화, 형상화의 결과물이다."[9]

스토리텔링의 정의처럼 기획 단계에서는 컨셉만 있다. 컨셉은 무형의 이야기다. 계획대로 실행한 후에 유형의 결과가 만들어진다. 기획의 목적은 시각화, 형상화해서 결과를 보여주는 것이다. 스토리텔링은 인류 역사상 가장 오래된 커뮤니케이션 방식으로 메시지를 매우 효과적으로 전달한다.

스토리텔링으로 기획의 핵심과 결과를 효과적으로 보여주는 유형은 네 가지다. 첫째, 발견에 대한 이야기다. 이 기획이 어떻게 시작되었는지, 사업의 가치를 어디에서 찾을 수 있는지 설명하는 것이다. 둘째, 우여곡절에 대한 이야기다. 실행하는 동안 겪을 난관과 실패 요인을 설명한다. 결론은 난관을 해결하는 내용이다. 기획서를 검토하는 사람이 우려하는 부분이 있다면 그것을 해소하는 방안에 집중한다. 어려움을 극복하는 대비책, 약점을 강점으로 만드는 방법 등을 SWOT 분석과 함께 보여준다. 그러면 딱딱하고 지루한 내용을 좀 더 흥미롭게 전달할 수 있다. 셋째, 성공에 대한 이야기다. 기획은 성공을 전제로 한다. 기술, 상품, 서비스가 어떤 과정을 거쳐서 성공하는지 로드맵을 스토리텔링으로 설명한다. 성공 과정을 간략하게 프로세스로 보여주는 것보다 결과를 생생하게 상상할 수 있다. 넷째, 비전을 제시하는 이야기다. 사용자가 과거와 비교해서 현재 어떤 이익을 얻는지, 기획을 실행하기 전과 후를 비교해서 달라지는 부분을 이야기로 구성해서 설명하면 공감대를 만들 수 있다.[10]

기획서는 소설이 아니기 때문에 전체 내용을 스토리텔링으로 구성할 필요는 없다. 집중력이 떨어지는 항목은 배제하고 확실하게 전달해야 하는 내용만 보여주면 된다. 주의할 점은 의견을 사실처럼 전달해서는 안 되고, 지나치게 이상적인 결과는 이야기하지 않는 게 낫다.

기획서의 일부 내용을 스토리텔링으로 설명할 때는 핵심 메시지에서 시작한다. 소설처럼 기승전결로 구성하면 긴장감이 떨어지고 호기심도 자극하지 못한다. 도입부에서 핵심 메시지를 직접 설명하고 경험(모두가 겪었던 일)에 기초해서 이야기를 만든다. 기획서의 스토리텔링이 깊은 감동을 줄 필요는 없다. 왜 이 기획이 필요한지, 무엇이 좋은지 등을 확실히 전달하면 스토리텔링의 목적은 달성한 것이다. 스토리는 경험이나 사건으로 구성해서 쉬운 언어로 이해하기 쉽게 설명하면 된다.

검색과 자료수집

정보 수집 능력과 관찰력은 기획자에게 필요한 자질이다. 아이디어를 얻기 위해서, 근거를 확보하기 위해서 기획자는 일상적으로 검색하고 자료를 수집한다. 시장조사 전문가들은 리서치 회사에 비용을 지불하고 자료를 수집할 것을 권한다. 책에서는 포커스 그룹 인터뷰처럼 대상을 직접 만나서 상세하게 조사하는 방법과 질문하는 방법을 자세히 설명한다.

하지만 대형 프로젝트가 아닌 이상 기획서를 쓸 때마다 비용을 들여서 리서치 회사에 의뢰하기는 어렵다. 대상을 찾아가서 의견을 듣는 것도 시간과 조건이 맞아야 실행할 수 있다.

대형 프로젝트를 기획한다면 타겟에 대한 정확한 자료를 수집하기 위해서 교과서적인 조사 방법론에 따라 리서치해야 한다. 세상에는 이미 공개된 자료가 아주 많다. 조사 방법론에서는 가공하지 않은 상태의 공개된 자료를 1차 데이터, 1차 데이터를 수집하고 가공한 것을 2차 데이터라고 한다.

분류	개요	비용	내용
마케팅 리서치	검색, 전문 리서치 회사 위탁, 포커스 그룹 인터뷰 등으로 1차 데이터를 만든다.	많다	방대하다
비즈니스 리서치	1차 데이터를 분류·분석·가공하여 2차 데이터를 만든다.	적다	최적화된다

대형 기획사에는 리서치와 자료수집만 전문으로 담당하는 부서가 있다. 그러나 일반 기업에서는 기획자 혼자 또는 몇 명이 팀을 이루어 자료를 수집한다. 때문에 자료 조사는 지극히 상식적인 수준에서 이루어진다.

기획자가 상식적인 수준을 뛰어넘어 자료를 수집하려면 프레임워크를 적용해야 한다. 자료수집 단계에서 적용하는 프레임워크는 '7S모델'이다. 7S는 경영자원을 의미한다. 7S 중에서 전략^{Strategy}, 구조^{Structure}, 점유율$^{Shared\ Value}$, 통계^{Statistics} 네 가지 영역에서 자료를 수집한다. 기획에 필요한 네 가지 영역에서 자료를 수집하는 프레임워크를 4S라고 한다.[11]

7S	하드 4S	Strategy, Structure, System, Skill
	소프트 3S	Shared Value, Staff, Style
	자료조사 4S	Strategy, Structure, Shared Value, Statistics

기획에 필요한 자료 가운데 첫 번째는 전략^{Strategy}이다. 전략은 강점에 집중하고 보통 이하의 특징은 버리는 것이다. 전략을 나타내는 자료는 제품·서비스의 차이, 고객·용도·지역의 차이, 수익의 차이, 사업성의 차이가 있다.

두 번째는 사업 구조Structure에 관한 자료다. 제품·서비스를 분류한 자료가 사업 구조를 보여준다. 제품·서비스를 용도/지역/가격 등의 기준에 따라 분류하고 제조와 유통, 법률, 특징계절적 요인, 유행 등에 관한 자료를 수집한다. 세 번째는 점유율Share Value이다. 시장 점유율은 기업의 공시자료, 신문, 업계 이익을 보호하는 단체나 협회에서 얻을 수 있다. 하지만 기업 내부 정보이기 때문에 정확한 정보를 얻기 어렵다. 통계자료를 기준으로 자사의 매출·판매량 데이터에 비추어 유추해서 대략적인 자료를 얻을 수 있다. 네 번째는 통계Statistics다. 통계에 관한 자료는 정부에서 발표하는 산업 통계, 업계·단체 통계, 시장조사 보고서, 신문 등에서 수집할 수 있다.

업계에 관한 전반적인 자료는 해마다 발행하는 '업계지도'를 보면 알 수 있다. 하지만 모든 업계에 대해서 대략적인 정보만 보여주기 때문에 경제신문 기사, 연구소 보고서 등을 통해서 세부 자료를 추가로 조사해야 한다.

기획자는 아이디어가 필요할 때나 자료를 수집할 때 처음부터 인터넷으로 검색하면 안 된다. 검색 결과는 어떤 검색어를 입력하느냐에 따라 양질의 자료가 검색될 수도 있고 그렇지 않을 수도 있다. 지식이 없는 상태에서는 검색어도 제한적일 수밖에 없다. 우선 책, 신문기사, 연구소 자료를 보고 키워드를 정리한 다음 검색하면 더 최적화된 정보를 얻을 수 있다. 키워드를 영어로 바꿔서 검색하면 더 많은 자료를 찾을 수 있다.

많은 사람이 구글에서 검색하면 세상의 모든 자료를 찾을 수 있다고 말한다. 나는 구글, 네이버, 다음에서 같은 키워드로 검색하고 일본이나 중국 자료는 야후 재팬, 바이두를 이용한다. 일본어와 중국어를 몰라도 번역 서비스를 이용하면 자료를 훑어보는 데는 문제가 없다.

검색사이트마다 장단점이 있다. 여러 검색사이트에서 같은 검색어로 검색하면 양질의 자료를 찾을 확률이 높다. 키워드를 입력하고 검색을 클릭하면 수많은 자료가 나온다. 기획자는 방대한 검색 결과에서 필요한 자료를 골라낸다. 근거로 사용할 사례나 전문가의 견해를 찾을 때는 각별히 주의해야 한다.

예를 들어서 '집중하는 방법', '효율을 높이는 방법', '공부법' 등의 키워드로 검색하면 특정한 방법이 효과가 있다는 자료와 전문가가 소개하는 방법이 검색 결과에 표시된다. 검색 결과 가운데 유명한 전문가가 잘 정리해 놓은 자료를 훑어보면서 공감하고 고개를 끄덕인다. 이런 자료 몇 개만 찾아보고 누구나 비슷한 방법으로 한다고 생각하고 근거 자료로 사용하면 곤란하다. 왜냐하면 기획자가 고개를 끄덕인 그 방법을 실천해서 전혀 효과를 보지 못한 사례를 적어도 한 사람 이상 찾을 수 있기 때문이다. 어떤 주장이든지 뒷받침하는 근거에는 정해진 답이 없다. 꾸준히 공부하기 또는 집중하는 습관을 들이는 것처럼 반론을 제기할 수 없는, 근본적인 방법을 검색해야 보다 설득력 있는 자료를 얻을 수 있다.

4

문제를 해결하는 기획

기획의 첫 번째 단계는 '문제분석'

모든 기획은 문제 인식에서 시작한다. 문제를 인식하고 자료를 조사·분석한 다음 가설을 세운다. 이렇게 하면 문제가 해결될 것이라고 가정하고 시뮬레이션하며 가설을 증명한다. 가설이 증명되면 계획을 수립해서 전면적으로 실행한다.

기획은 아주 오래 전부터 있었다. 생산성에 초점을 맞춘 근대 기업이 탄생하던 시절에 경영자는 노동 생산성, 즉 성과를 개선하는 방법을 연구하고 실행했다. 경영자에게 성과를 개선하는 것은 '문제 해결'이다. 경영학의 아버지라고 불리는 테일러는 성과를 개선하는 문제를 인식하고 '시간과 동작 연구'를 했다. 각각의 일을 하는 데 필요한 동작과 그 동작을 하는 시간을 측정해서 불필요한 동작을 없애는 데 초점을 맞추고 연구했다. 테일러의 연구 결과 작업 시간은 단축되었고 생산성은 향상되었다.

기업에서 문제를 인식하는 사례는 다양하다. 자동차 회사에서는 '백문이 불여일견'이라는 말을 실무에 적용해서 고객에게 여러 번 설명하기보다 직접 경험할 것을 권한다. 직접 해보면 기억에 더 오래 남는다. 자동차 회사는 고객들이 자동차를 직접 운행해보는 시승 캠페인을 진행한다. 최신형 자동차를 직접 운전하면서 승차감과 최첨단 기능을 체험하면 구매 욕구가 더 강하게 생긴다. 시승 캠페인에 참여한 고객이 SNS에 후기를 올리면 홍보 효과도 기대할 수 있다.

자동차 회사에서 시승 캠페인을 진행해도 실제로 참여하는 고객은 많지 않다. 시승은 자동차 매장 인근에서 이루어진다. 도심은 늘 교통체증으로 인해서 느린 속도로 운행할 수밖에 없다. 교통량이 적은 간선도로까지 가려면 시간이 오래 걸린다. 대도시의 자동차 매장 영업시간은 교통이 정체되는 시간과 같다. 자동차 회사에서 시승 캠페인을 진행해도 참여하는 고객이 적은 이유가 여기에 있다.

시승 캠페인을 진행했는데 참여하는 고객이 없다면 문제로 인식해야 한다. 해결 방법은 두 가지다. 교통량이 적은 도로에서 시승하는 것과 교통량이 적은 시간에 시승하는 것. 폭스바겐은 이런 문제를 해결하기 위해서 "야간 시승행사 Night Driving by Golf"를 기획했다. 야간에 시승하면 시내의 교통체증에서 벗어날 수 있다. 매장 영업시간 이후에 시승하는 문제는 시승을 신청한 고객이 저녁에 자동차 키를 받아가서 교통량이 줄어든 야간에 시승하고 다음날 아침에 시승한 자동차 키를 반납하는 방식으로 해결했다. 폭스바겐의 골프 모델은 다른 모델과 비교해서 낮 시간에 시승 캠페인을 할 때는 시승 참가자가 가장 적었다. 하지만 야간 시승행사 이후 시승 참가자는 이전보다

크게 늘었다.[1]

문제로 인식하면서 기획이 시작된다. 문제가 없다면 기획도 필요없다. 기획을 제대로 하려면 무엇이 문제인지 알아야 한다. 왜 그런 문제가 생겼는지 생각하고 그 배경을 파악한다. 문제가 있어도 문제로 인식하지 않으면 그것은 문제가 아니다. 문제라고 인식해야 문제가 되고, 기획을 시작해야 아이디어를 낼 수 있다. 기획자에게 문제는 무엇인가? 문제는 매우 다양하다. 해결해야 하는 과제에 한정해서 문제라고 생각하면 안 된다. 기획자에게 문제는 '현상과 목표의 차이'다.

100점을 목표로 공부했는데 시험 결과가 75점이라면 문제가 된다. 문제를 해결하기 위해서 어떻게 할지 아이디어를 내고 유효한 아이디어라고 생각되면 가설을 세워서 검증한 다음, 실행하면서 현상과 목표의 차이를 줄이는 것이 바로 문제를 해결하는 기획이다.

기획자는 문제를 인식하는 능력과 문제를 분석하는 능력을 키워야 한다. 테일러는 생산성을 높이기 위해서 불필요한 동작이 문제라고 인식하고 각각의 동작을 하는 시간을 측정하고 분석해서 최적의 동선을 만들었다. 폭스바겐도 시승 캠페인을 진행하는 낮 시간에 교통체증을 문제로 인식해서 이를 해결하기 위해서 시승 시간을 야간으로 옮겼다. 만약, 테일러가 불필요한 동작을 문제 삼지 않았다면, 당시 경영자들은 불필요한 동작을 제거할 생각을 하지 못했을 것이다. 폭스바겐도 마찬가지다. 낮 시간의 교통체증을 문제라고 인식하지 않았다면 시승 시간을 야간으로 옮기는 기획도 나오지 않았을 것이다.

기획자는 다른 사람이 문제라고 느끼지 않는 것까지 문제로 인식해야 한다. 단, 문제가 발생한 배경, 문제의 원인을 명확하게 설명하고 문제를 해결할 아이디어, 가설까지 준비해야 한다. 문제를 인식하고도 해결 방안을 찾지 않고 현황도 제대로 파악하지 않으면, 문제만 지적하는 사람, 불평만 하는 사람으로 낙인찍힐 수 있다. 문제를 직·간접적으로 발생시키는 요인과 배경을 정리하고 해결 방안을 구체적으로 보여주면 기획이 시작된다.

문제해결 기획서의 구성

항목	내용
문제 인식	• 기획자가 문제를 어떻게 인식했는지 설명한다. • 문제가 발생한 원인과 배경을 파악하고 핵심이 무엇인지 정리한다.
문제분석과 해결 방안	• 문제를 작게 쪼갠 다음 문제의 핵심을 파악한다. 대략적인 해결 방안까지 제시한다. • 문제를 해결하는 방안과 과정을 설득력 있게 정리한다.
실행 계획	• 현실적으로 실행할 수 있는 해결 방안을 정리한다. • 문제를 해결하는 계획(일정, 예산, 할 일 등)을 세운다.

와튼스쿨 명예교수 러셀 아코프는 "기획이 실패하는 이유는 정확한 문제에 대해 잘못된 해답을 내기 때문이 아니라 오히려 잘못된 문제를 풀려고 하기 때문"이라고 했다. 문제를 발견하고 인지하는 단계는 기획 전반에 걸쳐서 큰 영향을 미친다.[2]

문제 인식은 기획의 첫 단계다. 문제를 정확하게 인식하면 기획의 질도 높아진다. 불합리한 현재 상황을 정확하게 파악해야 욕구를 인식하고 해결 방안을 찾을 수 있다. 기획의 성공 여부는 문제를 정확히 파악했느냐, 못했느냐에 달려있다.

문제를 분석하는 방법

기획자에게 문제 인식이 중요한 이유는 앞에서 설명했다. 현상과 목표의 차이를 실감했다면 문제가 무엇인지 정의해야 한다. 개인이든 조직이든 크고 작은 문제를 안고 살아간다. 아무 문제도 없을 때는 없다. 사소한 문제는 문제가 아니라는 식으로 넘기기 때문에 아무 문제가 없다고 말한다.

사람들은 문제가 발생하면 그 문제를 해결할 방법부터 찾는다. 경험에 의존해서 이전에 해결했던 방식에서 답을 찾는다. 시간이 촉박하면 문제에 대해서 생각할 겨를도 없이 행동부터 한다. 시간에 쫓겨서 문제를 분석하는 단계를 건너뛰어 해결방안을 실행한다면 일을 두 번 하거나 문제를 해결하는데 더 많은 시간이 걸릴 수도 있다.

문제를 정의하는 방식, 문제를 분석하는 방법은 사람마다 다르다. 분석이 다르면 해결방안도 제각각이다. 문제를 제대로 정의한다면 문제해결은 수월하다. 문제를 인식하려면 먼저 문제를 정의해야 한다. 문제 정의는 여러 가지 현상을 명확하게 인식하는 것이다. 사실을 명확하게 인식하는 데 숫자보다 정확한 것은 없다. 문제가 발생한 현상은 '얼마만큼 어떻다'라고 말해야 한다. 이렇게 말한다면 문제를 구체적으로 정의한 것이다.

기업에서 매출이 큰 폭으로 하락했다면 심각한 문제다. 매출이 하락했다는 사실은 모든 직원이 알고 있다. 매출이 하락한 사실을 문제로 명확하게 정의하려면 어떻게 해야 할까?

① 매출이 감소했다.
② 전년 동기 대비 매출이 감소했다.
③ 전년 동기 대비 매출이 약 10~20퍼센트 감소했다.
④ 전년 동기 대비 매출이 17.5퍼센트 감소했으며, 줄어든 매출액은 3억 7,500만 원이다. 매출 하락이 가장 큰 곳은 경기 남부지역이며 이 지역은 전년 같은 기간과 비교해서 1억 5,000만 원 하락했다.

①, ②는 매출이 감소한 사실만 보여준다. ③은 감소한 정도를 파악했지만 '약'이라는 표현과 감소한 폭을 정량적으로 보여주지 못했다. ④는 감소한 비율과 실질적으로 매출 하락 폭을 비용으로 나타냈다. 매출이 가장 많이 하락한 지역과 하락 폭까지 보여준다. 이와 같이 현황을 정확하게 수치로 나타내면 문제가 발생한 상황을 정의할 수 있다.

숫자로 표현하면 문제가 명확하게 드러난다. 정량적인 자료를 보여주면 막연한 문제가 비로소 구체화된다. 문제를 구체화하는 방법을 맥킨지 문제 분석 과정에서는 문제의 구조화^{Framing}라고 한다. 맥킨지 문제 분석 과정은 문제의 구조화^{Framing}, 분석과 설계^{Designing}, 자료수집^{Gathering}, 결과해석^{Interpreting} 네 단계로 진행된다.

해외 유명 컨설팅 회사의 문제 해결 과정은 대부분 비슷하다. 매킨지 문제 분석 과정도 일반적인 순서를 따른다. 차이가 있다면 문제를 구조화하는 단계에서 '이렇게 하면 해결될 것이다'라는 가설을 여러 가지 관점에서 세운다는 점이다. 가설은 경험이나 통찰력에 기초한다. 가설을 세우고 분석과 설계 단계에서 가설을 입증하는데 필요한 방법들을 수집한다. 마지막으로 수집한 방법을 적절하게 실행할 수 있는지, 실행했을 때 효과는 어느 정도일지 예측·해석한다.

문제를 분석하는 과정은 대부분 비슷하다. 다만, 해결방안을 제시하는 과정은 어디에 초점을 맞추느냐에 따라 다르다. 문제 분석 방법론 가운데 KT법은 현장에서 성과를 올린 방법론이다. 의사결정 분야에 큰 업적을 남긴 미국의 찰스 케프너와 벤자민 트리고 두 사람의 성을 따서 KT법이라고 부른다. IBM, AT&T, 삼성 등의 대기업에서 KT법으로 문제를 분석해서 성과를 올렸다. KT법은 상황분석, 문제분석, 결정분석, 잠재적 문제분석 네 단계로 나눈다.

상황분석	현재 어떤 일이 일어나고 있는가?
문제분석	심각한 문제는 무엇인가?
결정분석	어떤 조치를 취해야 하는가? 해결 방안 가운데 최적의 실행 방안은 무엇인가?
잠재적 문제분석	실행 과정 또는 실행한 후에 어떤 일이 일어날 수 있는가? 또 다른 문제에 어떻게 대응해야 하는가?

문제를 해결하는 순서에 따라 Where, Why, How에 대한 답을 찾으면 문제의 범위, 원인, 효과적인 대책이 나온다. 문제가 발생한 상황을 누락 없이, 중복 없이 분석하려면 '문제 해결의 3단계'에 따른다.[3]

① Where 어디서 문제가 발생했는가?
② Why 문제가 일어난 원인은 무엇인가?
③ How 어떻게 대처해야 하는가?

첫째, 문제가 어디서 발생했는지 생각한다. 문제가 발생한 범위를 좁혀야 그곳에 역량을 집중해서 해결할 수 있다. 문제를 막연하게 정의하면 문제가 없는 곳이 없어 보인다. 모든 게 문제로 보이면 해결책은 나오지 않는다. 문제를 정의할 때는 반드시 범위를 좁혀야 한다.

매출 하락이 문제라면, 어느 지역에 매출이 떨어지는지, 매출 하락을 주도한 타겟의 속성 심리, 소비 성향, 경쟁 상품·서비스 등까지 살펴본다. 대부분의 문제는 매우 넓은 범위에서 발생한다. 문제가 여기저기 흩어져 있어서 범위를 좁히기 어려울 때가 있다. 그러면 큰 문제에서 작은 문제로 구분하고 바로 해결할 수 있는 문제, 순서대로 해결해야 하는 문제 등으로 나눈다. 문제의 범위를 좁히면 적어도 문제 앞에서 어쩔 줄 모르는 상태로 있지는 않게 된다. 범위를 좁히면 최우선으로 해결해야 하는 문제가 드러난다.

둘째, 문제의 원인에 대해서 생각한다. 문제가 발생한 범위를 좁혔다면 이제 깊게 파고들어야 한다. 도요타에서 '왜'를 다섯 번 반복해서 문제의 원인을 찾는 것과 같다. '왜'를 다섯 번 반복하면서 깊게 파고들면 원인이 드러난다. 경험에 기초해서 "내가 해봐서 아는데"라는 말로 단정하지 말고 여러 가지 가능성을 열어두고 '왜'를 반복하면서 진짜 원인을 찾는다.

셋째, 해결책을 검토한다. "어떻게 대처해야 하는가?"의 대답은 마지막에 찾는다. 여러 가지 해결책 가운데 가장 효과가 좋고 비용이 적게 들면서 빨리 실행할 수 있는 방안을 선별한다. '어디서', '왜'라는 질문에 대답하기 전에 해결책부터 찾으면 근본적인 문제를 간과하게 된다. 하지만 실제로 문제에 직면하면 '어디서', '왜'를 건너뛰고 '어떻게'부터 생각한다. 문제를 정의하지 않은 채로 해결책부터 생각하면 돈과 시간, 인력뿐만 아니라 노력과 더 큰 문제를 막을 수 있는 기회까지 사라진다.

문제를 정의하고 해결책을 찾을 때, 경영자와 실무자는 관점이 다르다. 경영자는 숲만 보고 실무자는 나무만 본다. 문제를 파악할 때 경영자는 실무자에게 시야를 넓히라고 말한다. 하지만 실무자는 전체를 볼만큼 시야를 넓힐 수 없다. 접근할 수 있는 정보에 한계가 있기 때문이다.

"전체를 제대로 파악해야 올바른 해결책을 찾는다"라는 말은 맞다. 하지만 실제로 문제를 해결하려면 시야를 좁혀야 한다. Where, Why, How 순서로 문제를 정의하고 해결책을 찾으면 숲과 나무를 번갈아 살펴보면서 문제의 원인에 접근할 수 있다.

진짜 문제를 발견하고
해결책을 찾는다

간단한 문제는 문제 해결의 3단계$^{Where,\,Why,\,How}$를 따르지 않아도 해결책을 찾을 수 있다. 어디서, 왜 문제가 발생했는지 알 수 없는 문제도 있다. 문제가 복잡할수록 문제 해결의 3단계는 효과를 발휘한다.

   사람들은 문제가 발생하면 머릿속에 떠오른 해결책을 즉시 실행에 옮긴다. 문제가 간단하고 해결책이 틀림 없다면 즉시 실행하는 게 맞다. 하지만 문제가 복잡하면 머릿속에 떠오른 해결책이 진짜 문제에 대한 해결책이 아닌 경우가 많다. 사회에서 일어나는 문제가 대부분 이렇다. 매번 다른 해법을 내놓지만 근본적인 문제에 대한 해결책이 아닌 경우가 많다.

   아인슈타인은 1시간을 주고 세상을 구하라고 한다면 55분 동안 문제를 분석하고 나머지 5분은 해결책을 찾는 데 쓰겠다고 했다. 어떤 문제든지 해결책이라고 떠오른 것을 즉시 실행하기보다 문제를 분석하는 데 시간을 투자하면 잘못된 해결책을 실행하면서 또 다른 문제를 일으키는 상황은 막을 수 있다.

오래 전부터 문제가 계속 발생했지만 해결하지 않고 그 순간만 넘기는 식으로 일을 하는 경우가 많다. 악순환이 계속되지만 진짜 문제를 발견하고 근본적인 해결책을 찾기보다 어려운 순간만 넘기기에 급급하다.

《일 잘하는 사람들은 어떻게 문제를 해결하는가》에는 문제를 발견하는 유형을 '발생형'과 '설정형'으로 구분했다. 발생형과 설정형의 차이를 설명하기 위해서 어질러진 회의실, 정돈된 회의실을 예로 들었다.

발생형·설정형의 문제해결

어질러진 회의실	정돈된 회의실	바람직한 모습의 회의실
커피가 쏟아져 있다. 쓰레기가 그대로 있다. 탁자에 과자 부스러기가 있다. 의자가 정리되어 있지 않다. 파일박스의 내용물이 정돈되지 않았다. 서류가 펼쳐져 있다.	의자가 2개밖에 없다. 시계가 없다. 화이트보드가 없다. 전화기가 없다. 프로젝터가 없다.	인터넷에 접속할 수 있다. 노트북이 있다. 회의실 사용 시간표가 있다. 회의용 전화기가 있다. 회의에 필요한 비품(아이디어 노트, 포스트잇 등)이 있다.

출처 : 다카다 다카히사·이와사와 도모유키 지음,
《일 잘하는 사람들은 어떻게 문제를 해결하는가》, (트러스트북스, 2016)

어질러진 회의실에서 문제는 쏟아진 커피, 방치된 쓰레기, 정리되지 않은 의자·파일·서류다. 발생형의 관점에서는 어질러진 회의실을 정리하면 문제가 해결된다. 하지만 설정형의 관점에서는 다르다. 설정형은 화이트보드, 인터넷에 접속할 수 있는 노트북, 회의에 필요한 비품 등을 갖춰야 한다. 설정형은 바람직한 회의실을 추구한다.

발생형이 정돈된 상태로 되돌리는 것을 해결책으로 보는 반면, 설정형은 이상적인 상태로 만드는 것을 해결책으로 본다.

발생형 문제	누가 봐도 확실하게 알 수 있는 문제 원인 규명(Why)에 의한 재발 방지가 중요
설정형 문제	'바람직한 모습'에 비춰봐야 알 수 있는 문제 '바람직한 모습' 설정에 의한 문제 인식

기획자는 바람직한 모습을 상상하고 그 모습대로 만들기 위해서 할 일을 계획하는 사람이다. 바람직한 모습, 아직 이루어지지 않은 것을 상상하는 능력, 즉 통찰력이다. 현재 상황을 바람직한 모습으로 바꾸는 데 장애요인이 바로 '진짜 문제Real Problem'다. 진짜 문제를 찾아내는 기획자의 시각으로 보면 지금까지 불평 없이 일해 온 방식에서 문제점을 찾을 수 있다.

문제가 발생한 이후에 그것을 해결하는 방식으로 일했다면 발생하지 않은 문제, 즉 '바람직한 모습'을 상상하지 않은 것이다. 발생하지 않은 문제보다 이미 발생한 문제를 해결하기 위해서 노력했다면 그것은 진짜 문제를 발견해서 해결책을 찾았다고 보기 어렵다.

발생형 문제는 과거 시점에 이미 발생했다. 제시한 목표를 달성하지 못한 문제를 말한다. 우리가 늘 해결해야 하는 대부분의 문제^{수익, 매출, 점유율, 생산성, 품질, 비용, 일정 등}가 발생형 과제다. 설정형 문제는 과거에 경험하지 못한 문제다. 바람직한 모습을 찾아야 목표를 설정할 수 있다. 바람직한 모습과 현재 상황의 차이가 설정형 문제다. 기획하기 어렵다고 말하는 것은 거의 모두 설정형 문제^{신규사업, 새로운 시장·신제품 개발, 시스템 도입 등}다.

진짜 문제를 찾는 능력은 경험이 많고 지식이 많다고 향상되는 게 아니다. 진짜 문제를 찾으려면 현재 상황과 방식에 대해서 의문점을 갖고 새로운 시각으로 현상을 바라봐야 한다. 새로운 시각으로 현상을 바라보기는 말처럼 쉽지 않다. 어질러진 회의실을 정돈된 회의실로 만드는 데까지는 모두가 생각하지만 바람직한 회의실의 모습을 상상하지 못하는 것과 같다.

기획자에게 새로운 시각을 요구하는데, '새로운 시각'이라는 표현은 막연하다. 보스턴컨설팅그룹에는 "상대방의 신발에 자신의 발을 집어넣어라(Put yourself in his shoes)."라는 말이 있다. 상대방의 사고 유형에 맞춰서 생각하라는 의미다.

포드사에서 창의력 전문가 에드워드 드 보노 박사를 찾아가 상담한 일화에서 상대방의 입장에서 생각한다는 의미를 이해할 수 있다. 포드사는 보노 박사에게 이렇게 질문했다.

"자동차를 더 많이 팔려면 어떻게 해야 할까요?"

보노 박사는 "거꾸로 생각해보십시오"라고 대답했다.

포드사는 "고객이 자동차를 더 쾌적하게 이용하기를 원한다"라고 했다. 고객의 입장에서 고민한 포드사는 '주차할 곳이 없어서 자동차를 구입해도 불편하다'라는 결론을 내렸다. 포드사는 문제를 해결하기 위해서 주차장 사업을 시작했다. 주차장 확충 사업을 추진한 결과, 자동차 매출이 증가했다.[4]

포드사는 고객이 안락한 승차감을 원한다고 생각했지만 고객 입장에서 바람직한 모습은 주차장이었다. 고객이 생각하는 바람직한 모습이 진짜 문제다. 그것을 인식하지 못하고 자동차에 첨단 기술을 적용하고 승차감을 높인다면 진짜 문제는 해결되지 않는다.

현상을 올바른 관점에서 바라볼 때 바람직한 모습이 보인다. 해결이 필요한 문제도 설정할 수 있다. 포드사는 보노 박사와 상담하면서 고객의 입장에서 생각해서 바람직한 해결책을 찾았다.

로직트리, 프레임워크, 전략적 사고 등은 문제를 제대로 설정하기 위해서 사용하는 도구다. 문제 설정·해결 도구는 문제를 발견하는 과정에 오류가 있으면 안 되기 때문에 논리적으로 접근한다. 발생형 문제는 논리적인 사고로 접근해서 해결할 수 있다. 반면, 설정형 문제는 논리만으로 부족하다.

기획에 필요한 논리적 사고와 수평적 사고

기획 사고	논리적 사고	수평적 사고
특징	문제가 발생한 원인을 찾아서 합리적인 해결책을 찾는다. 문제가 발생하기 이전의 상황으로 돌려놓는다.	포화된 시장에서 혁신적인 발상이 필요할 때, 과거의 방식을 의심하거나 반대로 생각해서 바람직한 모습을 구체화한다.
목표	개선·효율성 증대	혁신
사고 도구	이슈 트리, MECE, 프레임워크 등	여섯 개의 모자, 스캠퍼 등

논리적인 사고로 행동·기능을 개선하는 방법을 찾을 수 있다. 하지만 잘못된 행동·기능을 바꾸는 발상은 나오지 않는다. 진짜 문제는 발견하기도, 해결책을 찾기도 어렵다. 매우 복잡한 문제를 해결하려면 논리적 사고와 창조적 사고가 모두 필요하다. 문제의 인과관계를 밝히고 결론을 이해하기 쉽게 설명할 때는 논리적 사고와 프레임워크를 이용하고 바람직한 모습, 즉 혁신적인 아이디어가 필요할 때는 수평적 사고를 적용한다.

혁신하거나
개선의 여지를 찾거나

문제를 발견하는 방식을 발생형과 설정형으로 구분했다. 설정형 문제를 해결하는 기획자가 더 창의적이고 발생형 문제를 해결하는 기획자는 왠지 한 수 아래인 것처럼 보인다. 기획자는 문제에 따라서 적합한 해결책을 찾아야 한다.

발생형 문제와 설정형 문제는 근본적으로 다르다. 아이디어 개발 단계에서 혁신적으로 해결해야 하는 문제와 개선해서 해결하는 문제를 구분한다. 아이디어 전문가는 혁신을 '점핑Jumping', 개선을 '워킹Walking'에 비유한다. 워킹은 문제를 개선하는 활동이다. 제조 과정 개선, 작업 시간 단축, 성능 향상, 만족도 향상 등 역량을 높이는 작업이다. 점핑은 새로운 제조 방식, 새로운 기술과 기능, 새로운 사업을 통해서 과거의 속성을 지우고 더 나은 속성을 부여한다.

〈하버드 비즈니스 리뷰〉는 글로벌 기업이 점핑에 투입하는 자원과 성과를 분석했다. 100대 글로벌 기업은 전체 예산의 14퍼센트를 점핑에 투입하고 그 성과는 전체 수익의 61퍼센트를 차지하는 것으로 나타났다. 점핑은 오랜 시간이 필요하고 실패할 확률이 높지만 결국 기업 성장을 이끄는 핵심 동력이다.

모든 혁신이 성공하는 것은 아니지만 도전해야 한다. 닌텐도는 과거에 게임 사업 부문에서 소니를 앞지르지 못했다. 닌텐도는 매니아를 위한 게임에서 대중적인 게임으로 전략을 바꾸고 점핑을 시도했다. 소니는 한정된 매니아를 위한 첨단 기기 개발과 게임의 퀄리티를 향상시키는 워킹에 집중했다. 결과적으로 닌텐도는 점핑에 성공해서 시가 총액에서 소니를 크게 앞질렀다.[5]

기획자는 혁신에 성공한 사례와 실패한 사례에서 모두 교훈을 얻고 워킹과 점핑을 조화롭게 이용해야 한다. MIT대학에서 연구한 결과, 기업의 규모가 커질수록 점핑의 비율은 줄었다. 점핑은 큰 성과를 기대할 수 있지만 실패 확률 또한 매우 높다. 실패 확률이 높다고 꺼릴 필요는 없다. 워킹·점핑의 특징과 성공 사례를 학습해서 열 번의 기획 가운데 아홉 번은 워킹, 성공 가능성이 매우 높다면 한 번은 점핑을 시도하는 게 바람직하다.

발생형 문제는 이미 문제가 발생한 상태이기 때문에 개선이 필요하다. 기계가 고장 나거나 납기가 3일 후인데 작업량은 7일치가 남는 등의 문제다. 몸에 열이 나는 것도 발생형 문제에 해당한다. 발생형 문제는 증상이 눈에 보이면 문제를 인식한다. 기계가 고장 났다면 고쳐야 하고 납기에 맞추기 어렵다면 인력이나 자본을 투입해서 해결책을 찾아야 한다. 몸에 열이 나면

병원에서 진료를 받으며 회복한다. 이런 발생형 문제는 프레임워크, 전략적인 사고를 적용하지 않아도 해결책이 뻔히 보인다. 발생형 문제에서는 문제를 인식하는 것보다 문제에 대응하는 방식과 실천이 더 중요하다. 한 번 이런 문제를 겪었다면 다시 일어나지 않도록 대비하는 게 발생형 문제를 해결하는 최선의 기획이다.

설정형 문제는 현재 문제라고 인식하지 않지만 스스로 바람직한 모습을 설정해서 문제를 만들고 이를 해결하는 유형이다. 성공에 대한 가능성이 높으면 혁신을 모색해야 한다. 매출이 전년 대비 소폭 상승했다면 직원들은 문제가 없다고 생각하지만 경영자는 다르다. 매출이 크게 오르기를 바라는 경영자는 소폭 상승한 매출을 문제로 여긴다. 이윤을 추구하는 기업은 대부분 현재 상황을 유지하면 위기로 간주하고 해마다 더 높은 목표를 설정한다. 여기에는 두 가지 이유가 있다. 첫째는 새로운 목표를 설정해서 더 성장하기 위해서다. 두 번째는 미래에 다가올 여러 가지 위험[경쟁사, 자연재해로 인한 사고 등]을 예상하여 미리 대책을 준비하기 위해서다. 건강한 사람이 식스팩 복근을 만들기 위해 운동하는 것도 문제를 설정해서 해결하는 유형이다.

발생형·설정형 문제 외에 유형이 하나 더 있다. 탐색형 문제다. 탐색형 문제는 발생형 문제가 일어나기 전에 문제의 소지가 되는 것을 찾아서 없애는 것이다. 잠재적인 문제를 탐색해서 해결하는 탐색형 문제는 병에 걸리기 전에 병이 생길 원인을 없애는 예방의학과 같다. 건강검진, 자동차 정기 검사가 탐색형 문제 인식에 포함된다.

능동적으로 문제를 인식하는 기획자는 적절한 시기[문제가 발생하기 전]에 문제를 탐색한다. 기업 경영자는 앞으로 발생할지도 모르는 위기를 미리 찾아내서 기획하기를 바란다. 설정형은 너무 이상적인 모습을 바라보고, 발생형은 이미 발생한 문제에 대한 해결책을 찾는데 급급하기 때문에 그 중간에 해당하는 탐색형 문제를 찾아서 해결하는 기획자가 세 가지 유형 가운데 가장 좋은 평가를 받는다.

기획자를 평가하는 척도는 해결책이 아니라 문제를 발견하는 능력이다. 문제가 발생한 후에 해결책을 찾는 기획자는 그리 좋은 평가를 받지 못한다. 설정형 문제가 아니더라도 스스로 문제를 찾아서 개선해야 좋은 평가를 받을 수 있다.

《과제설정부터 시작하라》에는 기획자의 능력을 다섯 단계로 나눴다. 첫째, '기대 이하$^{Below\ expedition}$'다. 문제를 발견하기는커녕 문제가 발생한 후에도 제대로 된 해결책을 내놓지 못하는 기획자가 이런 평가를 받는다. 둘째, '노력을 요함$^{Need\ development}$'이다. 시키는 일을 보통 수준으로 해내는 기획자가 받는 평가다. 과정이야 어떻든 일은 처리하지만 기대를 충족시키지 못한다. 셋째, '기대한 만큼^{Good}'이다. 주어진 일을 정해진 기한에 원만하게 마친 기획자다. 100점 만점에서 70~80점 정도지만 비교적 좋은 평가를 받는다. 자격증 시험에서 최고 점수를 받지 않아도 되는 이유와 같다. 넷째, '기대 이상의 성과$^{Very\ good}$'다. 훌륭한 기획자로 인정받는 수준이다. 주어진 일 외에 능동적으로 문제를 발견해서 상사, 고객을 만족시키는 기획자다. 다섯째, '기대를 크게 웃도는 성과^{Outstanding}'다. 기획력, 추진력, 상사와 고객이 요구하는 수준 이상으로 일을 해냈을 때, 감동을 주는 결과를 만들었을 때 이런 평가를 받는다.

기획자의 능력을 평가하는 다섯 단계

기대 이하의 성과 Below expedition	시키는 일도 제대로 못하는 기획자
노력을 요하는 성과 Need development	시키는 일만 해내는 기획자
기대한 만큼의 성과 Good	시키는 일을 기한에 맞춰 원만하게 마치는 기획자
기대 이상의 성과 Very good	시키는 일 외에 문제를 발견해서 해결하는 기획자
기대를 크게 웃도는 성과 Outstanding	감동을 주는 결과를 만드는 기획자

출처 : 시미즈 구미코 지음, 《과제설정부터 시작하라》, (마리북스, 2010)

 기획자는 모두 기대 이상, 기대를 크게 웃도는 성과를 내려고 한다. 하지만 획기적인 아이디어, 탁월한 결과를 만드는 건 매우 어렵다. 책과 방송에서는 혁신적인 기획으로 성공한 사례를 보여주지만 그런 기획은 수백, 수천 개의 기획 중 하나다. 획기적인 아이디어를 떠올리기도 어렵고, 설사 아이디어가 있다고 해도 기획으로 만들고 실행하는 단계까지 추진하려면 여러 가지 난관을 거쳐야 한다. 세상을 놀라게 할 아이디어가 있어도 여건이 안 돼서 실행할 수 없다면 기획은 중단된다. 지금 가지고 있는 자원으로 실행할 수 있는 기획을 만드는 능력은 획기적인 아이디어를 떠올리는 것만큼 중요하다.

대부분의 기획자는 상품이나 서비스에서 문제점을 찾아내서 개선하거나 조금 더 새로운 가치를 부여하는 방식으로 실행 가능한 기획을 한다. 바람직한 모습을 설정해도 비용, 시간, 인력 등 자원을 효과적으로 사용할 수 없다면, 상사를 설득하지 못해서 기획안을 쓰는 단계까지 가지도 못한다. 이런 경우에는 '기대한 만큼의 성과'를 목표로 기획해야 한다. 여러 가지 문제 가운데 제일 먼저 해결해야 하는 문제, 해결했을 때 만족감과 효율을 극대화할 수 있는 문제, 즉 우선순위가 높은 문제를 찾아서 해결해야 기대한 만큼의 성과를 얻을 수 있다.

창의적인 기획이 새로운 것을 만드는 데만 적용되는 것은 아니다. 업무 프로세스 개선, 고객의 요구를 반영한 상품·서비스, 비용 절감, 효율 향상 등에도 창의적인 기획이 필요하다. 탁월한 기획 하나가 모든 문제를 해결하지는 못한다. 하지만 현재 상태에서 작은 문제점을 찾아서 개선하는 아이디어를 지속적으로 기획하는 게 지금 실행할 수 있는 기획이다. 탁월한 아이디어가 있어도 그것을 실행할 수 있는 자원이 없다면 기획으로 이어지지 않는다. 상사, 구성원, 고객이 원할 때, 그리고 실행할 수 있는 자원을 갖추었을 때 비로소 기획이 나온다.

중요한 문제를 먼저 해결한다

스티븐 코비는 "소중한 것을 먼저 하라"라고 했다. 급한 일보다 중요한 일을 먼저 하라는 의미다. 기획자는 잘 보이는 곳에 아이디어와 관련된 메모와 기획서를 붙여놓고 자주 봐야 한다. 나는 현재 기획하고 있거나 실행 중인 기획서를 다이어리에 끼워 둔다. 실행 중인 기획서는 수시로 살펴보고 예정대로 진행되는지 점검한다. 계획대로 실행하는 중에도 우선순위는 바뀐다. 기획할 때는 꼭 해야 한다고 생각한 일도 시간이 지나고 실행하려는 때가 오면 우선순위가 밀리거나 하지 않아도 되는 일로 바뀌기도 한다.

중요도가 떨어지거나 실행하지 않아도 되는 일은 계획에서 지운다. 실행 계획을 세울 때는 생각하지 못했던 일을 새롭게 실행해야 할 때도 있다. 이런 일들이 많아지면 안 된다. 꼭 필요한 일은 기획서에 추가한다. 완료된 일에는 완성도와 개선해야 하는 사항을 표시한다. 때로는 예산이나 일정 때문에 기획할 때 반드시 필요하다고 생각한 일을 실행하지 못하기도 한다.

특히 예산을 고려하지 않은 기획은 실행할 수 있는 기획이 아니다. 실무에서는 아이디어보다 비용이 더 중요할 때가 많다. 회사에서 실무를 진행하는 부서에서는 예산부터 확보한다. 일을 시작하기 전에 예산을 확보하면 좋겠지만 현실적으로 실행하는 동안 몇 번에 나눠서 예산을 받는다. 만약 실행 계획에 따라 예산을 확보하지 못하거나 지출할 예산이 없다면 그 기획은 우선순위 상위의 계획이 아니다.

비용에 대한 우선순위는 상대적으로 결정된다. 그때는 제일 중요했지만 지금은 중요하지 않다고 생각하는 것도 우선순위가 상대적으로 결정되기 때문이다. 우선순위를 결정하는 기준에서 가장 비중이 큰 것은 이익과 비용, 실행 계획의 현실성이다. 비용과 이익을 계산했을 때 중요하다고 생각했던 사업도 실행 계획의 가능성을 기준으로 보면 나중에 해결해도 되는 사업으로 우선순위가 바뀐다. 혁신을 통해서 해결해야 하는 문제라고 공감해도 지금 주어진 자원으로 감당할 수 없다면 기업에서는 점진적인 개선을 통해서 해결하는 아이디어를 선택한다. 기획의 우선순위를 가늠하는 절대적인 기준은 없다. 그래서 기획자는 전략적으로 사고하고 강점을 발견해서 더 크게 발전시켜야 한다.

피터 드러커는 기획의 우선순위를 효과에 따라 결정하라고 하면서 효과를 세 가지 영역으로 구분했다. 첫째, 시간이다. 최고의 성과를 내는 시간[기한]이 정해져있다. 아이디어를 구체적인 기획으로 만들 때, 적절한 시기에 문제를 해결할 수 있는지 예상해야 한다. 시간이 지나서 기획을 실행하는 단계에 이미 문제가 걷잡을 수 없이 커졌다면 기획은 아무런 소용이 없다.

둘째, 복잡성이다. 기업에서 발생한 문제는 매우 복잡하게 얽혀있다. 문제의 특성에 따라서 각각의 부서에 미치는 영향이 다르다. 당장 해결해야 하는 문제라고 판단해서 아이디어를 냈지만 그 아이디어가 다른 부서에는 나쁜 결과를 초래할 수도 있다. 문제를 해결하기 위해서 기획할 때는 다른 부문에 영향을 주지 않는지, 영향을 준다면 상대적으로 중요도가 큰 순서, 실행 가능한 순서로 문제를 나열하고 가장 핵심적인 문제부터 해결책을 찾아서 실행한다.

셋째, 강점에 대한 탐구다. 문제는 해결했는데 강점이 오히려 약화되는 경우가 있다. 직접적으로 강점이 약해지지 않더라도 다른 부문이 상향평준화되면서 강점이 묻히기도 한다. 문제는 해결했지만 실행하는 과정에서 예상하지 못했던 또 다른 문제가 발생하는 경우가 자주 일어난다. 기획자는 아이디어를 기획으로 만드는 동안 문제를 해결한 이후에 어떤 일이 일어날지 예상해야 한다.

여러 가지 문제를 한 번에 해결하는 기획은 없다. 문제해결 방법론에서 정확한 표현과 정량적으로 문제를 정의하는 것도 가장 중요한 문제, 빨리 해결해야 하는 문제를 파악하기 위해서다. 여러 가지 문제가 있다면 반드시 우선순위에 따라 더 중요하고 시급한 문제를 가려야 한다. 우선순위는 다음 세 가지 R[Requirement, Return, Reward] 질문에 답을 하면 가려진다.[6]

- 해야 할 일[Requirement]은 무엇인가?
- 가장 큰 성과[Return]를 가져오는 일은 무엇인가?
- 가장 보상[Reward]이 큰 것은 무엇인가?

제일 먼저 문제를 해결하기 위해서 할 일이 무엇인지 질문한다. 할 수 있는 일과 할 수 없는 일이 있다. 할 수 없는 일은 제외하고 지금 할 수 있는 일에 집중한다. 강점을 발휘했을 때 생산성과 만족도가 높은 일을 찾는다. 할 수 있는 일과 잘 하는 일은 다르다. 실행한 후에 가장 큰 성과를 거둘 수 있는 일이 최우선순위다. 마지막으로 보상이 가장 큰 일을 선택한다. 문제를 해결했을 때 가장 큰 보상을 얻는 일을 우선순위 상위에 올린다.

기획자는 해결할 문제를 종이에 적은 다음 한 번에 하나씩 우선순위에 따라 해결책을 찾는다. 문제를 정의하고 유형을 파악하고 우선순위를 결정한 다음 아이디어를 내고 기획과 실행 계획을 세우는 게 올바른 순서다.

여러 단계를 거쳐서 문제를 인식해야 하냐고 반문할 수도 있다. 하지만 문제를 제대로 인식해야 올바른 해결책이 나온다. 문제를 인식하는 단계는 오랫동안 시행착오를 거치면서 만들어졌기 때문에 따르는 것이 좋다. 우선순위의 법칙에 따라서 해결할 문제를 결정하면 적은 노력으로 더 많은 성과를 낼 수 있다.

5

논리적인 기획서

논리가 훌륭한 기획을 만든다

아이디어에 논리를 더해서 기획서를 완성한다. 치밀한 논리로 기획서를 쓰면 평범한 아이디어가 좋은 기획으로 완성되기도 한다. 기획서를 쓰기 전까지는 아주 기발한 아이디어였는데, 기획서에서 '기발함'을 제대로 보여주지 못해서 아이디어가 묻히기도 한다.

기획서는 보고서, 제안서와 비교해서 쓰는 방식이 다르다. 문장을 쓰는 방법은 일반적인 문서와 같다. 하지만 문서를 통해서 아이디어를 전달해야 하기 때문에 기획자는 논리와 구성을 고민해야 한다. 보고서와 제안서는 글쓰기, 즉 문장 표현과 맥락에 중점을 두어야 한다. 기획서는 아이디어를 얼마나 논리적으로 정리해서 보여주느냐가 중요하다.

아이디어를 뒷받침하는 자료를 논리적으로 구성해야 기획서라고 할 수 있다. 기획자는 기발한 아이디어를 간결하고 논리적으로 보여주기 위해서 생각을 글로 표현하는 능력을 키워야 한다.

기획서 작성을 어렵게 생각하는 기획자는 수집한 자료를 전부 보여주려고 한다는 공통점이 있다. 자료의 양이 많으면 논리가 생긴다고 믿는다. 자료가 논리를 만든다는 생각은 환원주의에서 시작되었다. 환원주의는 1600년대 프랑스 철학자 데카르트의 과학적 패러다임에서 나왔다. 데카르트와 프란시스 베이컨, 아이작 뉴턴 등은 사람들의 의식과 믿음을 지배하는 종교적 교리에서 벗어나기 위해서 과학적 패러다임이 필요하다고 생각했다. 이들은 경험, 증거, 추론 등을 사용해서 연구 결과를 사람들에게 논리적으로 설명하기 위해 환원주의를 이용했다.

환원주의 방식의 연구자는 어떤 현상에 대한 핵심 전제[개념]를 정하고 그 현상을 관찰하며 자료를 모은다. 자료를 분석하여 전제를 증명한 다음 결과를 평가해서 지식을 완성한다. 대다수의 기획자가 과학적 패러다임, 즉 환원주의에 따라 기획한다. 환원주의가 분석적이고 논리적인 사고라고 배웠기 때문이다. 논리를 믿는 사람들은 많은 자료와 사례를 보여주면 비판 없이 받아들인다.[1]

많은 자료를 보여준다고 논리가 생기는 시대는 지났다. 문서를 한 페이지로 정리하는 시대다. 언제 어디서든 검색할 수 있고 뒷받침하는 자료는 넘쳐난다. 기획자는 여러 가지 사례를 모아서 논리를 만들기보다 꼭 필요한 자료만 보여주면 된다. 기획서를 검토하는 사람이 판단할 수 있도록 객관적인 시각으로 분석한 자료를 첨부한다.

통계가 객관적인 자료라고 믿는 일부 기획자는 다양한 기관에서 내놓은 통계에서 뽑아낸 숫자를 뒷받침 자료로 보여준다. 하지만 통계를 낸 주체에 따라 자료의 숫자는 왜곡된다. 대표적으로 왜곡되는 숫자는 합격률에 대한 통계다. 학원의 '○○대학 합격률 ○○퍼센트!'와 같은 통계는 믿을 게 못된다. 학원에서 합격할 가능성이 높은 학생만 등록을 받아서 합격률을 높일 수도 있기 때문이다. 편향되거나 왜곡된 통계는 많이 보여주더라도 기획서의 신뢰도를 높이지 않는다.

기획서를 본격적으로 쓰기 전에 방대한 양의 자료를 모으면 나중에는 필요 이상으로 많이 수집한 자료를 정리하느라 시간을 빼앗긴다. 자료를 수집하는 시간을 줄이고 기획서를 효율적으로 쓰려면 문서의 구조를 파악해야 한다. 어느 항목에 어떤 자료를 배치할지, 내용을 직관적으로 보여주려면 어떤 사례가 필요한지 등을 사전에 결정한다.

기획자는 기획서의 구조를 머릿속에 그려야 한다. 나는 기획서를 쓰기 전에 완성한 상태의 기획서를 예상한다. 자료를 수집하기 전에 기획서의 구조를 만든다. 이렇게 하면 내가 이미 알고 있는 내용은 추가로 자료를 모으지 않아도 된다. 어떤 자료가 필요한지 파악하면 자료를 수집하는 시간도 줄어든다. 머릿속에 그린 기획서의 구조에 따라서 자료를 배치하고 초안을 만든다.

자료를 수집한 다음 유사한 것, 관련이 있는 내용끼리 묶으면 몇 가지 경향이 나타난다. 각각의 자료에 이름을 붙여서 나중에 알아보기 쉽게 정리한다. 그러면 자료 사이에 공통점과 인과관계, 특징을 발견할 수 있다.

기획서를 논리적으로 만들려면 자료를 세 가지 규칙에 따라 구성하면 된다. 첫째, 대등관계다. 주장·생각을 뒷받침하는 사례와 인용 자료는 대등한 관계로 구성한다. 기획서에는 결론을 먼저 쓰고 전문가·권위자의 설명을 언급한 다음 구체적인 사례·통계를 보여준다. 기획자가 제시한 결론과 전문가·권위자의 설명, 구체적인 사례·통계는 대등한 관계다. 둘째, 대립관계다. 이런 방식으로 실행했을 때 나타나는 결과, 즉 장점을 설명한다. 여기서 실행한 후에 이득과 실행하지 않았을 때 손해를 대립관계로 보여준다. 과거와 현재를 비교해서 설명하는 것도 대립관계에 포함된다. 셋째, 인과관계다. "A^{원인}이기 때문에 B^{결과}이다."가 인과관계를 나타내는 문장이다. 기획서에는 "B^{결과}는 A^{원인} 때문에 일어났다."라고 써야 읽는 사람이 더 쉽게 이해한다.[2]

기획서의 논리를 만드는 세 가지 규칙

대등관계	구체적인 사례=전문가의 설명=인용 자료
대립관계	사례 1 ↔ 사례 1과 반대되는 사례 2 ↔ 사례 1, 2와 다른 관점의 사례
인과관계	결론 ∵ 뒷받침하는 이유, 구체적인 사례

결론을 뒷받침하는 자료를 대등·대립·인과관계에 따라 구성하면 논리가 생긴다. 자료 사이에 관계나 특징을 파악할 수 없다면 필요 없는 자료라고 판단해도 무방하다. 결론과 자료의 관계에 따라 표, 개념도 등으로 보여주면 이해하기 쉽고 나중에 발표자료를 만들 때도 재사용할 수 있다.

기획서의 구성을 머릿속에 그리면 불필요한 자료를 수집하지 않아도 된다. 아이디어가 좋다고 논리적인 기획서를 쓸 수 있는 건 아니다. 결론과 자료의 관계에 따라 보여주는 순서만 적절하게 구분해도 논리가 생긴다.

기획서에 무엇을 넣어야 할까?

보고서, 제안서는 내용이 정해져 있다. 제안서는 제안요청서에서 작성할 항목을 알려준다. 제안요청서에 나온 순서대로 정리하면 된다. 보고서도 양식과 항목이 정해져 있다. 기획서는 어떨까? '기획企劃, Planning'은 목적을 달성하기 위해서 가장 적합한 행동을 설계하는 것이다. 새로운 사업이나 상품·서비스를 만들기 위한 시작 단계다. 기획을 통해서 계획이 나온다. 기획 이전에는 단순히 아이디어만 있는 상태다.

아이디어를 구체적으로 보여주는 문서가 기획서다. 다른 문서와 비교해서 기획서를 쓰기 어려운 이유가 여기에 있다. 기획서는 아무것도 없는 백지에서 시작한다. 텅 빈 백지 상태의 도큐먼트는 기획자의 의욕마저 텅 비게 만든다.

어떤 문서든지 쓸 내용이 정해지면 시작하기가 쉽다. 커뮤니케이션 컨설팅 전문가 케빈 라이언은 《비즈니스 글쓰기 노하우》에서 형식이 정해진 '견

본문서'를 이용하라고 권한다. 견본문서를 참고하면 어떤 내용을 써야 하는지 감을 잡는다. 회사에는 이전에 썼던 여러 가지 기획서가 있다. 이것을 참고하면 형식과 내용을 머릿속에 그릴 수 있다. 문서의 형식에 따라서 필요한 자료를 모으고 형식에 맞게 구성하면 된다. 하지만 기획서는 주제와 내용이 늘 다르다. 기획자는 텅 빈 백지 상태에서 형식을 직접 만들 줄 알아야 한다.

다음 순서대로 따라하면 텅 빈 백지를 형식을 갖춘 기획서로 만들 수 있다.[3]

❶ 지난 2년 동안 작성한 기획서를 모두 모은다.

❷ 꼼꼼하게 읽는다.

❸ 주요 정보를 전달하는 문장과 단락에 '참조'라고 표시한다.

❹ 컴퓨터에서 새 도큐먼트를 열고 앞에서 '참조'라고 표시한 내용을 대표하는 키워드를 소제목으로 입력한다.

❺ 나중에 소제목을 추가하거나 바꾸기 위해서 소제목1, 소제목2…라고 입력한다. 실제로 기획서를 쓸 때 필요하지 않은 소제목은 지운다.

❻ 기획서의 틀이 어느 정도 갖춰졌다. 내용에 따라 소제목을 수정·추가하면서 문서를 정리한다.

텅 빈 백지를 기획서로 만드는 첫 단계는 기획서를 보는 사람이 알고 싶어하는 정보를 나열하는 것이다. 미국의 3대 싱크탱크 중 하나인 스탠포드 연구소에서는 문서를 작성할 때 NABC[Need-Approach-Benefit-Competition] 모델을 적용한다. 기획서를 검토하는 사람[고객, 사용자 등]이 요구하는 것은 무엇인가, 요구를 해결하기 위해서 어떤 방식으로 접근해야 하는가, 실행하면 어떤 이익을 얻는가, 다른 방식과 비교해서 어떤 장단점이 있는가 순서로 문서에 정리한다.

기획서 작성 교육에서는 대부분 문장을 쓰는 방법을 알려준다. 기획자에게 정작 필요한 스킬은 아이디어를 문서로 보여주기 위한 항목을 만드는 것이다. 기존 문서를 보고 그대로 따라하는 게 아니라 내용을 분석해서 상황에 최적화된 항목을 만들어서 고쳐 쓰는 능력을 키워야 한다.

사업·신제품·서비스 기획서 항목

- ■ 기획 배경
  - 현황 분석
  - 목표·문제점 제시
  - 해결 방안 요약
- ■ 사업·상품·서비스 전략
  - 사업의 정의
  - 사업 전략
  - 상품·서비스 개요
- ■ 시장 및 사업 구조
  - 고객·사용자 분석
  - 외부 환경·경쟁사 분석 : 경쟁 환경 / 경쟁 업체·서비스의 특징 / 포지셔닝 / 벤치마킹
  - 내부 역량 : 제품 정책 / 가격 정책 / 유통·판매 / 광고·홍보
- ■ 기술적 검토
- ■ 실행 계획
- ■ 재무·자금 계획
  - 비용 계획
  - 손익 계산
- ■ 기대효과
  - 정성적(비수치적) 효과
  - 정량적(수치적) 효과
- ■ 보충 자료

일반적인 기획서 항목은 예시일 뿐이다. 기술적 검토, 경쟁 상대 분석 등의 항목이 필요 없다면 빼도 좋다. 기획서 항목을 정형화하기는 어렵다. 기업에서 사업을 추진하는데 필요한 기획서는 수정을 거듭하면서 자연스럽게 항목이 정해진다. 상품기획서, 홍보·마케팅기획서, 행사기획서, 출판기획서, 교육기획서 등은 오래 전부터 작성해오면서 기획에 가장 적합한 형태로 항목이 만들어졌다.

정형화된 기획서 항목

	상품기획서	홍보·마케팅 기획서	행사기획서	출판기획서	교육기획서
주요 항목	개발 배경 목적 고객 요구 상품 컨셉 상품 특징 경쟁 상품 분석 판매 전략 개발 일정 유통 및 홍보 비용 기대효과	배경 목적 홍보 전략 대상/매체/기간/ 형식/내용 실행 계획 비용 매체별 홍보비 기대효과	행사 취지 행사 목적 주요 행사 내용 일시/초대손님 시상식 홍보활동 취재 요청/행사 후 PR지원 실행 계획 비용 기대효과	제목(가제) 분야 주제 기획의도 예상 독자 핵심 컨셉 경쟁 도서 차별화 요소 차례 홍보 방안 저자 소개	현황 교육 목적 교육 장소 대상 교육 내용 일정 비용 기대효과 첨부자료·세부 커리큘럼, 강사 프로필

주요 항목이 정해져있다면 그 틀에 맞춰서 내용을 정리하면 된다. 양식이 있으면 기획자는 마음이 편하다. 항목에 따라 내용만 채워 넣으면 된다. 물론, 단점도 있다. 기획자가 항목을 채우는 데 집중해서 새로운 내용이나 의외성을 빠트릴 우려가 있다. 양식이 정해진 예로 출판기획서, 교육기획서, 행사기획서 등이 있다. 이런 기획서는 매번 내용이 바뀐다. 일정, 장소, 비용은 바뀌어도 기획서에 정리하는 항목은 동일하다.

할 일 목록, 책의 차례, 기획서의 항목 등은 같은 역할을 한다. 머릿속에 기발한 아이이디어가 많아도 글로 정리하지 않으면 막연하고 모호하다. 아이디어를 기획서로 변환하는 과정이 바로 '구성^{composition}'이다. 종이에 적든, 컴퓨터에서 새 문서를 만들든 머릿속의 생각을 구체적으로 표현하는 구성 단계를 거쳐야 한다.

나는 아이디어가 떠오를 때마다 다이어리에 적는다. 아이디어가 갑자기 떠오르기 때문에 노트북 옆에 다이어리를 펼쳐 놓는다. 메모지나 포스트잇에 쓰지 않고 다이어리를 쓰는 이유는 한 권으로 묶여있기 때문이다. 본격적으로 기획서를 쓸 때는 다이어리 여기저기에 적힌 메모를 훑어보면서 기획에 필요한 내용을 찾아낸다. 기획서 항목마다 어떤 내용을 넣을지 구상한다. 추가로 수집해야 하는 자료를 목록으로 만든다. 그런 다음 기획서 초안에 필요한 항목을 나열하고 자료를 보여주는 순서를 정한다.

핵심 내용	항목
기획 의도	기획의 목적, 배경(필요성), 시장성, 대상 등
기획 상세 설명	기획의도와 특징, 구성, 포지셔닝, 체계, 가치 등 구체적인 설명
실행 계획	실행 단계, 절차, 개발과 유통 방안, 홍보 방법
예산	실행하는 데 필요한 비용, 예상 수익, 손익분기 등
기대효과	기획을 실시해서 얻는 효과, 이익, 이미지 제고 등
사후 방안	실행 후 활용 방안, 후속 기획 등

상품·홍보·이벤트·조사 등 여러 가지 기획서를 써보면 항목을 만드는 건 어렵지 않다. 기획서 항목을 만드는데 정해진 기준은 없다. 아이디어를 설명하기 위한 핵심 내용만 있으면 된다. 기획서마다 주요 항목이 다르지만 기능은 같다. 기획서를 여러 번 써보면 공통된 형태를 찾을 수 있다.

항목이 정해지면 각각의 항목을 채우고 차례를 만든다. 차례만 보면 내용을 짐작할 수 있게 표현한다. 예를 들면, '교육 목표'는 항목을 나타내는 기능만 한다. '중간 관리자를 위한 커뮤니케이션 강화 교육'으로 고치면 대상·내용·항목을 한번에 전달한다. 기획서 차례에서 목표, 배경, 전략, 제품 컨셉, 개발 일정 등은 항목이다. 기획서를 읽고 싶게 만드는 것이 차례의 역할이다. 차례가 독창적일 필요는 없다. 직설적으로 표현해서 내용을 즉시 알 수 있게 전달하고 흥미를 일으키도록 쓰면 된다.

자료가 논리를 만든다

 기획자는 기획한 대로 실행했을 때 어떤 결과가 나올지 고민한다. 기획할 때 시장을 분석하고 대상이 원하는 것을 조사하는 이유도 실행한 후에 반응을 예측하기 위해서다. 논리적이고 예측 가능한 기획서를 쓰기 위해서 자료를 수집한다.

 자료는 1차 자료와 2차 자료로 구분한다. 1차 자료는 기획서를 쓰기 위한 자료다. 타겟 고객과 잠재 고객, 내부 직원, 관련 기관과 기업, 전문가, 컨설턴트, 연구소 등을 통해서 얻는다. 유사한 상품 또는 서비스를 사용한 고객에게 직접 물어보면 1차 자료를 구할 수 있다.

 기획에 필요한 1차 자료를 수집하는 방법은 다양하다. 책과 잡지, 연구소 보고서에서 다른 사람이 만들어 놓은 자료를 찾을 수 있다. 다른 부서 동료와 거래처 직원과 커피를 마시는 동안에도 자료를 수집할 수 있다. 편안한 분위기에서 나누는 대화 속에서 다양한 자료가 나온다.

상당히 많은 기획이 "○○에게 들었는데…"에서 시작된다. 고객이 불만 사항을 올리는 게시판은 진정성 있는 자료의 보고다. 경쟁사 홈페이지의 자유게시판도 정기적으로 방문하면 고객의 진솔한 이야기를 접할 수 있다. 고객에게 직접 물어보는 방법으로 설문조사가 일반적이다. 고객 이메일 주소가 있다면, 서베이 몽키, 두잇 서베이 등 인터넷 설문 조사 서비스를 이용할 수 있다. 인터넷 설문조사 서비스는 통계 자료를 자동으로 만들어준다. 이런 서비스를 이용하면 적은 비용으로도 설문조사가 가능하다.

고객에게 직접 물어보는 게 가장 확실하다고 믿는 기획자가 있다. 하지만 실제로 상품을 출시한 다음 설문조사와 완전히 다른 결과가 나타나는 사례가 종종 있다. 대표적으로 야채과일 전용 세제와 쌀음료가 그랬다.

야채과일 전용 세제는 상품 개발 단계에서 고객 설문 결과 89퍼센트가 긍정적인 반응을 보였고 85퍼센트가 구입하겠다는 의사를 밝혔다. 실제로 상품을 출시한 후에 판매량은 기대에 미치지 못했다. 반대의 결과도 있다. 쌀음료는 신제품 컨셉 테스트에서 매우 부정적이었지만 제품 출시 후 시음 행사를 통해서 긍정적인 결과를 얻었다. 나중에 쌀음료는 히트 상품이 되었다. 이런 사례가 보여주는 것처럼 기획자는 고객을 대상으로 한 설문조사 결과를 참고만 하고 지나치게 의존하면 안 된다.[4]

2차 자료는 인구 통계, 경제 지표, 연구소, 관련 기관에서 제공하는 통계 등이다. 1차 자료는 기획과 직접 연관이 있다. 하지만 기획자의 관점에서 수집한 자료에는 기획자의 성향이 묻어 있다. 그래서 객관적이지 않다. 2차 자료는 1차 자료와 비교해서 객관적이다. 2차 자료를 통해서 대상 고객의 인구 분포와 관심사, 구매 패턴 등을 파악할 수 있다.

가치 있는 정보는 2차 자료를 분석해서 얻는다. 인구 통계, 사회과학 연구 자료, 미디어 조사 자료, 여론 조사, 산업 분야별 매출액 등의 2차 자료는 기획 내용과 딱 맞아떨어지지 않아도 자료로써 가치는 충분하다. 기획서에서 가장 먼저 나오는 자료가 인구 통계다. 지역별, 연령별 숫자와 남녀 성비 등의 자료는 통계청을 비롯한 정부 기관에서 제공한다. 지자체마다 인구와 관련된 산업, 문화, 교육 분야의 통계를 공개한다. 서울시 '통계로 보는 서울stat.seoul.go.kr', 경기도 '경기통계stat.gg.go.kr', 충청북도 '충청북도 통계정보시스템stat.cb21.net' 등 지역별로 제공하는 통계는 인터넷으로 쉽게 구할 수 있다. 전국을 대상으로 시장조사를 한다면 지역별 통계 자료를 분석해서 특성을 파악한다. 정부와 공인된 기관에서 제공하는 인구 통계, 소비자 구매 습관, 경제 지표, 트렌드 등은 기간별로 폴더를 만들어서 저장해두면 고객과 관련된 아이디어를 얻을 수 있다.

사회과학 연구 자료도 기획자에게 유용하다. 기업과 연구소에서는 생활, 건강, 의료, 음식 등을 다양한 시각에서 연구하고 보고서를 공개한다. 이런 자료를 분석해서 세대별 특징과 생활습관, 사고방식 등을 파악한다. 사회과학 연구 자료는 출처, 조사기관과 연구 목적을 반드시 확인한다. 목적에 부합하는 결론을 이끌어내기 위해서 고의적으로 일부 자료목적에 반대되는 내용를 제외하는 경우도 있다.

수집한 자료는 신뢰할만한 내용인지 반드시 확인한다. 신뢰성을 확인하는 방법은 간단하다. 자료를 모은 다음 '상식적'으로 생각하면 된다. 결과가 너무 이상적이거나 출처가 특정 기관에 몰려 있다면 편향되었을 수도 있다. 기획 내용에 딱 맞는 자료를 찾았다고 무작정 인용하면 기획서 전체의 신뢰도가 떨어진다. 특정 데이터가 기획 내용과 밀접한 관련이 있다면, 이와 반대되는 자료를 찾아서 객관성을 검증한 다음 기획서에 넣는다.

기획서를 검토하는 사람은 숫자_{통계, 점유율, 예상 이익 등}로 정리한 자료를 정확하다고 믿는다. 나도 숫자를 더 믿는다. 숫자로 보여주는 자료를 정량적 자료라고 하며 '얼마나 많이'에 대한 답을 제시한다. 인지도, 시장점유율, 매출 등은 정량적 자료로 나타낸다.

'무엇을, 왜, 어떻게'에 대한 답은 정성적 자료로 보여준다. 시장 조사의 개척자로 불리는 해리 헨리는 《Motivation Research》에서 정성적 자료를 '비키니'에 비유했다. 기본적인 사실만 가지고 시장 상황을 제대로 설명하거나 정보를 얻는 것이 충분하지 않기 때문이다. 다양한 통계 덕분에 시장과 트렌드에 관한 기본적인 정보는 넘쳐난다. 하지만 기획에 도움이 되는 자료를 얻기에는 부족하다. 각종 통계를 수집하고 분석해도 아이디어를 뒷받침하는 정보를 찾지 못하는 이유는 통계가 비키니와 같기 때문이다. 흥미롭고 유용한 부분을 많이 드러내지만 가장 중요한 부분은 보통 감추어져 있다. 그래서 기획자는 깊게 생각해서 자료 사이에 연관성을 찾아야 한다.'

정성적 조사는 '무엇을, 왜, 어떻게'라는 질문에는 답하지만 '얼마나'에는 답하지 못한다. 반대로 정량적 조사는 '얼마나'라는 질문에는 답하지만 '무엇을, 왜, 어떻게'라는 질문에는 제대로 답하지 못한다. 기획자는 정량적 자료 외에 고객의 불만, 요구사항도 자료로 만들어야 한다.

정성적 자료를 고객 몇 사람의 의견으로 폄하하면 안 된다. 설문조사에서 고객은 자존심이 상하는 항목은 솔직하게 응답하지 않는다. 숫자로 보여주는 자료와 과학적인 연구보다 고객의 마음을 진실하게 보여주는 것은 정성적 자료다. '20대, 대졸, 성인, 혼자 사는 직장인'의 통계 자료가 그 집단의 의식구조를 모두 보여준다고 볼 수는 없다.

고객 집단의 생각, 라이프스타일, 도덕성, 행동양식 등을 종합적으로 이해하려면 통계를 해석하는 능력이 필요하다. 기획자는 정량적 자료, 정성적 자료 외에 고객의 마음까지 읽어야 완성도 높은 기획서를 쓸 수 있다.

기획자의 자료 검색법

회의에서 좋은 아이디어를 자주 내놓는 기획자가 있다. 아이디어가 많은 기획자는 자료를 모으고 분석하는 습관이 있다. 정보가 없으면 기획도 없다.

나는 콘텐츠기획서, 교육기획서, 홍보기획서 등을 쓰면서 일상적으로 모으는 자료가 얼마나 중요한지 실감했다. 신문, 잡지, 책, TV, 인터넷 등 매체를 가리지 않고 정보를 수집한다. 좋은 정보라고 생각되면 메모하고 하드카피 또는 파일로 보관한다. 정보로서 가치가 있다고 판단하면 메모를 하거나 사진을 찍어둔다. 인터넷에서 찾은 자료는 SNS 공유 기능을 이용해서 저장한다. 수집한 자료는 주제에 따라 분류한다. 기획서에 쓸 수 있는 자료와 참고 자료로 나눈다. 기획자에게 자료를 모으는 일은 과제가 아니라 일상이다. 훌륭한 요리사도 좋은 식재료가 있어야 일품요리를 만들 듯이 기획자도 신선한 자료가 많아야 좋은 기획을 할 수 있다.

기획에 필요한 자료는 육하원칙에 따라 논리적으로 수집한다. 자료는 프레임워크에 따라 방향을 정한 다음 수집한다. 육하원칙을 이용하면 한 분야에 편중해서 자료를 수집하는 오류도 막을 수 있다.[6]

육하원칙에 따른 자료 수집

Why : 왜 자료를 수집하는가?
What : 어떤 자료가 필요한가?
Who : 누가 자료를 수집할 것인가?
Where : 어디서 자료를 수집할 것인가?
When : 언제 자료를 수집할 것인가?
How : 어떻게 자료를 수집할 것인가?

출처 : 조철선 지음, 《T자형 인재》, (아인북스, 2007)

자료를 수집할 때 알아두어야 할 내용은 다음과 같다. 첫째, 기획자는 자료를 수집하는 이유와 목표를 확실히 알아야 한다. 자료는 무조건 많을수록 좋다는 생각은 금물이다. 자료를 수집할 때는 반드시 어디에, 어떻게 사용할지 생각해야 한다. 무작정 자료를 모으면, 필요한 정보를 찾는데 많은 시간을 낭비할 수도 있다. 일상적으로 자료를 모으고 분류하는 이유는 기획서를 쓸 때, 자료를 정리하는 시간을 줄이기 위해서다.

둘째, 필요한 자료가 무엇인지 확실히 알아야 한다. 기획서 내용에 부합하는 자료가 없으면 신문에 실린 전문가 의견, 연구소에서 펴낸 보고서의 예측을 인용해서 근거 자료로 보여줄 때가 있다. 해당 분야의 권위자가 예측한 내용이라도 정량적 자료가 없다면, 의견일 뿐이다. 기획자가 정확한 예측을 하기는 어렵지만 근거 자료와 함께 예상치를 숫자로 나타내야 기획서의 신뢰도가 높아진다.

대략적인 기술	정량적 자료에 기초한 기술
• 높은 성장률이 예상된다. • 고객 불만이 많다. • 경쟁 기업이 등장할 것이다.	• ○○업계 성장률 예상치(○○○ 보고서, ○○○○년 기준)에 따라 전년 대비 25.3퍼센트 성장 예상 • 환불 요구 고객 전년 대비 21퍼센트 증가, 1사분기 접수된 고객 불만 사항도 53건으로 전년 대비 42퍼센트 증가 • 동종 분야 ○○○, □□□, △△ 세 곳에서 하반기 출시를 목표로 상품 개발 중

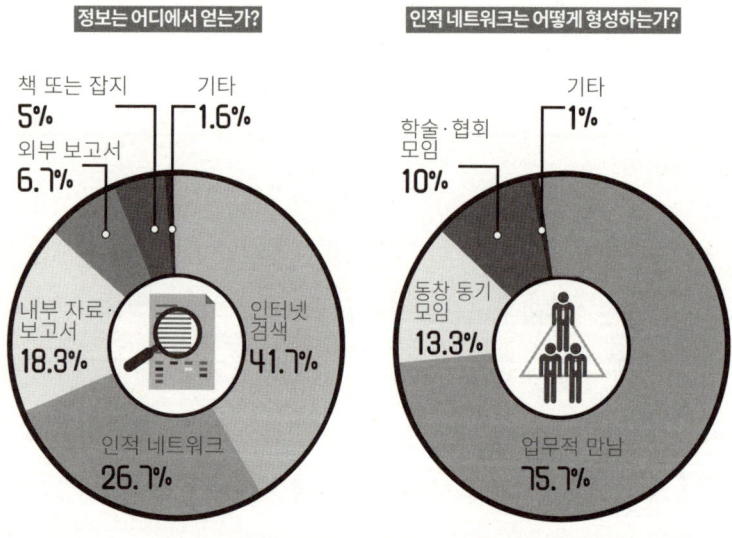

출처: 기획이노베이터그룹 지음, 《한국의 기획자들》, (토네이도 2007)

셋째, 자료를 수집하는 사람이 반드시 기획자일 필요는 없다. 대부분 담당 기획자 혼자서 자료를 수집한다. 하지만 깊이 있는 자료에 접근할 수 있는 사람이 있다면 부탁하는 편이 낫다. 《한국의 기획자들》에서 기획자들이 정보를 얻는 방법을 소개했다. 탁월한 성과를 낸 기획자들이 정보를 얻는 곳은 인터넷 검색, 인적 네트워크, 내부 자료 및 보고서, 외부 보고서, 책 또는 잡지, 기타 순으로 나타났다. 이들에게는 평균 27.4명의 정보원이 있었다. 정보원이 100명 이상이라는 기획자도 8.6퍼센트나 됐다. 학연·혈연·지연 등의 인적 네트워크를 형성하고 있는 사람은 거의 없었다는 점이 흥미롭다. 75퍼센트의 기획자는 '업무적인 만남'을 통해서 인적 네트워크를 만들었다.'

경영자와 일부 관리자만 볼 수 있는 회계 자료, 정회원만 열람이 가능한 커뮤니티 게시물은 인터넷에서 검색되지 않는다. 기획자는 접근할 수 없지만 해당 자료를 열람할 수 있는 사람을 알고 있다면, 그 사람에게 부탁해서 공개 가능한 자료를 얻을 수 있다. 대부분 기획자들은 인터넷 검색, 연구소·기관 보고서 외에 인적 네트워크를 통해서 자료를 구한다. 기획지 커뮤니티에는 가끔 "○○○에 대해서 잘 아는 분 연락주세요."라는 제목의 글이 올라온다. 인터넷에서 찾을 수 없는 정보를 아는 사람을 통해서 얻을 때가 많다.

넷째, 어디서 자료를 수집할지 생각한다. 기획자마다 검색하는 방법, 자료를 수집하는 곳이 다르다. 유용한 정보는 키워드를 몇 개 입력해서 나오지 않는다. 기업 내부 자료를 구할 수는 없어도 금융감독원 DART$^{dart.fss.or.kr}$에서 공시자료를 열람할 수 있다. 정부와 공공기관에 관한 자료는 정보공개 www.open.go.kr에서 찾을 수 있다. 필요하다면 공식적인 절차를 거쳐서 해당 기관에 자료를 요청한다. 인터넷 검색 결과에 없다고 포기하지 말자. 필요한 자료는 노력하면 구할 수 있다.

다섯째, 정보를 수집하는 시기도 중요하다. 2차 자료인 인구통계, 산업통계 등은 월별로 폴더를 만들어서 저장해두고 변하는 추세를 정리해두어야 한다. 나는 월별로 폴더를 만들고 통계와 보고서를 제공하는 사이트를 정기적으로 방문해서 필요한 자료를 다운받는다. 해가 바뀌면 연도별로 폴더를 만들어서 지난해 월별로 만든 12개 폴더를 옮긴다. 주기적으로 업데이트되는 자료를 이렇게 정리하면 기획서를 쓸 때마다 매번 통계 자료를 다운받지 않아도 된다.

여섯째, 정보를 수집하는 방법도 고민해야 한다. 인터넷 검색으로 얻을 수 있는 정보는 제한적이다. 전문가에게 조언을 구하고 강연회에 참석하는 등 정보를 찾아서 부지런히 움직이면 좋은 정보를 얻는다. 유용한 정보는 사람에게 나온다.

기획자는 의미 있는 자료를 찾기 위해서 고민하고 노력해야 한다. 인터넷에서 찾든 정보원에게 구하든 돈을 주고 구입하든 합법적으로 기획에 필요한 자료를 찾아야 한다. 단순한 사실을 보여주는 자료도 분석해서 정보를 만들 수 있다. 그러려면 통찰력이 필요하다. 자료에서 정보를 찾아내는 통찰력은 어느날 갑자기 생기지 않는다. 초보 기획자가 깊은 수준의 통찰력을 얻을 수는 없다. 트렌드와 통계, 사람의 심리, 끝까지 파고드는 집중력이 있어야 유용한 정보를 찾을 수 있다.

분석한 정보만 기획서에 쓴다

기획서를 쓰는 방식은 기획자마다, 주제마다 다르다. 기획서를 쓰는 방법을 설명하는 교육과 책에서 '이렇게 될 것이다'라는 가설을 세우고 기획해야 한다고 가르친다. 가설을 세우기 전에 선행해야 하는 일이 있다. 우선 자료조사와 분석을 해야 한다. 자료조사와 분석을 거치지 않고 가설부터 세우고 기획서를 쓰면 어떤 일이 벌어질까?

 기획은 생각하는 일이다. 기획자는 다양한 자료를 찾고 분석하면서 정보를 얻는다. 파편적인 정보가 연결되어 지식이 되고 이를 바탕으로 기획의 골격을 만든다. 자료를 조사하지 않으면 생각을 촘촘히 할 수 없다. 깊은 생각은 정보의 양, 여러 사람의 견해, 생각한 시간에 비례해서 나온다. 다양한 관점으로 정보를 비교하고 분석해야 보다 나은 결론을 얻을 수 있다. 문제는 세상의 모든 정보를 모을 수 없다는 데 있다.

 장님과 코끼리 우화는 부족한 정보가 얼마나 심각한 오류를 야기하는지 잘 보여준다. 왕이 나라의 장님을 모두 궁으로 불러들여서 코끼리를 만져보고 묘사해보라고 하자 코끼리 머리를 만진 장님은 커다란 솥처럼 생겼다고 했고 꼬리를 만진 장님은 밧줄처럼 생겼다고 했다. 귀를 만진 장님은 부채, 몸통을 만진 장님은 벽, 다리를 만진 장님은 기둥처럼 생겼다고 했다. 장님들은 서로 자기 대답은 맞고 다른 사람 대답이 틀리다며 싸움을 벌였다. 코끼리를 보지 못하는 장님은 자기가 만져본 부분을 코끼리의 전부라고 생각해서 이런 일이 벌어졌다. 아마도 서로 의견을 공유하고 최대한 많은 정보를 모았다면 실제 코끼리의 모습에 근접하게 유추할 수도 있었을 것이다.

모든 자료를 수집할 수는 없어도 유효한 자료가 있어야 옳은 판단을 할 수 있다. 기획자는 자기 생각에 확신을 가져야 하고 동시에 자기 생각이 틀릴 수도 있다는 전제를 해야 한다. 그래야 다양한 시각에서 자료를 수집하고 분석할 수 있다. 기획에 필요한 자료는 검색어 몇 개를 넣어서 찾은 단편적인 자료가 아니라 기획서의 사실, 의견, 주장을 뒷받침하는 '정보'다. 자료를 정보로 만들려면 반드시 기획자의 분석과 해석을 거쳐야 한다.

자료를 수집·분석하지 않은 채로 가설부터 세우면 주관에 의존한 기획이 나온다. 자기가 세운 가설이 완벽하다고 믿는 기획자가 많다. 자기 생각이 틀릴 수도 있다는 사실을 간과하면 가설을 뒷받침하는 자료만 수집해서 편향된 기획이 나온다. 기획 초기에는 주제와 관련된 자료를 폭넓게 조사해야 한다. 자료를 조사할 때는 주관, 즉 개인적인 생각을 배제한다. 수집한 자료를 읽고 분석하면서 생각하지 못했던 아이디어를 얻기도 한다. 자료를 분석하면서 통찰력도 키울 수 있다. 통찰력은 동물적인 감각처럼 타고난 능력이 아니다. 객관적인 자료와 분석을 바탕으로 통찰력이 나온다. 자료를 수집하면서 처음에 구상했던 방향과 기획이 바뀌기도 한다. 지식이 쌓이면서 통찰력이 생겨서 그렇다. 통찰력이 생기기 전에는 보이지 않았던 것들이 자료를 분석하는 동안 보인다.

역량이 부족한 기획자는 자료가 부족하다는 말을 입에 달고 산다. 기초 자료는 차고 넘친다. 기초 자료는 많은데 기획에 딱 맞는 자료는 없다. 수집한 자료를 분석해서 주장을 뒷받침하는 자료를 만드는 것이 기획자의 역할이다. 기획에 맞는 자료는 찾는 게 아니라 만드는 것이다. 수집하는 자료는 대부분 비슷하다. 인맥을 활용해서 조금 더 고급 정보를 얻을 수는 있지만 고급 정보가 한두 가지 더 있다고 해서 좋은 기획이 나오지는 않는다. 기획자가 자료를 제대로 분석했을 때 훌륭한 기획이 나온다.

분석은 특정 사물 또는 정보를 작은 단위로 쪼개서 생각하는 것이다. 복잡한 문제도 작은 단위로 나누면 간단해진다. 단, 분석에는 전제 조건이 있다. 기획과 연관이 있는 자료를 수집했을 경우에만 올바른 분석이 나온다. 인터넷과 인맥을 동원해서 수집한 자료에서 핵심을 도출해야 좋은 기획이 나온다. 분석력이 뛰어난 기획자는 수북이 쌓인 자료 사이에 보이지 않는 연관성을 발견한다. 자료 사이의 연관성은 자료를 쪼개지 않으면 발견할 수 없다. 누구에게나 공개된 통계[2차 자료]는 유용한 정보를 겉으로 드러내지 않는다. 정보 사이에서 연관성을 발견하고 기획에 사용할 수 있게 가공하려면 분석력을 키워야 한다.

겁낼 필요는 없다. 분석력이 특별한 능력은 아니다. 다양한 정보로부터 핵심을 추출해서 기획에 적용하는 것이 관건이다. 짧은 시간에 유용한 정보를 얻을 수 있다면 금상첨화다. 분석을 쉽게 설명하면, 네비게이션에서 빠른 길을 알려주는 것과 같다. 네비게이션은 목적지까지 가는 경로를 작은 단위로 쪼갠 다음 현재 교통량을 분석해서 이동 경로가 짧으면서 상대적으로 혼잡하지 않은 경로로 재구성한다.

《누가 고양이 목에 방울을 달았을까?》에는 시계를 분해하는 과정에 비유해서 분석을 3단계로 구분했다. 시계를 분해하는 것을 '나누기', 톱니바퀴의 역할을 살펴보는 것을 '읽기', 다시 조립하는 단계를 '기획 및 실행'에 비유했다. 분석은 단순히 나누는 행위가 아니라 나눠서 읽고 이해한 내용을 바탕으로 기획·실행하는 행위다. 3단계 가운데 하나라도 제외한다면 분석했다고 할 수 없다.[8]

분석의 3단계

❶ 나누기	수집한 자료를 차원 분류법을 이용해서 조각으로 나눈다.		MECE
❷ 읽기	자료에서 정보를 읽어낸다. 분류한 자료 사이에 어떤 관계가 있는지 살펴보고 관련 있는 자료를 묶어서 정보로 만든다.		핵심 도출
❸ 기획 및 실행	정보의 조각 사이에 역학 관계를 기획에 적용하고 실행 계획을 세운다.		구체적인 목표, 실행 가능한 계획

분석의 3단계는 자료에서 정보를 뽑아내고 그 정보를 기획에 이용하는 기본 틀이다. 3단계를 거쳐서 하나의 정답만 나오는 것은 아니다. 기획은

생각하는 과정이므로 여러 가지 해답이 나올 수 있다. 자료와 사례를 분석했다면 성공과 실패의 원인을 찾았을 것이다. 타산지석의 효과를 얻은 후에 가설을 세운다. 몇 가지 가설을 만들어서 가장 효과적인 답을 찾아내고 실행 계획을 세우면 기획이 완성된다.

기획자에게 가치 있는 정보

가치 있는 정보를 가려내는 일은 기획자의 주요 업무다. 주식시장에서 가치 있는 정보는 극소수만 알고 있다. 정보를 아는 사람이 많을수록 정보의 가치는 떨어진다. 신문, TV, 인터넷 등에 공식적으로 발표된 뉴스는 주식시장에서 정보로써 가치가 없다. 매체에 보도되기 전까지 가치 있는 정보라고 할 수 있다.

기획자의 관점에서는 많은 사람이 알고 있다고 해서 모두 가치가 없는 정보는 아니다. 또 아주 소수만 아는 정보가 모두 가치 있는 정보도 아니다. 누구나 알고 있는 정보에서 핵심을 찾아내서 사람들이 거부감 없이 받아들이는 기획을 할 수도 있다. 반면, 소수만 알고 있는 정보는 많은 사람들의 이해 부족으로 기획으로 연결하지 못할 수도 있다.

기획자는 자료를 얻는 채널을 확보해야 한다. 인터넷에서 검색하기 전에 그 분야의 전문가에게 주관적인 의견을 듣는다. 전문가, 직장 상사와 동료,

기획의 대상(고객, 클라이언트 등)에게 정보를 입수한 다음 내부 자료와 세미나·설문조사 등 취재 활동을 통해서 객관적인 자료·정보를 수집한다. 자료의 신뢰성을 검증하기 위해서 공인된 연구기관의 보고서, 책과 논문, 잡지 등의 활자화된 자료를 참조한다. 보고서, 책, 잡지는 제작하는 과정에서 내용을 여러 차례 검증한다. 때문에 신뢰도가 높다. 사람을 통해서 얻은 주관적인 정보, 취재해서 얻은 정보를 활자화된 정보와 함께 검토한다. 이런 과정을 거친 다음 인터넷에서 정보를 찾으면 적어도 왜곡된 자료를 바탕으로 기획서를 쓰는 일은 없다.

기획자가 정보를 얻는 순서와 채널

정보를 얻는 순서	❶ 사람 (주관적 정보)	❷ 취재 (객관적 정보)	❸ 활자 매체 (검증된 정보)	❹ 인터넷 (최적화된 정보)
정보를 얻는 채널	인맥 전문가 직장 상사와 동료 기획의 대상	내부자료 세미나 설문조사 인터뷰	보고서·통계 책과 논문 잡지 신문	인터넷·인트라넷 내부자료 디지털 자료

　기획자에게 정보는 항상 수집하고 관리해야 하는 자원이다. 과거에 기업의 자원은 3M(Man, Machine, Money)이었지만 정보사회에서는 4M(Man, Machine, Money, MIS)으로 바뀌었다. 단, 정확하고 신뢰할 수 있는 정보일 때만 자원으로써 유용하다.[9]
　노련한 기획자는 정보의 보고가 인터넷이 아니라 사람이라는 것을 알고 있다. 아이디어가 떠오르면 우선 사람들에게 물어보면서 정보를 수집한다. 진짜 정보는 사람에게 나온다. 주식시장처럼 가치 있는 정보는 소수만 갖고 있다. 기획자는 정보가 가진 다섯 가지 특징, 정확성, 관련성, 적시성, 검증

가능성, 접근가능성을 확인하고 여기에 기초해서 기획에 필요한 자료를 수집해야 한다.

첫째, 정확성은 오류가 없음을 뜻한다. 기획자가 수집한 모든 정보에 대해서 오류를 검증하기란 불가능하다. 의사결정과 밀접하게 관련이 있는 자료는 출처를 반드시 확인하고 다른 시각에서 분석한 자료도 검토한다.

둘째, 관련성이다. 기획하는 목적에 맞게 사용할 수 있어야 관련성이 있는 정보다. 같은 정보라도 사용하는 목적에 따라 관련성의 정도는 다르다.

셋째, 적시성은 시간에 따라 가치가 달라진다는 의미다. 최신 정보에 기초해서 기획서를 써야 한다. 현재 트렌드를 반영한 기획에서는 최신 정보와 과거 정보를 모두 수집한다. 장기적으로 수요가 변동하는 추이를 보여주려면 과거의 정보를 순서대로 보여줘야 한다.

넷째, 검증가능성은 정보의 정확성을 확인하는 것이다. 뉴스에 보도됐다고 모두 사실은 아니다. 가짜 뉴스가 순식간에 복제되어 퍼지면 사람들은 사실로 받아들인다. 기획자는 자료를 수집한 후에 정확하다고 판명된 정보와 비교해서 진위 여부를 확인한다.

다섯째, 접근가능성은 필요할 때 찾아볼 수 있는지 여부를 의미한다. 연구소 보고서와 통계는 언제든지 접근할 수 있다. 인맥을 동원해서 찾아낸 기업의 내부 자료는 다시 확인할 필요가 있을 때 접근하지 못할 수도 있다. 자료를 나중에 다시 확인하기 위해 저장하는 습관을 들여야 한다.

기획자는 정보를 어디에 어떻게 효과적으로 사용할지 염두에 두고, 자료를 수집하고 체계적으로 분류해서 관리해야 정보의 가치를 높일 수 있다.

6

기획서 초안 만들기

기획서 초안의 항목

기획서는 기획 목적^{추진 배경}, 현황 분석, 기획 내용, 실행 계획, 기대효과 다섯 가지 항목^{item}으로 구성한다. 초안에는 다섯 가지 항목에 필요한 내용을 대략적으로 기술하되 빠트리는 항목은 없어야 한다.

아이디어를 기획서로 정리하는 일은 익숙해지기 전까지는 누구에게나 어렵다. 생각이 많으면 어디서부터 정리해야 할 지 고민이고, 생각이 없으면 문서에 쓸 내용이 없어서 못쓴다. 걱정할 필요는 없다. 초안은 원래 두서 없이 허술하게 쓰는 것이다. 헤밍웨이는 "모든 초고는 쓰레기다. 무얼 쓰든 초고는 일고의 가치도 없다."라고 했다. 초안도 마찬가지다. 초안에는 꼭 들어가야 하는 항목만 빠트리지 않으면 된다.

기획서에 들어가는 일반적인 내용은 정해져 있다. 기획서를 쓸 때 반드시 고려해야 하는 요소를 '기획의 3P'라고 한다. 기획의 3P는 기획서를 보는 사람^{People}, 현재 상황^{Present}, 제안^{Proposal}이다.

문제를 해결하는 기획서에는 현재 상태에 문제Problem를 넣는다. 현재 발생한 문제를 뜻하기 때문에 현재 상황과 문제를 같은 의미로 쓴다.

기획의 3P

People	기획서를 보는 사람
Present·Problem	현재 상황·문제
Proposal	기획·제안 내용

기획서 초안을 쓸 때, 기획의 3P를 적어두면 시작은 그리 어렵지 않다. 기획서를 쓰기 전에 아이디어 발상과 수렴, 기획의 5단계를 거쳤기 때문에 문제 설정부터 문제 해결 방안은 이미 나온 상태다.[1]

초안에는 항목만 모두 넣으면 된다. 항목을 빠트리지 않으면 처음부터 다시 쓰는 일은 없을 것이다. 내용이 미흡하면 보완하면 된다. 반드시 넣어야 하는 항목이 빠지면 파격적이거나 기본이 안 됐다는 평가를 받는다.

기획의 5단계

문제 설정		문제에 대한 확실한 규정 문제의 명확화, 구체화
문제 파악	문제 발견 무엇이 문제인가?	연관 관계 확인과 사실에 대한 분석, 핵심 문제 추출
목표 설정		목표와 평가 기준 설정, 아이디어 구체화
문제 해결	아이디어 발견 어떻게 문제를 해결할 것인가?	해결책 개발 및 대안 수립
종합 평가		대안의 평가 및 선택

기획의 5단계, 기획의 3P는 대부분의 기획자가 알고 있다. 하지만 기획서를 쓸 때 기획의 5단계를 거쳐서 나온 아이디어를 기획의 3P에 맞춰서 쓰는 기획자는 소수에 불과하다. 문제를 해결할 기막힌 아이디어가 있어도 기획서로 설득하지 못하면 아이디어는 묻힌다. 기획력이 새로운 아이디어를 만드는 능력이라면 기획서 작성 능력은 아이디어를 전달하는 능력이다.

좋은 아이디어를 많이 갖고 있다고 기획을 잘 할 거라고 생각한다면 오산이다. 기획서는 좋아 보이는 아이디어를 나열한 문서가 아니라 문제 해결 방법을 효과적으로 전달하는 문서이기 때문이다. 아이디어를 한눈에 볼 수 있게 쓰라는 의미에서 '한 페이지 기획서'를 권한다. 하지만 여전히 많은 기획자가 초안에 수집한 자료를 모두 넣고 부연설명까지 하려고 해서 분량은 계속 늘어난다.

기획서 초안은 현재 상태, 문제에 대한 해결책, 제안을 대략적으로 쓰면 된다. 여기서 핵심은 해결책·제안이다. 아이디어의 핵심에 부수적인 자료를 넣고 설명을 추가하는 것은 초안에서 정리할 내용이 아니다. 초안에서 부연설명을 위한 자료를 넣으면 기획서는 날카로움을 잃어버린다.

초안에는 모든 항목을 빠짐없이 넣는다. 핵심만 정리하고 내용은 나중에 보완한다. 기획서의 유효 기간에 따라 핵심 내용은 다르다. 기간에 따라 장기 기획, 중기 기획, 단기 기획으로 구분한다. 기간이 기준이라고 해서 10년, 5년, 1년으로 나눠서 장기, 중기, 단기로 구분할 필요는 없다.

장기 기획의 핵심은 비전과 미션, 가치다. 신규 사업, 혁신이 필요한 기획은 실행 기간이 매우 길다. 긴 시간 동안 비전과 미션, 가치를 제공하지 않으면 동기가 부여되지 않는다. 중기 기획의 핵심은 목표와 전략이다. 목표는 성공 여부를 평가하는 기준이고 전략은 시간과 노력을 집중하게 해준다. 마지막으로 단기 기획의 핵심은 실행 과제다. 단기 기획에 비전을 넣으면 뜬구름 잡는 기획서가 돼서 일이 진척되지 않는다. 마찬가지로 장기 기획이나 중기 기획에 실행 과제를 넣으면 기획은 계속 바뀔 수밖에 없다.[2]

기획서 초안의 핵심

기간별 구분	항목	핵심 내용
장기 기획	비전 미션 가치	사업을 하는 한 가지 이유 고객과 사회에 기여하는 것 행동하는 기준
중기 기획	목표 전략	언제까지, 얼마만큼(양과 질), 평가 기준 역량을 집중해야 하는 분야를 규정
단기 기획	실행 과제	해결해야 하는 문제 완료해야 하는 업무 개발해야 하는 상품·서비스

출처: 우메다 사도시 지음, 《최고의 기획자는 세 번 계략을 짠다》, (토네이도, 2016)

기획서 쓰기가 어려운 이유는 초안부터 완벽한 기획서를 만들려고 하기 때문이다. 초안부터 완벽한 문서는 없다. 기획서 워크샵에 참가하면 기획서 작성에 자신감이 생긴다. 하지만 실제로 기획서를 쓰려고 하면 자신감은 사라진다. 자신감이 없는 기획자는 수집한 자료와 아이디어를 모두 초안에 넣는다. 이런 기획서는 수정을 거듭해도 완성도를 높일 수 없다. 기획서 초안에 아이디어를 모두 넣는다는 생각을 버려야 한다. 초안에는 기획의 3P, 즉 핵심만 명확하게 정리하면 된다.

기획서 초안 만들기

구체적인 아이디어를 만들었다. 핵심도 분명하다. 이제 기획서 초안을 쓰는 일만 남았다. 그런데 왠지 첫 줄을 쓸 수가 없다. 작가만 첫 문장을 쓰기 어려운 게 아니다. 기획자도 첫 문장을 쓰기 어렵다. 첫 문장을 쓰기 어렵다면 두 번째 문장부터 시작하면 된다.

《첫 문장 못 쓰는 남자》를 쓴 베르나르 키리니는 천재적인 생각이 장벽에 막히면 장벽을 뛰어넘으면 된다고 했다. 첫 문장을 완벽하게 쓸 수 없다고 해서 문제될 건 없다. 두 번째 문장부터 쓰면 된다. 작가는 영감이 떠올라야 문장을 쓸 수 있다지만 아이디어가 있어도 기획서를 쓰지 못하는 이유는 무엇일까?

기획서를 쓰려고 문서 프로그램을 실행하고 새 문서가 열리면 기획자의 머릿속도 하얗게 된다. 이럴 때는 질문을 하면 된다. 기획서뿐만 아니라 보고서, 제안서 등 모든 업무용 문서는 세 가지 질문에서 시작한다.

문서의 세 가지 요소	질문	기획의 3P
주제	무엇에 관한 문서인가?	Present·Problem
독자	누가 읽는 문서인가?	People
목적	무엇을 해결하려고 하는가?	Proposal

　기획의 3P에 대입하면 주제는 현재 상황·문제 제기다. 독자는 문서를 읽는 사람, 목적은 아이디어와 해결책이다. 나는 새 문서를 열고 문서의 주제, 독자, 목적을 대강 적는다. 그런 다음 다이어리에 적어 두었던 내 생각과 회의에서 나온 아이디어를 입력한다. 생각나는 대로 단어와 문장으로 적는다. 억지로 문장을 완성하려고 애쓰지 않는다. 이렇게 정리하면 아무 생각도 나지 않던 머릿속에서 기획서에 쓸 내용이 떠오른다. 기획서를 작성하기 전에 반드시 생각을 종이에 써야 한다. 가능하면 손으로 쓰는 게 좋다. 손으로 쓰면 머릿속에 어렴풋한 생각을 눈으로 확인할 수 있다.

　기획서를 작성하는 방법은 학교에서 배운 기승전결 구성의 글쓰기와 다르다. 글 솜씨가 없다고 기획서도 잘 못 쓴다는 생각은 버리자. 기획서 초안에는 항목만 분명하게 적으면 된다.

"첫 문장에서 결론을 보여준다."

"문장은 쉽고 짧게 쓴다."

"한눈에 들어오게 정리한다."

　문서를 쓰는 방법을 설명할 때 항상 강조하는 것이다. 완벽한 문장을 쓰는 방법은 초안을 다 쓰고 고쳐 쓸 때 고민하면 된다. 초안에서는 내용을 어떻게 구조화할 것인지가 더 중요하다.

문서를 구조화한다는 의미는 서로 관계있는 항목을 연결하고 순서를 정해서 읽는 사람이 한눈에 이해할 수 있게 만드는 작업이다. 내용이 좋아도 구조화하지 않으면 전달력이 떨어진다. 구조화하는 방법은 다섯 단계로 구분한다.

첫째, 일정한 흐름에 따라 내용을 전개한다.

둘째, 단계를 만들어서 내용을 정리한다.

셋째, 비슷한 내용끼리 분류한다.

넷째, 시간의 흐름, 진행율, 인과관계에 따라서 구성한다.

다섯째, 거버닝^{Governing}을 사용한다.

초안에 쓸 내용을 준비한다. 그런 다음 첫 번째로 할 일은 일정한 흐름^{논리}을 만들어서 내용을 배열하는 것이다. 초안은 얼개를 만들고 여기에 살을 붙이는 순서로 정리한다. 자료 수집과 아이디어 발산·수렴을 거쳤기 때문에 얼개를 만드는 것은 그리 어렵지 않다. 내용 사이에는 연결고리가 있어야 한다. 시간의 흐름, 인과관계, 문제점과 해결방안 순서로 연결하면 초안에서 흐름을 만들 수 있다.

두 번째, 단계를 만든다. 기획서에 쓸 내용을 주요 항목과 보충 항목으로 구분한다. 주요 항목을 보충 항목이 설명하는 형식으로 내용을 보여주는 단계를 만든다. 서술어를 생략하는 개조식 표현을 사용하면 문장이 계층을 이루어서 핵심을 파악하기 쉽다.

세 번째, 비슷한 내용끼리 분류한다. 주요 항목과 보충 항목으로 분류하면 몇 개의 묶음으로 정리된다. 각각의 묶음을 읽는 사람이 이해하기 쉬운 순서로 배치한다. 전달하는 내용을 적절한 순서로 배치하면 묶음의 첫 문장만 읽어도 대강의 내용을 알 수 있다.

네 번째, 시간의 흐름, 진행율, 인과관계에 따라서 구성한다. 시간의 흐름에 따라 구성해야 이해하기 쉬운 내용이 있고 '현황-문제점-해결책-예상 결과'처럼 항목의 관계에 따라 구성해야 흐름이 생기는 내용도 있다. 흩어져 있는 내용을 적절한 흐름에 따라서 정리하면 핵심이 드러난다. 정보를 받아들이는 사람은 시간이나 인과관계에 따라서 정보를 처리한다. 이해하기 쉬운 관계를 찾아서 내용을 구성하면 읽는 사람이 정보를 해석하는 수고를 덜 수 있다.

다섯 번째, 거버닝Ggoverning이다. 거버닝은 도입부에서 전체를 관리하는 구조화 방법이다. 예를 들어, 기획서에서 말하는 주요 항목이 세 가지라면 도입부에 "○○○ 기획의 핵심은 세 가지다."라고 밝히고 시작하는 형식이다. 주제를 밝히고 핵심이 세 가지라고 했기 때문에 의식적으로 세 가지 핵심에 집중하게 된다. 기획서의 핵심이 몇 가지라고 안내하면 문서를 읽는 사람은 세 가지 핵심이 모두 나올 때까지 집중한다.

구조화는 흐름에 따라 분류하고 분류한 정보를 이해하기 쉽게 배치하는 것이다. 내용을 효과적으로 전달하는 데 꼭 필요한 기술이므로 초안을 쓸 때 반드시 적용해야 한다.

초안을 쓰는 순서와 시간

기획서를 쓰는 순서는 ①아이디어 구체화 ②초안 작성 ③편집·퇴고다. 아이디어 구체화 단계에서 기획서의 주제, 즉 보여줄 내용을 결정한다. 그런 다음 초안을 작성한다. 초안은 기획서를 쓰기 시작한 상태다. 기획서에서 보여줘야 하는 항목을 빠짐 없이 넣는다. 항목을 빠짐 없이 넣고 구조화하는 데 집중한다. 초안을 완성한 다음 편집 단계에서 내용을 다듬는다. 이런 과정을 거쳐서 기획서가 완성된다.

각각의 단계는 기획서를 작성하는데 걸리는 전체 시간의 3분의 1씩 할당한다. 기획서 제출 마감일까지 6일 남았다면 이틀씩 나눠서 시간을 분배한다. 단계별로 시간을 제한하는 게 도움이 될까? 분명히 도움이 된다.

일부 기획자들은 일단 쓰고 보자는 식으로 생각나는 대로, 회의에서 나온 이야기를 모두 적는다. 분량을 채웠다고 생각하면 문장이 어색하지 않은지 훑어보고 기획서를 완성한다. 초안 작성을 생략하고 기획서를 쓰면 빠진

부분이 나중에 계속 나타난다. 결국 고쳐 쓰기도 어려운 기획서가 된다.

초안을 건너뛰고 기획서를 쓰는 기획자들이 있는 반면, '어떻게 하면 논리적으로 쓸 수 있을까?', '설득력 있게 쓰려면 어떤 사례를 모아야 할까?'라는 생각만 하면서 시간을 보내는 기획자도 있다. 생각을 많이 한다고 좋은 기획서가 나오는 건 아니다.

일단 쓰고 보는 기획자는 아이디어 구체화와 초안 작성을 생략하고 '편집'만 한다. 반면, 기획서를 잘 쓰는 방법을 고민만 하는 기획자는 논리와 설득력을 갖추려고 고민하며 시간을 보낸다.[3]

기획서를 제출하는 기한까지 시간을 나눠서 아이디어 구체화, 초안 작성, 편집·퇴고에 시간을 할당한다. 며칠까지 아이디어 구체화, 며칠까지 초안 작성, 며칠까지 편집 완료, 제출 전에 검토할 시간까지 정해야 일정이 늘어지지 않는다. 할 일과 기한을 정해야 마감 효과를 볼 수 있다.

기획서를 쓰는 과정에서 더 중요하고 덜 중요한 것은 없다. 문서의 얼개를 만드는 초안은 항목에 집중해서 쓴다. 초안을 보충하면서 기획서를 완성하기 때문이다. 기획서 분량이 많거나 팀원이 함께 기획서를 작성하는 경우, 초안에서 완성한 구성이 최종 기획서까지 영향을 미친다.

내용을 보여주는 단락이 모여서 문서의 구조가 완성된다. 문서를 이루는 단락을 효과적으로 배치하면 핵심을 한눈에 파악하는 기획서가 완성된다. 학교에서 글의 요지를 파악하기 위해서 문단 나누기를 한다. 문단 나누기의 목적은 주제별로 내용을 구분하는 것이다. 글쓰기를 가르칠 때는 주제문을 만들고 주제문을 중심으로 글을 쓴다. 주제문에는 한 가지 생각을 담고 사실, 주장, 근거를 구분해서 정리한다. 글의 요지가 바뀌면 새로운 문단을 시작한다. 문단 나누기를 하는 목적과 글쓰기에서 주제문을 만드는 목적은 같다.

주제문이 일정한 흐름을 가지고 이어지면 비로소 얼개가 완성된다. 왜 기획을 했는지, 기획대로 실행해서 무엇을 얻을 수 있는지, 실행에 필요한 자원은 무엇인지 등을 읽는 사람이 납득할 수 있게 순서대로 배치하면 기획서의 구조가 완성된다. 일정한 흐름, 즉 구조를 만드는 것이 초안 작성에서 해야 하는 일이다.

광고 기획, 경영 기획, 상품 기획, 영업 기획, 컨설팅 기획, 디자인 기획 모두 마찬가지다. 초안부터 논리적으로 구성해야 한다. 문서를 논리적으로 작성하기 위해서 적용하는 프레임워크는 육하원칙 5W1H이다. 여기에 수량 How many과 비용 How much을 더하면 예산까지 고려한 초안을 만들 수 있다.

육하원칙과 수량, 비용을 나타내는 주제문이 기획서를 구성하는 하나의 단락이 된다. 육하원칙에 따라 정리하면 단락을 나누기 쉽고 주요 내용을 빠트리는 실수를 범할 우려가 없다.

육하원칙에 수량과 예산을 더하면 5W3H가 된다. 5W3H를 기획서 초안에 정리한다. 기획서의 주제를 5W3H에 따라 주제문으로 바꾸고 아이디어 구체화 단계에서 준비한 내용을 정리한다. 주제문을 보충하는 내용을 사실, 사례, 주장 순서로 배치한다. 각각의 항목을 이런 순서로 배치하면 기획서의 구조가 완성된다.

구분	구성	목표	주제문
5W	What	기획 내용	목표를 달성하기 위해 무엇을 할 것인가?
	Why	기획 이유 및 방향	왜 실행해야 하나? 실행한 후에 얻는 이익을 무엇인가?
	Where	실행 장소	실행할 곳은 어디인가? 최적의 장소는 어디인가?
	When	실행 시기	언제부터 언제까지 실행하고 결과가 나오는 시점은 언제인가? 최적의 시기는 언제인가?
	Who(Whom)	실행 주체 및 타겟	누가 실행할 것인가? 누구를 위해서 실행할 것인가? 누가 실행하는 것이 가장 효과적인가?
3H	How	실행 방법 및 운영 수단	어떻게 실행할 것인가? 효율적인 방법은 무엇인가? 기획한 대로 실행되지 않을 경우 대안은 있는가?
	How many	수량	얼마나 실행할 것인가? 몇 번 실행할 것인가?
	How much	예산·비용	실행에 필요한 예산은 얼마인가? 자금 계획(투자 계획)은 있는가? 손익분기는 언제(얼마)인가?

기획서 초안을 만들지 않으면 주요 내용을 빠트릴 우려가 있다. 나중에 누락된 부분을 찾아서 추가하려면 배치와 논리를 다시 고민해야 한다. 그러는 동안 시간을 허비한다. 초안을 만들면서 주요 내용마다 단락을 구분했기 때문에 일부 내용이 변경되더라도 해당하는 부분만 수정하면 된다.

내부 문서 규정에 기획서의 항목이 미리 정해져 있다면 그것을 따르면 된다. 명칭만 다를 뿐, 대부분 육하원칙에 해당하는 내용을 쓰도록 항목이 정해져 있다. 이때 꼭 넣어야 하는 항목이 있다면 만들어서 넣는다. 양식이 정해져 있어도 항목을 추가할 수 있다는 점을 기억해야 한다. 만약, 양식에 정해진 항목 외에 다른 내용을 넣을 수 없다면 별첨 자료로 넣는다.

항목마다 주장을 뒷받침하는 근거와 사례를 정리하고 육하원칙에 따라 각각의 주제를 배치해서 초안을 완성한다. 초안에서 논리와 구조를 만들고 편집 과정에서는 완성도를 높이는 데 집중한다.

현황 분석 자료

새로운 상품과 서비스를 만들기 위해서, 문제를 해결하기 위해서 아이디어를 내고 기획서를 쓴다. 지난번에 했던 대로 실행한다면 새로운 기획을 하지 않아도 된다. 당연히 기획서를 쓸 필요도 없다.

기획서는 새로운 상품과 서비스가 왜 필요한지, 기존의 상품·서비스와 비교해서 차이점은 무엇인지, 새로운 상품과 서비스를 만들면 얻는 이익과 효과를 설명하고 설득하는 기능을 한다. 필요성, 차이점, 이익과 효과를 보여주기 위해 우선 현재 상황과 문제를 분석한다. 현재 어떤 문제가 있는지, 개선할 점은 무엇인지 알려줘야 실행 후에 얻는 이익과 개선되는 것을 예상할 수 있다.

기발한 방법으로 문제를 해결한 사례로 엘리베이터를 만드는 오티스[Otis]의 일화가 유명하다. 오티스는 1852년 세계무역박람회에서 화물용 리프트에 비상정지 장치를 장착했다. 박람회에서 공개적으로 비상시 안전하게 리프트를 멈춰서 사람을 보호하는 실험을 했다. 이후에 오티스는 사람이 탈 수 있는 엘리베이터를 만들었다. 엘리베이터가 상용화된 이후 이용자들은 속도가 느리다고 불평했다. 불만을 해결하기 위해서 더 강력한 모터와 윤활 시스템을 개발했다. 하지만 엘리베이터 속도에 대한 불만은 줄어들지 않았다. 더 빠른 엘리베이터를 만들기 위해 연구하던 중 한 직원이 엘리베이터에 거울을 설치하자는 아이디어를 냈다. 거울은 속도와 무관한 해결책이다. 하지만 거울을 설치한 이후에 사람들의 불만은 크게 줄어들었다. 거울을 보면서 용모를 가다듬느라 엘리베이터의 느린 속도에 신경 쓰지 않았기 때문이다. 엘리베이터 속도를 기술적으로 더 빠르게 하는 것은 '솔루션 사고'다. 거울을 설치해서 속도에 대한 불만을 해결하는 것은 '디자인적 사고'다.

어떤 방식으로 생각하든 고객의 요구를 알아야 한다. 문제를 인지하는 것이 현황 분석이다. 문제는 발견할 수도 있고 직접 만들어 낼 수도 있다. 현재의 상황과 문제점을 알아야 기획을 하는 이유, 당위성이 생긴다.[4]

오티스 엘리베이터 사례에서 현재 상황·문제는 사람들이 속도가 느리다고 불평하는 것이다. 이런 불만을 개선하기 위해서 여러 가지 아이디어가 나왔다. 그 결과 거울 설치가 효과적인 해결책으로 증명돼서 지금까지 적용되고 있다.

어떤 기획서든지 도입부에 현황 분석을 넣는다. 현황 분석에서 기획자의 논리가 시작된다. 현황은 사실이기 때문에 변하지 않는다. 하지만 현황을 어떻게 분석하느냐에 따라 전혀 다른 해결 방안이 나온다. 오티스의 사례만 봐도 알 수 있다. 실제로 속도를 높이기 위해서 모터와 윤활 시스템을 개발하거나 심리적인 속도를 늦추기 위해서 거울을 설치하는 해결책을 내놓을 수 있다. 두 가지 해결책 모두 논리적으로 타당하다. 모터와 윤활 시스템 개발도 틀린 해법이 아니다. 결과적으로 거울을 설치하는 쪽이 더 나은 해결책으로 증명되었다.

현재 상황을 파악하는 첫 걸음은 정보 수집이다. 어떤 상황이든지 이전에 없던 것을 만들기는 어렵다. 반면, 과거에 있던 것을 개선하는 데서 해법을 찾는다면 조금 쉽게 기획의 실마리를 발견할 수 있다. 현재 상황을 제대로 알려면 기업, 시장, 상품·서비스와 관련된 객관적인 자료를 많이 모아야 한다.[5]

현재 상황을 파악하는 방법은 다섯 가지다.
- 현장에서 직접 고객을 만나서 요구 사항을 물어본다.
- '고객의 소리', '고객 제안' 등의 설문을 통해 사람들의 의견을 모은다.
- 공개된 자료를 분석한다.
- 축적된 정보를 활용해서 빅데이터를 분석한다.
- 과거와 현재 상황을 비교한다.

현황 분석에서 다섯 가지 방법을 모두 보여줘도 된다. 단, 핵심만 간단히 정리한다. 기획자가 자료를 모으려고 얼마나 노력했는지 어필하는 부분도 현황 분석이다. 직접 발로 뛰면서 고객의 요구를 들었는지, 얼마나 많은 자료를 모으고 깊게 생각했는지 보여주는 항목이다. 발로 뛰며 현황을 파악했다고 탁월한 해법이 나오는 것은 아니다. 모니터를 보면서 현황을 조사한다고 문제를 잘못 인식하는 것도 아니다. 사실과 객관적인 자료를 체계적으로 분석하고 깊게 생각하느냐에 따라서 좋은 기획이 나온다.

체계적으로 현황을 분석하려면 3C 분석을 적용한다. 고객이 무엇을 원하는지, 경쟁사는 어떤 상품·서비스를 준비하고 있는지, 우리의 장점과 약점은 무엇인지 조사하면 현황을 파악할 수 있다.

3C 분석

Customer	고객의 요구, 시장 동향, 표적 시장
Competitor	경쟁사의 자원, 특징, 장단점
Company	자사의 현황과 자원, 장단점

3C 분석으로 현재 상황과 문제점을 파악한다. 현황 분석은 사회 환경, 시장 동향업계 흐름, 소비자 동향상품과 서비스, 구매율·사용율, 사용 실태, 경쟁사 상황특징과 장단점, 경쟁 상품·서비스 경쟁력, 광고와 마케팅, 유통 정보, 자사 상황, 현재 문제점과 해결 과제로 구성한다.

3C 분석을 이용하면 시장 동향과 고객, 경쟁사, 자사의 관점에서 상품·서비스를 바라보기 때문에 인지하지 못했던 문제점을 발견할 수 있다.

여기서 발견한 내용을 모두 기획서에 쓰면 안 된다. 누구나 알고 있는 사실은 제외하고 특이사항만 정리한다. 3C 분석 결과를 형식적으로 정리하는 기획자는 고객, 경쟁사, 자사의 현황을 대충 끼워 맞춰서 억지로 항목을 채운다. 3C 분석의 모든 항목을 채우려고 애쓰지 않아도 된다. 스마트폰을 처음 만들 때처럼 누구도 시도하지 않은 상품을 기획한다면 시장과 자사의 상황만 분석해도 충분하다. 내용이 없는데도 항목을 채우기 위한 분석은 의미가 없다.

현재 상황 분석 항목

- 사회 환경
- 시장 동향(업계 흐름)
- 소비자 동향
  - 희망하는 상품과 서비스
  - 구매율·사용율
  - 사용 실태
- 경쟁사 상황
  - 상품·서비스의 특징과 장단점
  - 경쟁 상품·서비스의 경쟁력
  - 광고와 마케팅
- 자사 상황
  - 상품·서비스의 특징과 장단점
  - 경쟁 상품·서비스의 경쟁력
  - 매출 자료 분석
- 현재 문제점과 해결 과제

현재 상황을 파악할 때 기획자는 탐험가의 자세를 가져야 한다. 고객의 요구를 직접 듣는 것도 탐험이고 공개된 자료를 찾기 위해 검색하는 것도 탐험이다. 현황을 파악하기 위해서 업계와 경쟁사 동향 자료를 모으는 동안 문제점을 해결하는 방법을 찾기도 한다. 우연히 새로운 고객을 유입시키는 경로와 매출을 올리는 방안을 발견할 수도 있다.

현재 상황을 정확하게 파악하는 방법

"문서를 읽기보다 고객을 만나라."

이 말은 현장에서 고객을 만나는 일이 얼마나 중요한지 알려준다. 직접 고객을 만날 수 있다면 좋겠지만 그럴 수 없을 때가 더 많다. 리서치 전문 업체에 설문조사를 의뢰하거나 고객 정보가 있다면 이메일 또는 SNS를 이용해서 의견을 들을 수 있다. 하지만 설문조사나 온라인 채널을 이용해서 얻을 수 있는 정보는 제한적이다.

조사 표본과 참여한 고객에 따라서 왜곡된 정보를 얻을 우려도 있다. 이런 경우 통계자료를 이용하면 객관적인 시각에서 현황을 파악할 수 있다.

통계자료가 너무 광범위해서 지금 준비하는 기획과 특별한 연관성을 찾지 못하는 기획자가 더러 있다.

현황을 파악할 때 기본적으로 이용하는 자료는 다음의 세 가지 인구통계다.

현황을 파악하는 세 가지 인구통계

인구주택총조사(census.go.kr)	우리나라 모든 인구와 주택의 수, 특성을 파악하여 경제·사회발전 계획 수립에 활용한다. 연령별 고객자료가 필요할 때도 활용할 수 있다.
전국사업체조사(narastat.kr/isaup)	매년 전국의 모든 사업체를 대상으로 실시한다. 지역별 사업체의 규모와 분포를 파악해서 국가와 지방 자치단체의 정책 수립, 기업 경영 계획 수립의 기초 자료로 활용한다.
가계동향조사(kosis.kr)	국민의 소득과 소비 수준 변화를 측정·분석하는데 필요한 자료를 제공할 목적으로 가구의 가계수지와 실태를 조사한다.

인구통계는 연령별, 성별 타겟을 정의하는 자료로 활용한다. 타겟으로 설정한 모든 고객을 직접 만나서 이야기할 수는 없다. 하지만 인구통계자료를 바탕으로 고객의 특징을 정의하면 가상으로 고객 프로필을 만들 수 있다.

가상의 고객 프로필을 만들면, 눈에 보이지 않던 타겟이 명확해진다. 타겟이 분명하면 기획서를 검토하는 사람이 내용을 한결 쉽게 이해할 수 있다. 신문 기사에서 "41세 중소기업에 근무하는 김○○ 부장"으로 시작하는 것도 독자의 이해를 돕기 위해서다. 인구통계 자료로 나온 세대별 특징도 타겟을 설정하는 자료로 사용한다.

마케팅 전문가는 고객 개인의 특성과 생활방식을 조사하고 분석한다. 이것을 사이코 그래픽 Psychographics 이라고 한다. 인구통계 자료가 집단의 특성을 나타낸다면, 사이코 그래픽은 개인의 개성과 가치, 신념을 보여준다. 가족과 지역, 직장에서 생활하는 방식을 파악하는 데도 활용한다.

타겟의 심리에 따라 특성을 명확하게 규정할 수 있어서 인구통계 자료에서 나타나지 않는 정보까지 얻을 수 있다.

세대 별특징

세대	일반적 특징
베이비부머	얼굴을 보면서 소통한다. 신문과 TV에서 정보를 얻는다. 경쟁적, 일중독 성향이 강하다. 역경을 극복할 준비가 되어 있다. 세상을 바꾸기 위해 투쟁했고 근면의 가치를 존중한다. 새로운 기술에 거부감이 있다.
X세대	개인주의 성향이 강하고, 일과 삶의 균형을 추구한다. 배움의 기회를 가치 있다고 생각한다. 이메일, 메신저를 선호한다. 일을 많이 하는 것을 싫어한다. 독립적이고 책임감이 있다. 인터넷, TV, 신문, SNS를 통해서 정보를 얻는다.
Y세대 (밀레니얼 세대)	사회성, 공동체 의식이 강하다. 팀으로 일하는 것을 선호한다. 여러 직업을 경험하고 돈을 벌 수 있는 일에 적극적으로 도전한다. 몰입할 수 없는 일이라면 미련없이 직장을 그만둔다. 오래된 기술, 낡은 관습을 싫어한다. 새로운 경험과 배우고 성장하는 기회를 중요하게 생각한다.
Z세대	경제위기를 겪으며 성장기를 보냈다. 실용적이고 사생활을 중요하게 생각한다. 유아기부터 인터넷을 사용해서 '디지털 네이티브'라고 부른다. 디지털 기기에 익숙하다. 스마트폰으로 정보를 얻고 커뮤니케이션 한다. 직접 만나지 않아도 소통할 수 있다.

출처 : 나탈리 카나보르 지음,《비즈니스 글쓰기》, (시그마북스, 2018)

고객의 생활방식에 따른 소비 형태를 분석하면 효과적인 마케팅 전략을 수립할 수 있다. 여기에 AIO$^{Activities, Interests, Opinions}$ 분석을 이용하면 고객의 생활방식과 관심사를 자세히 들여다 볼 수 있다. AIO 분석은 인구통계적 특성에 활동, 관심사, 의견을 알아보는 변수를 적용해서 개인적, 사회적인 성향을 파악하는 데 활용한다.

AIO 분석 항목

인구통계 / 특성	활동 Activities	관심사 Interests	의견 Opinion
나이	일	가족	자기 자신
교육	취미	가정	사회 문제
소득	사회 활동	유행	정치
직업	휴가	직장	기업
가족 구성	여가 활동	오락	경제
거주지	사교 활동	지역사회	교육
지리	지역사회 활동	음식	상품
도시	쇼핑	매체	미래
생활 주기 단계	스포츠	성취	문화

어떤 기획을 하든지 고객 프로필을 만들어야 한다. 연령, 성별, 학력에 관계없이 인구통계 자료와 사이코 그래픽을 통해서 밝혀진 대상 고객의 특징을 이용하면 현황 분석에서 가장 큰 숙제인 고객의 요구를 파악할 수 있다. 인구통계 자료에서 나이, 소득, 직업, 성별이 같은 사람도 심리적으로 서로 다른 특성을 가질 수 있다. 기획서에서 타겟이 어떻게 시간을 보내고, 어떤 일을 중요하게 여기고, 어떤 견해를 갖고 있는지 등을 수치로 표현하면 고

객 특성을 보다 정확하게 규정할 수 있다. AIO 분석은 다양한 관점에서 고객을 분석한다. 단점은 항목 사이의 경계가 모호하다는 것이다. 타겟의 생활방식을 살펴볼 수 있다는 데 의미를 두고 활용하기 바란다.

경쟁사 현황은 기획자에게 매우 중요하다. 시장의 상황, 고객의 욕구보다 경쟁사에서 무엇을 기획하는지가 더 궁금하다. 때로는 경쟁사에서 기획중인 아이템 정보를 입수하면 즉시 유사한 아이템 기획을 시작하기도 한다. 그래서 비슷한 컨셉의 상품·서비스가 비슷한 시기에 출시된다.

영화와 드라마, 공연도 마찬가지다. 혜성과 충돌해서 재난이 일어난다는 줄거리의 영화 몇 편이 비슷한 시기에 개봉했다. 특정한 시대에 일어난 사건을 소재로 영화·드라마를 비슷한 시기에 만들고 경쟁적으로 상영한다. 가전제품도 마찬가지다. 약속이나 한 것처럼 같은 시기에 음식물 쓰레기 처리기, 침구용 청소기 등을 내놓았다. 한 때 유행한 상품을 보면 기획자들이 경쟁사의 동향을 예의주시한다는 사실을 알 수 있다.

경쟁사의 정보를 공식적으로 입수하는 경로를 《리서치 교과서》에서 '4S'라고 했다. 4S는 통계^{Statistics}와 점유율^{Share}, 사업 구조^{Structure}와 전략^{Strategy}에 대한 자료가 있는 곳이다.

4S 자료가 있는 곳

Structure (구조)	시판중인 책, 회사의 IR 자료, 신문 기사
Statistics (통계)	공공 기관 통계, 업계(협회) 통계, 회사의 IR 자료, 신문 기사
Share (점유율)	업계 지도, 연구소 보고서, 회사 IR 자료, 신문 기사
Strategy (전략)	경제 전문지 기사, 연구소 보고서, 회사 IR, 시장조사회사 자료

유명한 기업은 경제지와 뉴스에서 사례를 분석하고 소식을 전하기 때문에 정보를 얻기 수월하다. 업계 현황은 '업계 지도', '산업 보고서' 등의 제목이 붙은 책을 통해서 얻는다. 한국산업정보원에서 발행하는 《전국산업별시장통계연감》은 해마다 국내 산업별 현황과 통계, 기업 동향을 보여준다. 이 자료를 통해서 산업 구조와 성장하는 분야를 파악한다. 서점에서 누구나 구입할 수 있다. 전체 산업 분야를 다루기 때문에 분량이 1,000페이지가 넘고 가격도 비싸다. 여기에 실린 통계와 동향을 경제 전문지와 민간 연구소 보고서에서 인용한다. 보고서에 인용된 자료는 주제에 맞게 가공한 2차 자료이므로 국가통계포털[kosis.kr]에서 제공하는 자료와 함께 보면 업계 동향을 객관적으로 파악할 수 있다. 신뢰할 수 있는 기관의 시장 조사 보고서와 증권회사의 리서치 자료, 전문 시장 조사 기관의 자료를 취합하면 경쟁사와 업계 현황을 살펴보는 건 어렵지 않다.[6]

기획자가 찾는 분야를 통계자료에서 다루지 않을 때는 유사한 시장에서 정보를 찾아야 한다. 자동차 시장에 관한 통계와 시장 점유율 자료를 보고 부품 시장 동향을 판단할 수 있다. 해당 업계에서 시장 점유율 1, 2위를 차지하는 주요 기업의 자료를 모아서 시장 규모를 추정할 수도 있다. 주요 기업에서 발표한 IR 자료와 통계자료의 시장 규모가 일치하지 않을 때도 있다. 이런 경우에는 주요 기업의 매출을 합산해서 실제 시장 규모를 추산한다. 추산한 자료를 기획서에 사용할 때는 추산 근거를 제시한다.

업계 동향과 트렌드 자료를 제공하는 곳

분류	이름	URL	비고
업계 동향	Kisline	www.kisline.com	유료
	Kisvalue	www.kisvalue.com	유료
	Korchambiz	www.korchambiz.net	무료
	한국상장회사협의회	klcaline.klca.or.kr	무료/유료
	후버스(Hoover's)	www.hoovers.com	무료/유료
	Compustat	www.compustat.com	유료
	FnGuide	www.fnguide.com	유료
	Wisereport	www.wisereport.co.kr	유료
	Thomson Research	research.thomsonib.com	유료
	Datamonitor	www.datamonitor.com	유료
	Mindbranch	www.mindbranch.com	유료
마케팅 트렌드	AdvertisingAge	www.adage.com	무료/유료
고객 트렌드	제일기획	www.cheil.co.kr	무료
	대홍기획	www.daehong.com	무료
	하쿠호도	www.hakuhodo-global.com	무료

초안의 완성도를 높이는
기획 방법론

　기획을 잘 하기 위한 기술적인 방법이 기획 방법론이다. 기획서에 들어가는 주요 내용을 육하원칙에 How many, How much를 더해서 5W3H에 따라 구성하라고 설명하는 이유는 주요 항목을 빠트리지 않기 위해서다. 정교하게 다듬어진 방법론을 이용하면 초안의 완성도를 높일 수 있다.

　기획자들이 자주 사용하는 방법론은 SWOT와 MECE다. SWOT는 강점과 약점, 기회와 위협 요인을 사분면에 배치해서 강점과 기회^{SO전략}, 강점과 위협^{ST전략}, 약점과 기회^{WO전략}, 약점과 위협^{WT전략}을 서로 묶는다. 강점, 약점, 기회, 위협을 정리하는 게 끝이 아니다.

　SWOT 분석의 목표는 네 가지 요소를 서로 붙여놓고 새로운 관점에서 전략을 세우는 것이다. 경영학에서는 사분면에 요인을 적은 다음 서로 더 중요한 항목과 덜 중요한 항목을 구분한다. 그런 다음 더 중요한 항목에 집중한다. 이것이 전략 기획이다. 사분면을 그려서 생각하는 방식을 매트릭스

Matrix 사고법이라고 한다. SWOT 분석으로 사분면의 요인을 강점과 기회 영역으로 보내는 실행 계획을 만들 수 있다.

강점, 약점, 기회, 위협 요인을 정리한 다음, 강점과 위협ST, 약점과 기회WO, 약점과 위협WT 요인을 강점과 기회SO 영역으로 보내기 위해서 SWOT 분석을 한다. 위협과 약점을 포함한 세 영역의 요인을 분석해서 강점과 기회SO 영역으로 보내는 것이 실행 계획이다.

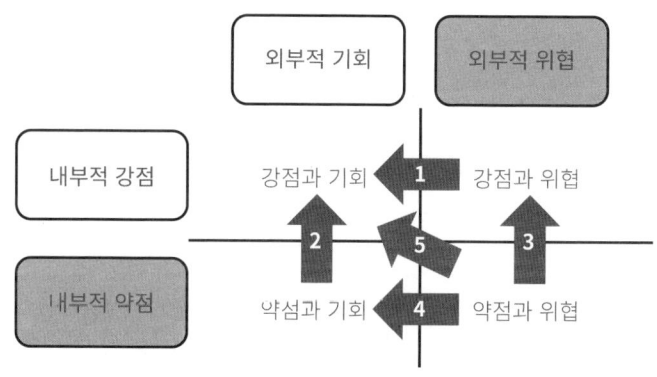

사분면에 여러 가지 요인을 정리하면 비슷한 내용끼리 묶고 다른 것은 분류할 수 있다. 사분면에 정리하는 것을 매트릭스라고 한다. 매트릭스는 복잡한 요인을 단순하게 정리한다. SWOT 분석은 X축과 Y축으로 구분해서 강점-약점, 기회-위협 요인을 2×2 매트릭스로 표현한다. 2×2를 4셀 매트릭스라고 한다. X축과 Y축을 각각 3칸으로 구성하면 9셀이 된다. 매트릭스는 4셀, 9셀 매트릭스라고 하지 않고 발명한 사람의 이름으로 부른다. 대표적인 매트릭스 분석으로 BCG 매트릭스BCG Matrix가 있다.

BCG 매트릭스는 보스턴 컨설팅 그룹에서 1970년대 초에 처음 만들었다. 이 매트릭스 분석은 《BCG 경영전략》을 통해 널리 알려졌다. BCG 매트릭스의 X축은 상대적 시장점유율, Y축은 시장성장률로 표시한다.

각각의 영역을 스타^{Star}, 캐시카우$^{Cash\ Cow}$, 물음표$^{Question\ Mark}$, 독^{Dog} 영역으로 구분한다. 독 영역은 성장률·점유율이 낮다. 물음표 영역은 점유율이 낮지만 높은 성장세를 보인다. 스타 영역은 점유율이 높고 성장세도 높다. 캐시카우 영역은 점유율이 높지만 성장률이 낮다. BCG 매트릭스를 이용해서 상품 또는 사업의 성격을 4개의 영역으로 구분한다. 사업의 가능성에 따라 스타 영역으로 이동하는 전략을 기획한다.

이처럼 매트릭스 사고법을 이용해서 복잡한 사업 구조를 간단하게 정리한다.

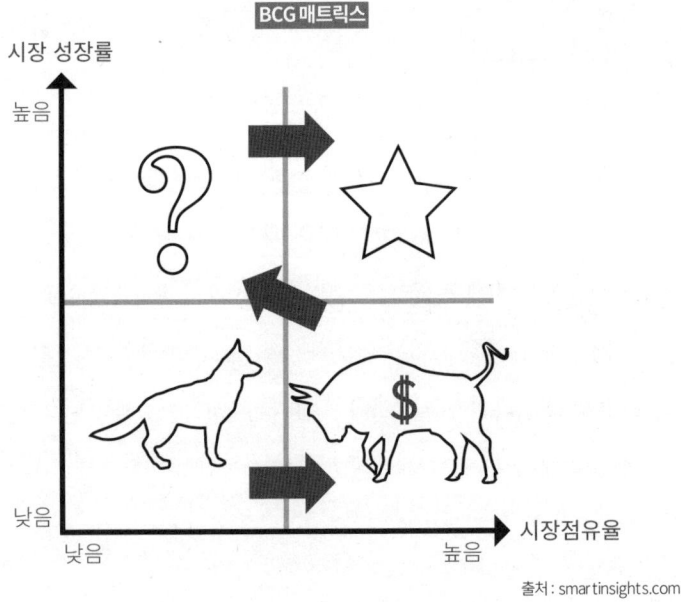

출처: smartinsights.com

논리적으로 생각하도록 도와주는 사고법이 MECE다. MECE는 내용을 겹치지 않으면서 빠짐없이 분류하는 것이다. 상품·서비스를 개발할 때 상품, 가격, 유통, 프로모션을 기준으로 구분하면 경쟁이 없는 틈새를 찾을 수 있다. 세분화하면서 항목 사이에 연관성을 찾으면 상품과 시장에 대한 아이디어도 얻는다. 현황을 분석하는 3C, 마케팅의 4P도 MECE에 기초한 프레임워크다.

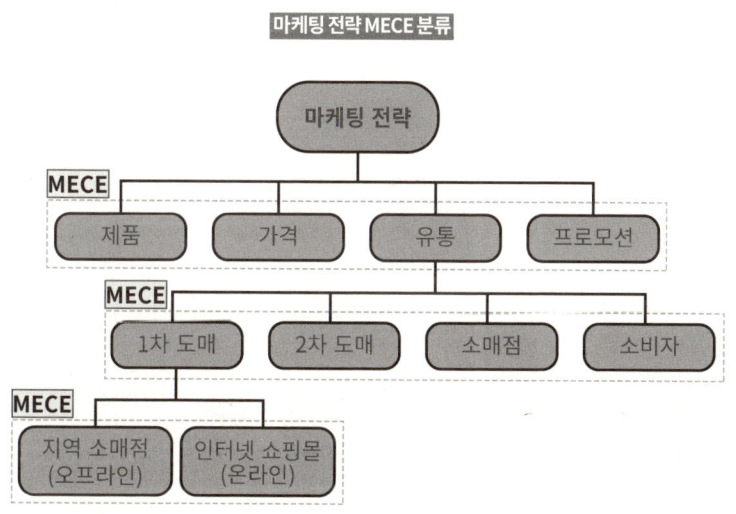

마케팅 전략 MECE 분류

벤치마킹도 기획자들이 자주 사용하는 방법론이다. 벤치마크[Benchmark]의 뜻은 '동일 분야에서 측정된 최고 수준'이다. 벤치마킹의 목적은 기획하는 상품·서비스의 경쟁력을 파악하는 것이다. 경쟁사 혹은 선도기업과 비교 분석해서 차이[Gap]를 찾고, 차이를 극복하는 방안을 모색한다. 벤치마킹에서는 최고 수준의 상품·서비스와 차이를 줄이기 위한 활동이 실행 계획이 된다. 선도기업과 비교한 자료와 차이는 반드시 정량적으로 나타낸다. 그래야 실행하면서 차이가 줄어드는 정도를 확인할 수 있다.

　기획서 초안에는 벤치마킹을 3단계로 구분해서 보여준다. 1단계에서 벤치마킹 대상의 장점을 분석한다. 2단계에서 선도 기업의 강점과 분석한 결과를 정량적인 자료와 함께 제시한다. 3단계에서 개선해야 하는 범위를 명시하고 실행계획을 보여준다. 마지막으로 실행한 후에 얻는 이익과 결과를 제시한다.

　이 외에도 기획서에서 자주 등장하는 방법론으로 로직트리, 포지셔닝이 있다. 로직트리는 WHY 트리와 HOW 트리로 구분한다.

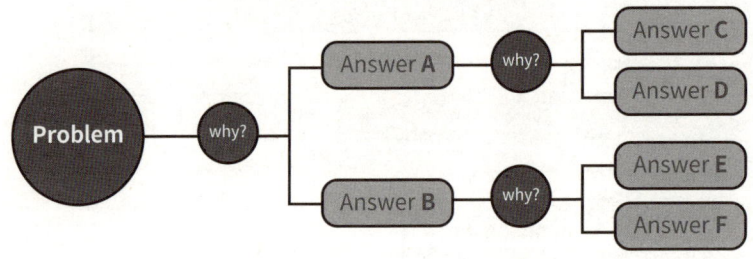

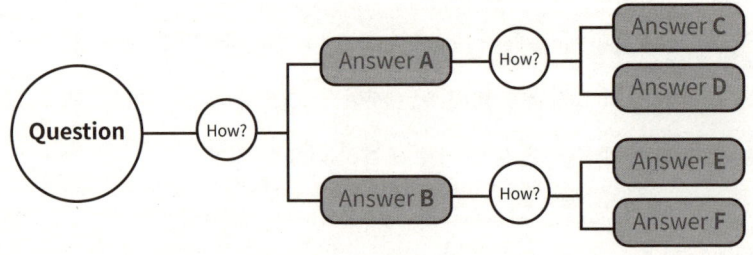

문제의 원인을 찾을 때는 WHY 트리를 사용하고, 방법을 보다 구체적으로 표현할 때는 HOW 트리를 사용한다. WHY 트리와 HOW 트리를 로직 트리라고 부르는 이유는 내용을 논리적으로 설명하기 때문이다.

로직트리를 이용하면 누락과 중복 없이 항목을 보여줄 수 있다. 단, 계층을 구분하는 기준이 분명해야 한다. 하나의 주제를 논리적으로 연결된 세 개의 항목으로 정리하면 세분화 또는 집약해서 설명할 수 있다.

포지셔닝은 상품·서비스의 컨셉을 보여줄 때 사용한다. 경쟁 상품·서비스와 차이점을 부각해서 사용자의 욕구를 충족시키는 위치를 시각적으로 보여준다. 기획한 상품·서비스가 사용자의 마음속에 자리 잡게 만드는 것이 포지셔닝이다.

포지셔닝 맵 : X, Y축에 특징을 적고 상품·서비스·산업의 위치를 표시한다.

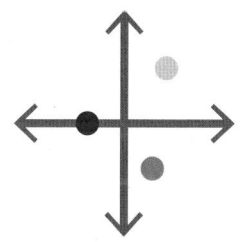

포지셔닝 맵을 그릴 때 X, Y축에는 기획자가 필요하다고 생각하는 항목을 넣어서 위치를 표시한다.

다음 항목을 X축과 Y축에 표시하고 상품·서비스의 위치를 시각적으로 나타내서 고객의 요구와 상품·서비스의 차이를 알 수 있다.

포지셔닝 맵의 X축·Y축 항목

항목	X축	Y축
가격/필요성	저가/고가	생필품/사치품
건강/용량	건강에 해로운/건강에 도움이 되는	저용량/고용량
품질/복잡도	보통/고급	단순/복잡
완성도/무게	낮은 기술력/고도의 기술력	경량/중량

　기획 방법론은 정교하게 다듬어진 사고법이다. 막연한 아이디어를 구체적으로 나타내는데 도움이 된다. 기획서에서 설명하는 내용에 따라서 적합한 방법론을 적용해서 초안을 구성하면 완성도 높은 최종 기획안을 작성할 수 있다.

기획서 작성하기

기획서 문장 쓰기 원칙

기획서에서 지켜야 하는 문장 쓰기 원칙이 있다.

- 짧고, 간결하게, 알기 쉽게 쓴다.
- 어려운 단어는 자제한다. 어려운 단어를 쓸 경우 반드시 개념을 설명한다.
- 약어와 은어는 사용하지 않는다.
- 중의적인 표현, 감상적인 표현, 수식어는 자제한다.
- 문장을 필요 이상으로 늘리지 않는다.

기획서, 보고서, 제안서 등 모든 업무용 문서에서 이 원칙은 통용된다. 기획서 문장을 쓰는 원칙을 한 마디로 압축하면 "확실한 표현으로 써라"이다. 기획서는 상품 개발, 사업 추진, 행사 진행 등을 목적으로 쓴다. 여기에 쓰는 모든 단어와 문장은 확실해야 한다.

정보·의견을 정확하게 전달하기 위해서 문서에서 쓰면 안 되는 표현이 있다. '대략', '정도', '약', '조속한' 등 의미를 애매모호하게 하는 표현이다. '꽤 많다', '약간 영향을 준다'라는 표현은 대화할 때는 뜻이 통한다. 억양, 표정, 몸짓으로도 의미를 전달하기 때문이다. 하지만 이런 표현을 기획서에 쓰면 안 된다. 문서로 커뮤니케이션할 때는 정도를 나타내는 표현에 유의해야 한다. 작성자는 어느 정도인지 알지만 문서를 읽는 사람은 어느 정도인지 모른다. 어느 정도인지 몰라서 다시 확인하면 그나마 다행이다. 사람마다 편한 대로 정도를 나타내는 표현을 해석하면 문제가 된다.

기획서에 알맞은 정도를 나타낼 때는 정량적인 자료에 근거해서 숫자로 표현한다. 자료의 출처도 중요하다. 통계청, 연구소, 공공기관에서 발표한 자료에서 통계를 인용하는 이유는 신뢰도를 확보하기 위해서다.

수집한 자료의 출처도 정확히 표시한다. 연구소에서 발표한 보고서, 논문에서 일부 내용을 인용한다면 쌍따옴표로 인용한 부분을 표시한다. 보고서·논문 작성자가 주제에 맞게 자료의 일부만 보여주거나 편향된 시각으로 해석했을 수도 있으므로 보고서와 논문을 인용할 때는 원본 자료의 출처까지 확인한다.

기획서를 쓰기 위해서 수집한 자료는 기획 내용과 기획자의 의견을 뒷받침한다. 단순히 동향을 설명하기 위해서 여러 가지 자료와 통계를 나열하는 것은 바람직하지 않다. 영화, 연극, 뮤지컬에서 감독은 의미 없는 장면을 하나도 넣지 않는다. 모든 장면과 대사에는 의미가 있다. 주인공의 대사와 물건과 배경을 통해서 이후에 전개되는 내용을 암시한다. 사진가도 프레임에 들어간 모든 피사체가 자기 역할을 할 수 있게 프레임을 구성한다.

기획자도 마찬가지다. 수집한 자료와 인용한 문장, 정량·정성적인 자료가 모두 핵심 내용을 충실하게 뒷받침하도록 적재적소에 배치한다.

레이아웃의 기능도 중요하다. '좋은 레이아웃'은 전체 내용을 한눈에 보여주는 페이지 구성을 말한다. 서술형보다 개조식으로 표현하라는 이유도 한눈에 보이는 레이아웃으로 문서를 구성하기 위해서다. 주제문을 큰 항목으로 구성하고 사실[이론, 사례, 통계 등]과 논리적인 근거, 주장을 세부내용으로 배치하면 큰 항목만 보고도 전체 내용을 파악할 수 있다.

기획의 목표와 논리·근거, 사실·주장, 이익·효과를 한눈에 볼 수 있게 구성하면 읽는 사람은 기획서에 집중한다. 내용이 좋아도 소설처럼 줄글로 써서 핵심을 한눈에 볼 수 없다면 집중력은 반감된다.

중요도가 비슷한 두 개의 기획서가 책상에 있다. 여러 페이지로 정리한 기획서와 한 페이지로 정리한 기획서 가운데 어느 기획서를 먼저 읽을까? 한 페이지로 정리한 기획서부터 읽을 것이다. 대형 프로젝트는 기획서 분량이 늘어날 수밖에 없다. 기획자는 내용을 최대한 압축해서 핵심만 보여줘야 한다. 50페이지 분량이라면 20페이지로, 20페이지 분량이라면 10페이지 분량으로 줄인다.

기획서를 검토하는 경영자·관리자는 처리할 업무와 결정할 사안이 많다. 여러 페이지의 기획서를 볼 시간이 없다. 대부분의 경영자는 기획서를 한번만 검토하고 결정하기를 원한다. 기획자는 이런 요구에 부응하기 위해서 기획서를 한 페이지로 쓴다. 핵심과 이익을 한 줄로 명확하게 제시한다면 기획서 분량에 상관 없이 경영자는 결제할 것이다.[1]

기획서의 적절한 분량에 대해서는 사람마다 견해가 다르다. 기업에서는 기획서를 한두 페이지 정도로 짧게 쓰기를 권장한다. 짧게 써서 핵심을 전달하고 세부적인 내용이 필요할 경우 기획서를 보완한다.

기획서를 논문처럼 쓰면 읽는 사람에게 좋은 인상을 주지 못한다. 여러 번 회의를 거쳐서 사안에 대한 이해가 충분하다면 기획서에는 엘리베이터 스피치가 가능할 만큼 핵심만 짧게 전달해야 한다. 많은 사례와 근거를 구구절절 늘어놓고 공감하도록 만드는 게 아니라 핵심만 구체적으로 전달하면 된다. 열 마디 말보다 하나의 그림과 도표가 구체적인 사실을 더 명확하게 전달한다. 짧고 명료한 글과 그림, 도표, 다이어그램을 적절히 활용하면 간결하면서 내용이 한눈에 보이는 기획서를 쓸 수 있다.

패트릭 라일리가 쓴 《One Page Proposal》이 2002년에 우리나라에 출간된 이후 회사의 모든 문서를 한 페이지로 쓰는 문화가 빠르게 확산되었다. 이 책의 부제처럼 한 페이지 기획서는 간결하고 강력하다. 그럼에도 불구하고 한두 페이지로는 내용을 다 담을 수 없는 문서가 많다. 특히 신규 사업 기획서는 내용을 최대한 압축해도 수십 페이지가 넘는다. 무조건 문서를 한 페이지로 써야 한다는 것도 고정관념이다. 기획서를 한 페이지로 압축해서 쓰는 목적은 군더더기를 빼기 위해서다.

내용을 정확하게 전달하기 위해서 필요 없는 설명을 빼고 한 페이지가 되었다면 괜찮다. 하지만 내용이 많아서 한두 페이지로 완성할 수 없다면, 첫 페이지에 전체 내용을 간추린 요약본을 넣고, 둘째 페이지부터 정상적인 흐름으로 내용을 정리한다. 이렇게 구성하면, 짧고 간결한 기획서를 쓰면서 동시에 필요한 내용을 모두 전달할 수 있다.

기획서를 쓰는 순서와 방법

모든 일에는 순서와 방법이 있다. 정해진 순서를 차례대로 거치면 중요한 일을 빠트리지 않고 오류도 방지할 수 있다. 기획서를 작성하는 순서도 있다. 산업을 연구하는 학자와 전문가들은 일을 효율적으로 하는 방법과 절차를 연구한다. 아주 가끔은 지금까지 해왔던 절차를 완전히 뒤집는 혁신적인 방법이 나온다.

기억할 것은 기획서 작성과 기획 순서의 내용이 다르다는 점이다. 기획서 작성의 일반적인 순서와 기획 순서는 다음과 같다.

순서별 핵심 내용	기획서 작성 순서	기획 순서
❶ 기획의 배경과 목적 공유 ❷ 자료 구조화 ❸ 문제 해결을 위한 가설 수립 ❹ 가설 평가·검증 ❺ 해결책과 대안 수립 ❻ 완성과 평가	❶ 주제(과제, 기획) 설정 ❷ 차례 구성 ❸ 사실 - 근거 - 주장(계획) 배치 ❹ 참고자료 추가 ❺ 내용 수정 ❻ 퇴고	❶ 문제 또는 개선할 부분 분석 ❷ 컨셉 설정 ❸ 자료 수집 및 현황 조사 ❹ 해결책 수립 ❺ 전략 설정 ❻ 실행 계획 완성

일에 따라 순서를 나타내는 이름을 바꾸거나 중간에 순서가 추가될 수는 있다. 하지만 기획을 하고 기획서를 작성하는 전체 순서는 바뀌지 않는다.

첫째, 기획서를 쓸 때 가장 먼저 할 일은 문제^{과제} 설정이다. 어떤 관점에서 문제를 바라보느냐에 따라서 해결하는 방법도 바뀐다. 관점은 기획자가 문제를 바라보는 시각을 말한다. 시장·고객의 요구에 따라 해결책을 찾을 수도 있고 기업에서 갖고 있는 기술을 이용해서 해결책을 제시할 수도 있다.

엘리베이터 속도가 늦다는 고객의 불만을 해소하기 위해 빠른 모터를 개발하자는 기획자, 엘리베이터 안에 거울을 부착하자는 기획자가 있다. 기획자마다 제시하는 해결책은 다르다. 비슷한 문제를 과거에 어떻게 해결했는지, 새로운 해결책은 무엇인지 등을 '기획의 배경과 목적'에 정리한다.

둘째, 기획의 배경과 목적을 정리했다면 문제를 해결하는 과정을 눈에 보이게 나타낸다. 이 과정이 구조화다. 문제는 무엇이고 어떻게, 언제까지 해결할 수 있는지, 해결하는 데 필요한 비용과 해결한 후에 얻는 이익 등을 제시한다. 각각의 항목을 주제별로 나열한다. 이것이 기획서의 '차례'다.

셋째, 해결책을 가설로 만든다. "이렇게 하면 문제를 해결할 수 있다"라는 내용을 육하원칙에 따라 정리한다. 가설은 실행 계획과 결과에 반영되므로 소요 시간, 기대 성과는 가능하면 정량적인 수치로 표현한다. 실행 가능성에 초점을 맞춰서 가설을 만들고 사실과 사례를 근거로 들어서 가설이 해결책으로 타당하다는 것을 보여준다.

넷째, 가설을 검증한 자료를 보여준다. 앞에서 만든 가설은 사례와 자료를 수집하면서 검증했다. 다양한 시각에서 검토해도 검증이 완벽할 수는 없다. 실행하면서 변동사항이 없으면 좋겠지만 그러기는 어렵다. 가설을 검증하려면 분해해서 낱낱이 살펴보면 된다. 가설을 항목으로 구분하고 각각의 항목을 평가하여 점수를 매긴다. 점수가 낮은 항목은 보완한다. 가설을 검증하는 과정을 건너뛰면 안 된다. 객관적으로 검증하는 방법이 무엇이든 간에 해봐야 한다.

가설 평가 항목과 내용

가설 평가 항목	양호	보통	나쁨
효과 목표한 만큼 성과를 기대할 수 있는가?	예상한 대로 성과를 얻을 수 있음	어느 정도 성과를 얻을 수 있음	성과를 얻으려면 상당한 노력이 필요함
비용 실행에 필요한 비용은 어느 정도인가?	예상한 비용을 초과하지 않음	비용이 초과할 여지가 있음	비용을 예상할 수 없음
기간 실행하는 기간과 실행한 후 성과가 나올 때까지 어느 정도의 시간이 걸리는가?	계획대로 완료할 수 있음	계획한 기간보다 10~20퍼센트 연장 가능	상황에 따라 계획한 기간보다 상당한 시간이 소요될 수 있음
어려움 실시할 때, 어려움은 어느 정도인가?	시뮬레이션 결과와 동일	약간의 어려움이 예상됨	상당한 어려움이 있음
부작용 유무 실행했을 때 부작용은 없는가? 예상할 수 있는 나쁜 영향은 무엇인가?	거의 없음	조금 있지만 예상할 수 있는 정도	상당한 부작용이 예상됨

다섯째, 해결책·대안을 시뮬레이션하고 가설을 수정한다. 시뮬레이션하면서 실현 가능성과 더 좋은 방법을 찾는다. 가설은 직관적인 사고를 통해서 나오기 때문에 미흡하고 논리가 완성되지 않은 상태다. 기획서를 쓰면서 제시한 해결책은 제출하기 전에는 언제든지 수정할 수 있다.

기획서 작성의 마지막 단계는 퇴고, 즉 문서 작성을 완료하고 스스로 평가하는 것이다. 용어와 표현이 정확한지, 오탈자는 없는지 등을 검토하는 과정이 퇴고라고 생각하는 사람이 많다. 틀린 글자와 적확한 표현은 퇴고 과정의 일부분이다. 사이토 다카시는《직장인을 위한 글쓰기의 모든 것》에서 "퇴고가 단어와 문장을 바꾸고 내용을 보다 좋게 고쳐 쓴다는 뜻이지만 그것만으로는 부족하다"라고 했다. 기획서의 퇴고는 가설을 실행하기 위한 준비 단계부터 비용, 위험 요인 등을 정확하게 읽어내고 실행 가능성, 투입한 비용과 효과·이익 등을 더 명확하게 만드는 과정이다.[2]

기획서의 가설과 문장, 표현은 퇴고를 거치면서 완성된다. 기획서는 반드시 출력해서 검토하고 하루 정도 묵혔다가 소리내서 읽어본다. 제3자에게 읽히는 것도 필요하다. 모든 기획서는 기획한 대로 실행하면 큰 이익을 얻는다고 쓴다. 하지만 경영이 악화된 회사의 기획서를 대강 들여다보면 좋은 기획 같지만 한 번 더 깊이 생각하면 안 해도 될 만한 기획이거나 큰 비용을 지불하고도 이익은 예상하지 못한 기획인 경우가 많다.

퇴고 단계에서 기획의 실패 가능성도 생각한다. 비용과 이익, 기간을 산정했기 때문에 손익분기점이 나온다. 실행했더니 예상과 다르게 상황이 전개되면, 언제 빠져나와야 하는지 출구 전략을 세우고 어느 정도까지 손해를 감수할지도 예상한다. 경영자가 기획서 채택 여부를 결정할 때 수식어에 현혹되지 않게 하고 객관적으로 내용을 검토할 수 있게 마지막으로 점검한다.

사실과 의견 구분하기

기획서에는 반드시 배경, 목표, 전략, 실행 계획을 넣는다. 기획 배경에 현재 상황에서 어떤 과제와 문제점이 있는지 밝힌다. 문제를 해결하면 얻는 이익과 해결하기 위해서 해야 할 일을 정리하고 목표를 제시한다. 해결 방안과 한 단계 더 발전하기 위한 전략을 모색하고 어떤 일을 언제부터 언제까지, 어디서, 어떻게 하는지 정리한다.

문서 전개	서론	본론		결론
문제 해결 기획서	현재 상황	문제 제기	해결 방안	기대효과와 실행 계획
일반 기획서	취지 요약	기획의 개요	전략 방향	기대효과와 실행 계획
사업 기획서	사업 배경	비전과 이익	타당성 및 검토 의견	기대효과와 실행 계획

형식을 파괴하지 않는 이상 모든 기획서는 전개 순서가 동일하다. 기획

내용을 얼마나 객관적으로 설명하고, 설득력 있게 보여주느냐가 중요하다. 읽는 사람을 설득하고 실행하기 위해서 기획서를 쓴다. 한 페이지에 짧은 문장으로 쓰라고 해서 정보만 나열한 다음 결론을 제시하면 안 된다. 사실과 자료만 나열하면 의견이 없는, 불완전한 기획서가 된다. 객관적인 근거와 작성자의 의견이 반드시 필요하다. 사실-근거-이익-의견 순서로 구성해서 읽는 사람을 설득해야 한다.

기획자의 의견을 뒷받침하는 자료, 즉 사실과 근거가 너무 많으면 핵심을 파악하기 어렵다. 반대로 사실과 근거가 부족하면 설득력이 떨어진다. 주장만 있고 근거가 없으면 설득할 수 없다. 기획자는 사실과 근거, 주장을 표현하는 방식에 대해서 고민해야 한다. 완료 보고서처럼 진행한 과정과 결과를 전달하는 문서는 사실과 의견을 명백하게 구분하지 않아도 크게 문제되지 않는다. 이미 결과가 나왔고 사실에 근거해서 작성했기 때문이다.

앞으로 추진할 일 또는 사업을 보여주는 기획서는 '사실'과 납득할만한 '근거'를 제시하고 의견을 덧붙인다. 여기서 사실의 개념을 명확히 알아야 한다. 사실은 일어난 현상이나 자연 법칙이다. 실험이나 조사에 의해서 진위를 객관적으로 판정할 수 있는 것을 말한다. 과거에 일어난 사건 또는 지금도 계속 일어나고 있는 일이 사실이다. 기획자는 앞으로 추진할 일에 대한 결과를 예측하기 위해서 통계 자료와 과거에 비슷한 일을 했던 사례를 첨부한다.

사실을 보여준 다음 의견을 제시한다. 과거에 유사한 사업을 추진했더니 이런 결과를 얻었고 당시에 이런 문제가 발생했다. 이번에는 문제점을 보완해서 더 나은 결과를 만들겠다는 것이 의견이다. 객관적인 사실로 밝혀지지 않은 것은 모두 의견이다.

의견은 설득력을 가진 정도에 따라 추론^{Inference}, 판단^{Judgment}, 의견^{Opinion}, 가설^{Hypothesis}, 이론^{Theory}으로 구분한다. 첫째, 추론은 '이렇게 될 것이다'라는 추측성 결론이다. 기획자의 추정으로 내린 결론이기 때문에 직관에 의존한다. 둘째, 판단은 추론보다 사실에 기초한 기획자의 생각이다. 기획자는 상태나 현상의 진위를 파악해서 결론을 내린 다음 의견을 제시해야 한다. 단순히 '이럴 것이다'라는 추론을 의견으로 제시하면 안 된다. 판단은 근거를 밝힐 수 있는 생각이다. 셋째, 의견은 기획자 나름의 판단과 통찰력을 동원해서 도달한 결론이다. 추론과 판단보다 명확한 개념으로 타당성을 입증할 만한 근거가 갖춰진 상태를 말한다. 넷째, 가설은 객관적인 자료와 검증을 통해서 가능성이 판명된 기획자의 생각이다. 가설의 진위 여부가 밝혀지면 의견의 최종 단계인 이론으로 승격한다. 다섯째, 이론은 여러 사람이 인정할만한 수준에 도달한 가설이다. 조사와 실험을 통해서 증명된 상태다. 하지만 앞으로도 증명해야 할 게 남아 있다. 이론은 최고 수준의 의견이다.

기획서에 의견을 제시할 때는 다수가 인정하는 이론, 법칙, 사실 등 뒷받침하는 근거가 있어야 한다. 기획서 마지막에 "~라고 생각한다", "~인 것 같다"라는 표현으로 의견을 제시하는 기획자가 있다. 이런 표현은 공식적인 문서에서 지양해야 한다. 만약 사실과 정보를 확실하게 구분하지 않고 생각을 나타내는 표현으로 문서를 끝내면 읽는 사람은 어디가 사실이고 어디가 의견인지 알 수 없다. 마지막 문장 때문에 기획서의 전체 내용까지 신뢰를 잃는다.

일본의 카피라이터 가와카미 데쓰야는 《연봉이 달라지는 글쓰기》에서 글로 상대의 마음을 얻고 싶을 때, 팩트^{Fact}, 메리트^{Merit}, 베네핏^{Benefit}을 넣으라고 했다. 여기서 팩트는 사실, 즉 이미 일어난 일이다. 메리트와 베네핏은 사실 또는 의견, 주장이다.

읽는 사람이 내용에 관심이 있다면, 사실만 논리적으로 정리해도 기획서는 설득력을 얻는다. 하지만 새로운 일을 추진할 때는 비용, 시간, 노력이 들어가기 때문에 실행한 후에 얻는 장점과 이익을 근거 자료와 함께 보여줘야 한다.

기획자는 통계 자료와 사례를 제시해서 사실을 인지시키고, 실행했을 때 얻는 장점과 이익을 보여준다. 일반적으로 사실을 먼저 보여주고 이런 이익을 얻을 수 있다는 의미에서 팩트^{사실}-메리트^{장점}-베네핏^{이익} 순서로 구성한다. 기획서를 읽는 사람이 실행한 후에 얻는 이익에 관심이 있다면, 도입부에 어떤 이익을 얻는지 먼저 제시하는 것도 좋다.

기획서에서 이익을 제시하는 방법

기획 방법론, 기획서 작성을 설명하는 책, 교육에서는 아이디어와 컨셉, 목표, 논리, 스토리텔링 등을 강조한다. 기획서의 다른 항목과 비교해서 상대적으로 비용과 이익, 기대효과를 설명하는 분량은 많지 않다. 경험에 따르면, 기획서에서 가장 중요한 부분은 실행 후에 얻는 '이익'이다. 이익을 숫자로 표시하면 기획서의 채택 여부는 명확해진다.

기획자는 기획서를 쓰기 전에 읽는 사람에 대해서 분석한다. 무엇을 원하는지 파악하기 위해서다. 읽는 사람의 지식이나 요구사항에 따라서 구성과 표현 등이 바뀐다. 하지만 바뀌지 않는 게 하나 있다. 바로 이익이다. 기획서에는 '이익'이라는 항목이 없다. 기획자는 이익을 '기대효과'라는 제목 아래 쓴다. 마지막에 등장하는 기대효과에 실행한 후에 얻을 수 있는 유·무형의 결과를 정리한다.

과연, 기획서를 읽는 사람은 기대효과에서 무엇을 제일 먼저 볼까?

사실과 의견을 기획서에 쓸 때, 팩트, 메리트, 베네핏 순서로 정리하라고 했다. 단어의 뜻에 맞춰서 생각하면 메리트는 기대효과, 베네핏은 이익이다. 둘 중에 더 중요한 것을 고르라면 당연히 베네핏이다. 기획서를 읽는 사람결정권자은 이익과 관계없는 정보를 눈여겨보지 않는다. 이익과 밀접하게 연결된 내용에만 흥미를 보인다. 기획서를 제출하고 프레젠테이션이나 회의를 하면 이런 사실을 쉽게 알 수 있다. 문제를 해결하든, 새로운 사업을 추진하든 마찬가지다. 기획서 채택 여부를 결정하는 사람은 기획 배경, 통계, 사례를 정리한 부분에 집중하지 않는다. 보통의 집중력만 유지해도 다행이다. 기획서 후반부에 예산과 인력, 기간이 나올 때부터 귀를 기울인다. 이들의 집중력은 기대효과를 설명하는 시점부터 상승해서 이익과 손익분기점이 나오면 정점에 이른다. 도입부에서 개요를 읽고 이익이 크지 않다고 판단하면 더 이상 주의를 기울이지 않는다. 그러다가도 기대효과에서 나열한 여러 가지 이익 중에서 하나라도 경영자의 시각에서 가능성이 있다고 판단하면 다시 집중한다. 경영자는 정량적매출, 판매량, 이익 등 · 정성적인지도, 브랜드 가치 등으로 이익이 크다고 생각하는 내용에 주의를 기울인다.

영국의 심리학자 콜린 체리는 "시끄러운 환경에서도 흥미 있는 대화는 귀에 들린다."라고 했다. 이것을 선택적 청취 능력, '칵테일 파티 효과cocktail party effect'라고 한다. 관심 있는 내용만 선택해서 듣는 능력이다. 시끄러운 곳에서도 무리 없이 대화할 수 있는 이유는 나와 관계있는 특정인의 목소리만 선택적으로 들을 수 있기 때문이다. 사람은 누구나 자기가 관심 있는 내용에 더 집중한다.

기획서를 검토하는 사람에게도 칵테일 파티 효과가 작용한다. 수십 페이지의 기획서에서 한 줄이라도 관심 있는 내용이라고 생각되면 눈을 크게 뜨고 본다. 기획자는 사실과 의견, 주장을 명확히 구분한 다음, 기획서를 읽는 사람에게 이익이 되는 내용, 그것이 주장이든 의견이든 상관없이 이익에 해당하는 내용을 강조해야 한다. 그래야 기획서를 읽는 사람을 집중하게 만들 수 있다.

기획서를 읽는 사람의 머릿속은 칵테일 파티가 열리는 연회장처럼 시끄럽다. 이들은 이익에만 귀를 기울인다. 읽는 사람이 원하는 이익에 초점을 맞춰야 한다. 기대효과도 수익으로 환산해서 보여주면 더욱 설득력을 얻는다. '브랜드 제고로 인한 신규고객 확보'라는 표현보다 한 명의 회원을 모집하기 위해서 필요한 비용에 실행 후 확보할 수 있는 예상 회원 수를 곱한 값으로 예상 이익을 제시하는 것이다.

기대효과는 반드시 정량적으로 표현하고 금액으로 표시해야 한다. 실행 계획을 완료한 후에 얻는 이익은 설득력을 높이는 데 매우 큰 역할을 한다.

기획 배경에서 재정을 점검하고 기대효과에서 이익을 제시한다

기획서의 도입부에는 언제나 기획 배경이 나온다. 기획이 필요한 이유를 명확하게 제시한 다음 본론에서 개요와 전략을 보여준다. 마지막에 실행 계획과 기대효과를 제시한다. 일반적인 사업·상품·서비스 기획서, 문제해결 기획서, 사업 기획서의 전개 방식은 같다.

기획 배경에는 기획 목적, 현황, 내·외 환경을 쓴다. 개요에 목표, 문제점·과제를 쓰고 전략에서 해결책·대책을 제시한다. 마지막으로 목표를 달성하고 문제를 해결한 후에 얻는 이익과 혜택을 쓴다.

기획서의 구성 요소에 맞춰서 내용을 정리하면 다음과 같다.

서론, 본론, 결론으로 구분한 기획서의 구성 요소에서 기억해야 하는 부분만 짚어보겠다. 기획 배경에서 기획을 하는 이유와 배경을 보여준다. 기획을 하는 목표·목적·이유가 정당하지 않으면 좋은 기획서가 될 수 없다. 기획 배경은 "이걸 왜 해야 하는데?"에 대한 대답이다.

전개	기획서	구성 요소	내용
서론	취지	기획 배경	기획서의 궁극적인 목적을 설명한다. 무엇을, 어떻게, 왜 해야 하는지 간략하게 요약한다. 목적이 많을 때는 5개를 넘지 않게 중요한 내용만 추려서 간결하게 보여준다.
		현황 분석	현재 상황을 분석해서 정리한다. 현황은 기획이 필요한 이유와 직결된다. 현황 분석에는 일반적으로 3C(Company, Customer, Competitor), STP(Segmentation, Target, Positioning) 프레임워크를 적용한다.
		내부 역량·외부 환경	외부 환경은 정치, 경제, 사회, 기술적인 거시 환경과 시장·경쟁사·기술동향, 고객 요구사항이 있다. 외부 환경은 매우 복합적으로 영향을 주기 때문에 거시적인 동향과 미시적인 환경 변화를 중심으로 요약한다.
본론	기획의 개요	기획 목표	기획서의 목표는 구체적으로 쓴다. 실행하는 이유는 '기획 배경'에서 밝혔다. 기획 목표에서 어떤 일을 실행해서 무엇을 얻는지 밝힌다. 기획서에서 목적은 '이루겠다는 의지'를 굳게 만들고 목표는 '도착점'을 명확하게 그리는 역할을 한다.
		문제점·과제	문제점은 내부 또는 외부 환경에 의해서 발생한 상황이다. 과제는 지금까지 하던 방식으로는 목표를 달성하기 어렵다는 위기 의식을 보여준다.
	전략 방향	해결책·대책 (대안)	목표를 달성하기 위해서 실행해야 하는 것을 논리적으로(누가, 무엇을, 언제, 어디서, 왜, 어떻게) 제시한다. 수집한 자료와 사례에 기초하여 설득력 있게 해결방안을 제시한다. 해결방안은 대안(Plan B)까지 제시하다
		비용·예산 (자본, 인력, 시간)	실행에 필요한 자본, 인력, 시간을 명시한다. 비용은 숫자로 정확하게 제시한다. 기획자는 재무와 관련이 없는 부서에서 일하더라도 기획을 실행하는 데 필요한 예산과 기간을 정확히 알고 있어야 한다. 때로는 비용이 들지 않는 기획도 있다. 이런 경우 비용이 들지 않는 이유를 밝힌다.
결론	실행 계획과 기대효과	실행 계획	목표를 달성하기 위해서 할 일을 정리한다. 실행 가능한 일을 시간의 흐름에 따라 나열하고 누가, 언제, 얼마의 비용으로 실행하는지 명시한다. 능력 밖의 일을 넣으면 기획서는 반려된다.
		기대효과 (이익)	기대효과는 목표를 달성했을 때 나타나는 결과다. 반드시 숫자로 나타내고 가능하면 금액으로 표시한다. 투입한 비용에서 효과를 금액으로 표시한 만큼 뺐을 때 나오는 플러스 값이 클수록 설득력은 높아진다.

기획자의 관점에 따라 기획 배경과 해결 방안은 달라진다. 어떤 기획자는 지금 불거진 문제만 해결하려고 하는 반면, 또 다른 기획자는 전사적인 차원에서 긴 시간을 갖고 문제의 원인을 없애려고 한다.

단기적인 해법을 미봉책이라고 폄하하는데 중장기적인 해결책만이 능사는 아니다. 모두가 빨리 문제를 해결하기 원한다. 사업 기간이 수십 년 정도라면 문제를 근본적으로 해결하는 기획이 맞다. 하지만 지금 발생한 문제는 최대한 빨리 해결하는 것도 중요하다. 기획자는 수행 기간과 성과를 내는 시점을 고려해서 기획 배경을 설명한다. 기획 배경에서 제일 큰 걸림돌은 재정이다. 문제 해결에는 비용, 시간, 노력이 필요하다. 문제 해결에 필요한 준비를 하고 인력을 증원할 경우 재정 상태에 따라 판단이 달라진다. 모두가 해결해야 한다고 생각하는 문제를 해결하지 못하는 이유도 재정 상태를 감안하기 때문이다. 예산을 조달할 수 없다면 기획은 그저 아이디어일 뿐이다.

현황 분석은 네 가지 프레임워크 3C, SWOT, STP, BCG 매트릭스를 이용한다. 우선 3C 분석으로 회사, 고객, 경쟁사 사이의 관계를 분석한다. 3C 분석에서 우리 회사를 분석할 때 SWOT 분석을 이용한다. 강점과 약점, 기회와 위협 요인을 사분면에 나타낸 다음 약점·위협을 포함한 사분면의 요인들을 강점·기회 영역으로 이동하는 방법을 찾는다. 고객과 경쟁사 분석은 BCG 매트릭스 성장-점유율를 이용한다. 고객은 STP 프레임워크에 따라 분석한다. 고객의 특성을 세분화 Segmentation해서 타겟 Target을 설정한 다음 시장에서 우월한 자리 Positioning를 차지할 것인지 예상한다. 경쟁사 분석에서 우리 회사의 SWOT 분

석 결과와 경쟁사의 강점과 약점을 비교한 후에 경쟁사에 대응하는 방안을 제시한다.[3]

네 가지 프레임워크를 이용해서 우리 회사와 고객, 경쟁사를 분석하면 내부 역량과 외부 환경을 객관적으로 설명할 수 있다. 여기에 정치, 경제, 사회, 기술 분야의 환경과 시장 동향, 고객 요구사항을 반영한다.

현황 분석에 활용하는 프레임워크

프레임워크	현황 분석	내용	
3C	회사	SWOT	강점과 약점, 기회와 위협 요인을 사분면에 나타낸다. 약점·위협을 포함한 사분면의 요인들을 강점·기회 영역으로 이동하는 방법을 찾는다.
	고객	STP	타겟을 정하고 어느 위치를 차지할 것인지 예상한다.
	경쟁사	BCG 매트릭스	성장 - 점유율 관계로 고객과 경쟁사를 분석한다.

기획 목표에서 "무엇을 해야 하는데?"에 대한 답을 제시한다. 기획 목표는 기획서를 쓰는 이유다. 기획자는 회사의 비전과 사업 목표 등의 상위 목표에 부합하는 목표를 정한다. 궁극적인 목표와 관계, 현재 추진 중인 일과 상호작용, 당위성을 강조한다. 기획서의 실행 계획이 궁극적인 목표를 이루기 위한 징검다리 역할을 한다는 점을 강조해야 기획의 위상이 높아진다.

문제점·과제, 해결책·대안에서 기획자의 아이디어를 보여준다. 문제의 원인을 제대로 짚어내지 못하면 엉뚱한 해결책이 나온다. 때로는 문제의 원인을 찾고도 합당한 해결책을 제시하지 못하는 경우가 종종 있다. 역량이

나 재정의 한계로 인해서 기획자는 최선이 아닌 차선의 해결책을 제시한다. 여건이 불비하더라도 기획서에는 최선의 해결책과 실행 가능한 해결책을 함께 제시한다. 해결책은 무궁무진하다. 최선의 해결책을 도출하는 방법론이나 공식은 없다. 해결이 필요한 문제인지 아니면 더 본질적인 문제가 있는지 확인하고, 반드시 해결해야 하는 문제라면 창의적인 해결책을 내면 된다. 때로는 엉뚱한 아이디어에서 최선의 해결책을 얻기도 한다. 결론에는 최선의 해결책, 실행 가능한 차선의 해결책과 대안을 제시한다.

재무 정보에 접근할 수 없는 기획자가 비용·예산을 정리하는 것은 어렵다. 정확하게 정리하기 어렵지만, 예상되는 비용은 견적서를 첨부해서 가능한 정확하게 산출한다. 기획을 실행하는 데 들어가는 비용은 직접적인 투자 외에 인력과 시간, 사후 관리비용까지 고려해야 한다. 예산·비용, 손익분기도 기획서에 넣는다.

예산·비용을 나타낼 때 사용하는 개념

ROI(Return On Investment)	순이익을 총 비용으로 나눈 값. 순이익은 기간별 순이익의 총합이고 총 비용은 기간별 지출한 비용의 합이다.
NPV(Net Present Value)	수익의 현재 가치에서 비용의 현재 가치를 뺀 값. 문제를 해결한 이후 또는 실행 계획을 추진한 이후에 발생할 수익을 현재의 화폐 가치로 환산해서 수익을 계산한다. 비용은 실행 계획을 추진하는 동안, 즉 현재 발생하고 수익은 시간이 지난 후에 발생하기 때문에 현재 가치와 미래 가치를 고려해서 수익을 측정한다.
PP(Payback Period)	투자한 비용을 회수하는 기간. 1억 원을 투자해서 첫 해에 2천만 원 수익이 발생하고 둘째 해에 5천만 원 수익이 발생했다. 셋째 해에 6천만 원 수익이 발생했다면 PP는 2.5년이다. 투자한 비용을 회수하는 3년이 손익분기점(Break Even Point)이다. 실제로는 간접비, 변동비 등의 투자비가 계속 들어가기 때문에 기획자가 PP를 정확히 계산하기는 어렵다.

출처: 야영곤 지음, 《기획서 시크릿 코드》, (새로운 제안, 2012)

올림픽·월드컵 경기장과 대규모 행사를 위해서 만든 시설을 나중에 제대로 활용하지 못해서 관리비 적자가 누적된다는 뉴스가 종종 보도된다. 직접적인 비용은 총액을 제시하고, 일위대가표^{일을 할 때 필요한 자재의 수량, 인력을 표시한 서식}와 견적서를 참고자료로 첨부한다. 인력은 기술 수준에 따라 비용이 다르다.

인력 예산을 산정할 때 맨먼스^{Man Month, M/M} 개념을 사용한다. 1M/M은 한 사람이 한 달 동안 일한다는 의미다. 예를 들어, 2명이 3달 동안 일해야 수행할 수 있는 일은 2Man×3Month로 계산하고 6M/M으로 표시한다.[4]

예산에는 반드시 근거를 넣는다. 예산 범위에서 문제를 해결하고 사후 관리에 필요한 비용까지 산정하면 투자 대비 효과를 파악할 때 도움이 된다. 비용·예산은 재무 담당자에게 도움을 받아서 정리한다.

실행 계획은 기획서의 결론이다. 문제 또는 과제를 해결하기 위해서 앞으로 할 일을 정리한다. 계획은 시간 순으로 언제, 무엇을, 누가, 어떻게 할지 정리한 것이다. 기간별로 실행할 일을 일정표로 만든다. 일을 시작하고 종료하는 시점을 명확하게 제시한다. 일을 실행하는데 소요되는 시간은 객관적으로 산정한다. 그 일을 실행하는 담당자의 의견과 과거에 비슷한 일을 하는 데 소요된 기간을 참고해서 너무 짧지도, 너무 느슨하지도 않은 일정으로 정리한다.

마지막으로 기대효과를 제시한다. 기대효과를 실행 계획 앞에 배치하는 기획자도 있다. 기대효과는 문제를 해결한 이후, 실행 계획을 진행한 이후에 얻는 이익이다. 기대효과는 정성적, 정량적으로 구분한다. 정성적 기대효과는 인지도 상승, 브랜드 가치 제고, 만족도 향상처럼 숫자로 표현할 수 없지만 결과적으로 도움이 되는 내용이다. 오프라인 매체 또는 길거리에서 홍보·마케팅을 계획한다면 구입자수·유입자수를 추정해서 숫자로 나타낸다. 기대효과는 숫자로 표현하고 애매한 용어를 사용하지 않는다. 직접적인 수익이 발생하지 않더라도 이전에 비슷한 광고를 본 사람의 숫자, 자료의 다운로드 수, SNS에서 '좋아요'를 클릭한 숫자 등을 추정해서 정량적으로 나타낸다. 기대효과에서 추정한 숫자는 기획 목표에서 구체적으로 밝힌 숫자와 일치해야 한다.

기획서를 구성하는 요소와 내용을 정리하는 원칙이 있다. 모든 기획서는 배경과 현황 분석으로 시작해서 실행 계획과 기대효과로 끝난다. 아이디어를 구체화해서 초안을 쓰고 내용을 정리한 후에는 기획서의 서론, 본론, 결론에 수집한 자료를 논리와 맥락에 맞게 배치한다. 기획서의 내용은 사실과 의견을 구분해서 명확하게 표현한다. 원칙과 절차를 지키면 기획서 작성은 어렵지 않다.

레이아웃과 넘버링

문서의 레이아웃은 글과 이미지, 표, 도해 등을 배치하는 틀^{Frame}이다. 파워포인트로 기획서를 만들면 글과 이미지, 표 등을 자유롭게 배치할 수 있어서 하나의 슬라이드에 하나의 메시지를 보여주기가 수월하다.

레이아웃은 그리드, 포맷, 여백으로 구성된다. 첫째, 그리드^{Grid}는 문서의 틀을 유지하는 기능을 한다. 제목, 부제목, 본문, 행간, 로고 위치를 정한다. 이렇게 틀을 만들면 전체 페이지에서 통일감을 줄 수 있다. 둘째, 포맷은 최종 산출물의 형태다. 종이로 출력하는 기획서는 대부분 A4 용지 세로형이다. 화면으로 보여주는 기획서는 가로형이다. 공모전, 입찰 등에 제출하는 문서는 페이지 수를 제한한다. 셋째, 여백은 문서 또는 슬라이드의 빈 공간이다. 내용으로 가득한 문서도 약 30퍼센트 정도는 여백이다. 글과 이미지, 도표가 빼곡하게 채워진 문서를 읽고 싶은 사람은 없다. 적당한 여백은 문서의 안정감을 준다.

종이로 출력하는 기획서의 여백은 '대통령비서실 보고서'의 표준 양식을 따르는 게 바람직하다. 용지의 여백은 위쪽, 아래쪽 각각 15mm, 왼쪽, 오른쪽 각각 20mm로 설정하고 줄 간격은 130퍼센트, 머리말과 꼬리말은 10mm로 설정하면 출력해서 보기에 안정적이다.

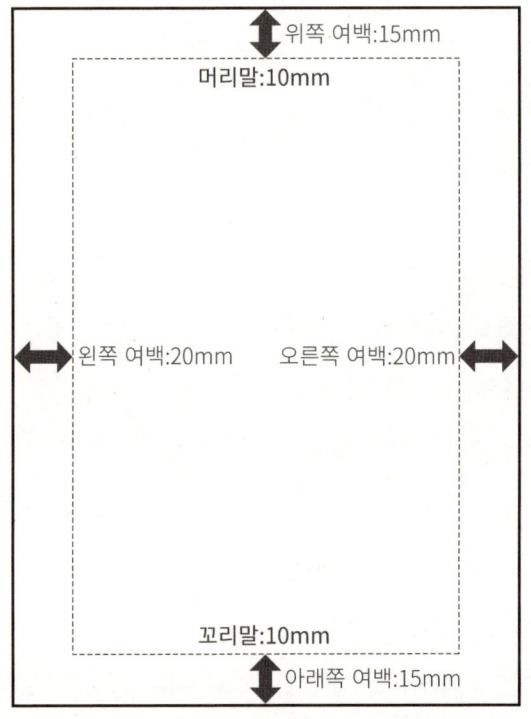

레이아웃은 모든 문서에 적용된다. 종이로 출력하는 문서에서 가장 좋은 레이아웃은 한눈에 전체 내용이 보이는 것이다. 열심히 일하는 기획자는 아이디어와 자료가 많다. 당연히 하고 싶은 말도 많다. 그렇다고 수집한 자

료와 갖가지 사례, 아이디어를 모두 기획서에 넣을 수는 없다. 보여줄 내용이 많아서 여러 페이지로 정리하면 보는 사람은 한눈에 '전체 내용'을 파악하기 어렵다.

여기서 전체 내용은 모든 내용이 아니다. 간추리고 요약해서 아이디어를 보여줘야 한다. '한 페이지 기획서'에 담긴 의미는 요약과 불필요한 정보의 삭제다. 미니멀리즘의 핵심은 버리는 것이다. 기획자는 중요하지 않은 정보를 과감히 버려야 한다. 불필요한 정보를 솎아내는 일은 어렵다. 기획서에 중요한 정보만 남기는 방법은 대표성을 가진 정보 세 개만 골라내는 것이다. 간추린 정보 세 개는 전체를 보여주기에 부족하지 않다.

기획 배경, 목표, 환경, 문제점과 해결 방안을 각각 세 개의 정보로 압축해서 쓰면 문서를 읽는 사람은 내용을 빠르게 인지한다. 사람들은 세 가지 정보가 주어졌을 때, 거부감 없이 받아들이고 쉽게 기억한다. 이것을 '3의 법칙'이라고 한다. 미국의 저널리스트 마크 S. 월튼은 《3의 법칙》에서 사람들은 세 개로 정리된 정보에 쉽게 마음을 열기 때문에 3의 법칙에 따라 작성된 스토리는 강력한 힘을 발휘한다고 했다. 바바라 민토는 《논리의 기술》에서 피라미드 구조로 설득·설명할 때 '왜?'라는 질문에 세 개의 대답을 하면 논리가 만들어진다고 했다.

이 법칙이 어떻게 생겨났는지는 중요하지 않다. 3의 법칙과 비즈니스 글쓰기의 원칙인 '정확하고 간결하고 명료한 표현'을 지키면 페이지의 레이아웃도 깔끔하게 정리된다. 3대 전략, 3단계 서비스, 세 가지 이익처럼 중요한 정보를 세 가지로 정리하면 기획서의 레이아웃이 한결 깔끔해진다.

내용뿐만 아니라 레이아웃까지 신경 쓰는 이유는 기획서를 읽고 싶은 마음이 생기게 만들어야 하기 때문이다. 기획서를 검토하는 사람은 첫 줄부터 꼼꼼하게 읽지 않는다. 우선 훑어본다. 훑어보는 동안 읽고 싶은 마음이 들게 해야 한다. 일반적으로 책이나 문서를 볼 때, 시선은 Z자를 그린다. 페이지를 훑어볼 때 페이지의 왼쪽 위에서 오른쪽 위를 거쳐 왼쪽 아래로, 이어서 오른쪽 아래로 이동한다. 시선이 이동하는 경로에 핵심 키워드를 배치하면 읽고 싶은 마음이 들게 할 수 있다.

위와 아래에 수평으로 기획 배경과 실행 계획을 넣고 오른쪽 위에서 왼쪽 아래로 사선을 그리는 곳에 문제와 해결에 관한 키워드를 배치하고 굵게 강조한다. 시선이 이동하는 경로를 따라서 핵심 키워드를 배치하면 한 페이지로 정리하는 기획서의 레이아웃이 완성된다.

레이아웃이 기획서의 전체적인 흐름을 보여준다면, 넘버링은 내용을 하나씩 읽게 만드는 표현법이다. 기획서는 글로 정보를 전달한다. 한 문장^{한 줄}에는 하나의 논리, 하나의 메시지를 넣는다. 한 문장을 묶음으로, 순서·계층으로 나타내는 것이 넘버링이다. 워드·한글 프로그램에서 '글머리 기호' 기능을 이용하면 자동으로 넘버링이 적용된다.

넘버링을 하면 레이아웃을 구성하는 항목이 명확하게 구분된다. 글로 구성하는 문서는 반드시 넘버링을 해야 한다. 공공기관에서는 문서작성 지침에 넘버링 형식을 정해두었다. 일반 기업에서도 형식을 정해서 내부 문서에 공통적으로 적용한다. 작성자가 임의로 넘버링하면 문서 형식의 일관성이 없고 내용까지 체계가 없어 보일 수 있다. 넘버링은 형식을 정해두고 지키는 것이 바람직하다.

　워드 프로그램에서 제공하는 '글머리 기호' 기능을 사용하면 넘버링 기호를 중복하거나 누락할 염려가 없다. 분량이 많으면 숫자 넘버링을 사용한다. 대면 보고에서 인쇄한 기획서를 보면서 설명할 때, 페이지 번호를 말하는 것보다 넘버링한 번호만 말하면 해당 내용을 쉽게 찾을 수 있다.

공공기관 넘버링	숫자 넘버링	숫자·기호 넘버링	기호 넘버링	숫자·알파벳 넘버링	숫자·로마자 넘버링
1. 가. (1) (가) ① ② (나)	1 1.1 1.1.1 1.1.2 1.2 1.2.1 1.2.2	1. □ ● -	□ ● △	I A a 1) i)	I 1. 1) 2) 2. II

　단락을 하나의 묶음으로 보여주려면 문장을 한 줄로 써야 한다. 기획서 문장이 두 줄 이상 길어지면 넘버링으로 내용을 구분하는 장점이 사라진다. 한 문장에 하나의 메시지를 담아서 한 줄로 쓰면 간단하고 명료한 표현이 완성된다.

■ 간단하고 명료한 표현의 특징[5]

- 한 문장에는 하나의 메시지만 담아서 한 줄로 쓴다.
- 한 문장을 두세 줄로 쓰면 읽기가 부담스럽다.
- 문장이 길면 핵심을 파악하기 어렵다.
- 한 문장은 최대 50글자가 넘지 않게 한다.

- 문장이 길어지면 '그래서', '그러나', '즉' 등을 사용해서 두 문장으로 나눈다.
- 하나의 묶음으로 표시하는 단락에는 세 개의 메시지를 넣는다.
- 주어와 목적어, 동사가 맞게 쓰였는지 확인한다.
- '핵심 키워드 : 키워드에 관한 설명과 메시지를 담은 문장' 형식으로 설명한다.

레이아웃과 넘버링은 내용을 효과적으로 보여주는 기능을 한다. 내용의 전후, 계층을 제대로 표시하면 기획서의 구성을 완성한 것이나 다름없다. 자료에서 핵심 내용을 추출하여 항목별로 구분하고 세부 내용을 구조화, 서열화하는 과정을 거치면 짜임새 있는 기획서가 완성된다.

기획서 작성 시 체크리스트

다이어트의 궁극적인 목표는 건강이다. 건강한 몸을 만들기 위해서 운동 시간표와 식단표를 만들고 실천한다. 다이어트 방법은 매우 단순하다. 규칙적으로 운동하고 식사량을 조절하면 된다. 기획서를 작성하는 목표도 다이어트를 하는 목표와 다르지 않다. 기획자의 능력을 테스트하기 위해서 기획서를 쓰는 게 아니다. 옳은 결정을 해서 좋은 성과를 얻기 위해서 기획서를 쓴다.

기획서를 쓰는 순서와 방법을 지키고, 시행착오를 줄이기 위해서 만들어 놓은 체크리스트를 이용하면 기획서 작성은 어렵지 않다. 체크리스트는 기획서를 쓰는 과정에서 내용을 면밀하게 점검할 수 있게 도와준다. 체크리스트 항목별로 점검하면 오류를 줄이고 논리의 일관성을 유지할 수 있다.

체크리스트는 기획의 3P로 구분해서 확인한다. 기획의 3P는 기획서를 보는 사람^{People}과 현재 상황·문제$^{Present \cdot Problem}$, 제안^{Proposal}이다. 항목별로 체크해야 하는 내용은 다음과 같다.

기획의 3P로 구분한 체크리스트

- 기획서를 읽는 사람
  - 기획서를 읽는 사람이 복수인 경우 최고 결정권자의 이해도에 맞춘다.
  - 기획 내용을 이해하고 있다면 핵심만 간략하게 쓴다.
  - 이해도에 따라 난이도, 페이지수, 첨부 자료를 결정한다.
  - 결정권자의 반응을 확인할 수 있도록 내용을 구성한다.
  - 기획안을 채택 또는 반려하는 의사 표현이 명확하지 않은 경우를 대비한다.
- 현재 상황·문제
  - 기획의 목적을 명확하게 보여준다.
  - 기획서를 작성하는 기한을 확인한다.
  - 당장 해결해야 하는 문제가 발생했다면 기획서는 짧게 정리한다.
  - 당장 해결해야 하는 문제는 즉시 실행해서 성과를 얻는 해결책과 근본적으로 문제의 원인을 없애는 방법을 제시한다.
  - 기획서를 검토하는 시간을 고려해서 분량과 난이도, 첨부 자료를 결정한다.
  - 과거에 유사한 기획서가 있었는지, 있었다면 해결방법과 결과를 정리한다.

- 조사 대상과 방법이 적절한지 확인한다.
■ 해결 방안 또는 실행 계획 제안
- 실행한 후에 얻는 이익을 단기적인 이익, 장기적인 이익으로 구분해서 정량적으로 보여준다.
- 브랜드 인지도 상승, 이미지 제고 등 정성적인 이익도 객관적인 판단 기준과 함께 제시한다.
- 견적서, 손익계산서, 카탈로그, 계약서 등 비용·실행 주체가 명시된 문서를 첨부한다.
- 발표용 문서, 출력용 문서^{하드 카피}가 필요한 경우 두 가지 모두 준비한다.

기획서의 외형과 내용, 첨부한 자료에 대한 체크리스트

■ 기획서의 외형
- 적당한 분량인가?
- 차례만 보면 내용을 짐작할 수 있는가?
- 제목에서 기획의 목적이 나타나는가?
- 도표와 인포그래픽의 배치가 적당한가?
- 내용이 한눈에 들어오는 레이아웃인가?

■ 기획서의 내용과 구성
- 기획의 배경과 목적, 문제를 정확하게 설명했는가?
- 과장된 표현이나 불필요한 수식어는 없는가?

- 현재 상황을 설명하는 자료가 편향되지 않았는가?
- 논리 전개 방식이 납득할 수 있는가?
- 내용이 지나치게 자세한 부분 또는 부족한 부분은 없는가?
- 올바른 용어를 사용했는가?
- 개조식으로 표현할 부분·서술형으로 표현할 부분을 구분했는가?
- 내용의 중복은 없는가?
- 자료의 출처는 정확히 밝혔는가?
- 도표에 설명을 넣지 않아도 이해할 수 있는가?
- 이익·손해를 과장하지 않았는가?
- 자료와 설명 사이에 상이한 부분은 없는가?
- 내용이 긴 경우 요약본 executive summary 을 준비했는가?

필요하다면, 항목을 추가해서 체크리스트를 만들어두면 기획서를 점검할 때 유용하다. 기획서의 완성도는 체크리스트에서 나온다고 해도 과언이 아니다. 실행에 옮길 때도 가설 검증 단계에서 여러 번 생각하고 시뮬레이션 했기 때문에 변수가 생겨도 당황하지 않고 처리할 수 있다.

8

기획서의 표현법

기획서의 표현법

기업에서는 문서 서식을 정해놓고 거기에 맞춰서 쓴다. 업무용 문서는 형식이 중요하다. 보기 좋아야 읽고 싶은 마음도 든다. 기획서는 다른 문서보다 형식이 중요하다. 내용이 아무리 좋아도 가독성이 떨어지거나 외형^{레이아웃, 글자 크기, 단락 구성, 분량 등}이 보기에 좋지 않으면 기획서는 보류된다.

기획서의 첫인상은 레이아웃에서 결정된다. 문서의 서식, 즉 머리글·바닥글, 서체, 페이지 번호, 글자 강조 방법을 보기 좋게 정해놓은 것이 레이아웃이다. 출력용 문서, 발표용 슬라이드 모두 서식을 정해놓고 쓴다. 만약 서식이 없다면, 공공기관 자료실에서 공문, 보도자료 등을 다운받아서 내용과 형식을 회사에 맞게 수정한 다음 기본 서식으로 정해서 쓰면 된다.

레이아웃에서 공통적으로 들어가는 요소는 머리글·바닥글, 본문, 페이지 번호다. 문서 파일 속성에는 반드시 작성자 이름, 부서, 작성 날짜를 입력한다. 본문은 내용을 입력하는 부분으로 글, 그림, 도표가 들어가는 영역이다. 발표용 슬라이드에는 동영상도 삽입한다. 머리글에는 문서 제목을 넣는다. 슬라이드 수가 많으면 슬라이드 맵 기능을 하는 중간제목을 넣는다. 바닥글에는 페이지 번호와 로고, 저작권을 표시한다.

문서의 머리글·바닥글, 본문 내용

	발표용 슬라이드	출력용 문서	엑셀 자료
머리글	제목 슬라이드 맵	문서 속성(작성자 정보)	제목 문서 속성
본문	내용 주석 및 출처	제목 내용 주석 및 출처	제목 내용 주석 및 출처
바닥글	페이지 번호 로고 저작권	페이지 번호 로고 저작권(내부용 / 외부용 / 기밀 등 표시)	페이지 번호 저작권(내부용 / 외부용 / 기밀 등 표시)

출처 : 요시자와 준도쿠 지음, 《보고서 작성 원리 70》, (갈벗, 2015)

제목과 본문은 윈도우 시스템에 기본으로 설치된 서체와 많이 사용하는 서체를 사용한다. 바탕체와 굴림체는 모든 윈도우 시스템에 설치되어 있다. 기본으로 설치된 서체를 사용하면 어느 컴퓨터에서 문서를 열든 최적의 상태로 나타난다. 영문과 숫자는 Arial, 강조할 때는 Arial Black을 사용한다. 나눔 서체와 맑은 고딕도 많이 사용한다. 적용한 서체가 제대로 나타나야 하므로 작성자 컴퓨터에만 설치된 특이한 서체는 사용하지 않는다.

글자 크기도 통일한다. 대제목, 중제목, 소제목에 사용하는 글자 크기, 서체를 정해둔다. 대제목 아래 밑줄을 그어서 단락이 시작하는 부분을 표시한다. 주석과 본문 글자도 크기와 서체를 정해둔다. 강조하는 형식도 규칙을 정해두고 문서의 통일성을 유지한다. 중요한 내용을 강조할 때는 볼드를 사용한다. 밑줄을 함께 사용해도 좋다. 강조하려고 이탤릭체를 사용하기도 하는데 한글은 이탤릭체를 적용하면 가독성이 떨어진다. 출력했을 때 글자가 찌그러져 보인다.

제목 (대제목, 중제목, 소제목)	대제목(문서제목) : 글자크기 22포인트, 서체 휴먼명조 헤드라인M, 제목상자 테두리 0.3mm 중제목 : 글자크기 18포인트, 서체 중고딕 소제목 : 글자크기 16포인트, 서체 중고딕(본문과 구분)
본문	글자크기 12~15포인트, 서체 명조 계열, 양쪽 정렬 표 안의 글자 크기 14포인트(본문 글자보다 작게 설정)
여백	위쪽 : 여백 15mm, 머리말 영역 10mm, 글자크기 14포인트 아래쪽 : 여백 15mm, 꼬리말 영역 10mm, 글자크기 12포인트, 페이지 번호 표시
주석, 참고 내용	주석 제목 : 서체 고딕 계열 참고 내용 : 서체 명조 계열, 문장 앞에 ※ 표시하고 글자크기 13포인트
강조 형식	핵심 키워드만 볼드 적용, 밑줄
항목 표시	통일된 넘버링 형시을 적용한다. 넘버링 형식이 없는 경우, 분량이적은 문서는 □, ○, 등의 기호 사용 분량이 많은 문서는 숫자 넘버링으로 항목 구분

기획서의 본문은 정보량이 많지도, 적지도 않게 조절해서 쓴다. 초안에 항목을 빠짐없이 넣고 수집한 자료에 기초해서 내용을 쓴다. 그런 다음, 단어 선정과 문장 구성, 시제 표현[과거 : 했음, 현재 : 진행 중 또는 진행 정도 표시, 미래 : 예정]을 확인하면서 초안을 편집한다.

편집 단계에서는 내용을 추가하기보다 삭제한다. 적절하지 않은 표현은 고치고 덜 중요한 내용은 뺀다. 정확하게 표현하려면 자세한 서술보다 요약이 바람직하다. 편집하면서 필요 없다고 판단한 내용은 삭제해서 없애지 말고 다른 문서에 보관할 것을 권한다. 기획서를 편집하는 과정에서 삭제한 내용이 나중에 다시 필요할 때가 종종 있다. 기획서 파일을 수정할 때마다 파일명에 버전과 날짜를 표시해서 새 이름으로 저장하는 것도 좋다.

기획서 본문의 글자 수는 A4 용지 기준으로 한 줄에 공백을 포함해서 35자 내외가 적당하다. 한 문장의 단어 개수는 10개가 넘지 않게 한다. 자세히 설명하는 문장이라도 2줄 이내로 쓴다. 문장 정렬은 양쪽 맞춤으로 설정한다. 여러 줄로 정리한 문서는 문장의 오른쪽, 왼쪽 끝이 수직으로 맞아야 정돈된 느낌을 준다.

표, 그림, 도해 제목은 가운데 정렬로 설정한다. 표에서 숫자는 천 단위에 콤마를 사용하고 오른쪽 정렬로 끝자리를 맞춘다. 표의 가장 바깥 테두리는 두꺼운 실선, 안쪽 테두리는 실선을 사용한다. 표와 도해도 서식을 만들어서 통일한다.

숫자와 영문은 업무용 문서 표기법에 따른다. 업무용 문서에는 숫자가 많이 들어간다. 비용, 시간, 날짜는 모두 숫자로 표기한다. 비용은 아라비아 숫자로 쓰고 화폐 단위는 해당 국가에서 표시하는 단위$^{\$, ¥, €, £}$를 사용한다. 신문, 잡지, 방송에서는 단위가 큰 숫자를 '14억7천만 원'으로 읽기 쉽게 표시한다. 문서에서 돈을 나타낼 때 세 자리씩 콤마로 구분해서 '₩1,475,000,000'으로 쓴다. 엔, 달러, 유로처럼 한글로 쓰지 않는다. 단위를 표시할 때 가독성을 고려하여 센티미터, 킬로미터, 킬로그램 등 한글로 표시하기도 하는데 제곱미터, 세제곱미터는 한글로 표시하면 더 어색하다. 단위는 영문 그대로 표시한다.

시간은 24시간제로 표시한다. '오후 5시'가 아니라 '17:00'라고 쓴다. 시와 분을 콜론으로 구분한다. 숫자, 단위, 시간 표시는 가독성보다는 정확성이 더 중요하기 때문이다. 분수도 한글로 표시하지 않고 숫자를 그대로 사용한다. 10분의 3이 아니라 3/10으로 쓴다.

날짜를 쓸 때는 연도 숫자의 앞에 두 자리를 생략하지 않는다. '19년 11월 12일(화)처럼 연도를 줄여서 쓰지 않는다. 요일은 괄호 안에 한 글자로 표시하거나 '화요일'이라고 쓴다. '2019년 11월 12일 화요일'은 2019.11.12 화요일 또는 2019년 11월 12일(화)로 통일한다.

좋다, 나쁘다 등의 표현은 조사 결과나 통계를 첨부해서 숫자로 나타낸다. 정성적인 표현을 꼭 써야 한다면 단순·명료하게 쓴다. 명료하게 표현하려면 꾸미는 말을 없애면 된다. 최소한의 단어로 문장을 표현하면 의미가 명확하게 전달된다. 꾸미는 말은 꼭 필요한 부분에 한 개만 넣는다. 문장을 줄여서 명료하게 표현하는 훈련을 하면 기획서를 한두 페이지로 완성할 수 있다.

숫자, 단위, 날짜, 시간 표시를 이렇게 쓰는 이유는 읽는 사람이 잘못 이해할 소지를 없애기 위해서다. 문자로 의사소통하는 기획서는 확실하게 표기하지 않으면 읽는 사람마다 다른 의미로 해석할 수 있다. 표현이 딱딱해지는 단점이 있지만 업무용 문서에서는 오해의 소지를 없애는 것이 더 중요하다. "단순하고 명료하게 쓴다"는 말은 오해의 소지를 없애라는 뜻이다.

애매한 표현과 문서를 읽는 사람의 판단

애매한 표현		문서를 읽는 사람의 판단(최소와 최대의 차이)	
기한	이번 주까지	이번주 금요일	다음주 월요일
	가까운 시일 안에	5일 이내	1개월 이내
정도	가능한	시간이 허락할 때마다	전력을 다해서
	어느 정도	10퍼센트 내외	30~50퍼센트
	확인하기	훑어보기	면밀하게 살펴보기
	어지간히, 꽤	약간	매우, 상당히 많이

성공하는 차별화, 실패하는 차별화

기획자는 '이렇게 하면 문제를 해결할 수 있다' 또는 '이런 방법으로 효율을 높일 수 있다'는 식으로 서술한다. 기획서를 쓰는 목적은 앞으로 할 일을 설명하고 그 일을 하면 무엇이, 왜, 어떻게 좋은지 설득하는 것이다.

기획자는 현재 상황, 문제, 과제를 설명하고 해결책(개선안)을 실행하자고 설득한다. 설명과 설득은 개념이 다르다. 예를 들어, 담배의 유해성을 알리는 것은 설명이고 담배를 끊도록 행동하게 만드는 것은 설득이다.

읽는 사람이 이해할 수 있게 설명하고, 실행하고 싶은 마음이 들도록 써야 한다. 그러려면 기획서를 읽는 사람, 즉 결정권을 가진 사람의 입장을 파악하는 게 우선이다. 읽는 사람에게 익숙한 언어로 표현하면 이해도를 높일 수 있다. 성격이 급한 사람이 읽는 기획서는 요점만 간추려서 설명하고 도입부에 결론을 제시한다. 명분과 논리를 중요하게 여기는 사람이 읽는 기획서는 근거와 함께 실행해야 하는 이유를 설명하고 사회적으로 어떤 도움이 되는지 밝힌다.

　기획서의 핵심 메시지는 읽는 사람이 인정하는 아이디어와 실행 가능한 계획이다. 아이디어는 참신해야 하고 실행 계획에는 논리와 구체적인 근거가 있어야 한다. 바꿔 말하면, 읽는 사람을 설득하는 요인은 참신함, 논리, 근거 세 가지다. 읽는 사람이 누구든, 성향이 어떻든 기획서 문장에 참신함, 논리, 근거를 넣어야 설명과 설득을 할 수 있다.

　기획자는 아이디어의 참신함을 강조하려고 차별화, 독창성을 내세운다. 과거에는 이랬는데 지금은 다르다, 남들은 이렇게 하는데 우리는 다르다, 어떻게든 '다르다'를 강조하려고 애쓴다. '다르다'를 차별화라고 한다. 차별화는 오랫동안 비즈니스에서 중요한 자리를 지키고 있다. 기획자는 남과 다르지 않으면 새롭다고 말할 수 없어서 다른 점을 찾는데 집중한다. 아이디어의 참신함이 차별화에서 나온다고 믿지만 때로는 차별화가 치명적인 단점이 된다. 차별화에는 성공했지만 결과적으로 실패한 사례도 많다.

　하인즈의 녹색 케첩과 펩시콜라의 투명 콜라는 차별화에 성공했지만 기획은 실패했다. 1990년대까지 하인즈는 미국 케첩 시장 점유율 70퍼센트를 유지했다. 2000년에 후발 케첩 제조사들이 더 좋은 재료와 가공방법으로 시장 점유율을 높였다. 하인즈는 시장 점유율이 줄어들자 차별화를 시도했다. 당시에 화두였던 컬러 마케팅을 케첩에 도입해서 2000년 10월 녹색 케첩 판매를 시작했다. 녹색으로 결정한 데는 이유가 있다. 녹색은 자연의 색이고 케첩의 주재료인 토마토는 빨갛게 익기 전까지 초록색이기 때문이다. 초록색 토마토도 이상할 게 없다고 판단했다.

매체에서는 '케첩=빨간색'이라는 고정관념을 깼다는 뉴스를 내보냈고 하인즈도 대대적으로 홍보했다. 녹색 케첩은 기존 제품과 분명히 달랐다. 출시 초기에 고객의 호기심 덕분에 녹색 케첩의 판매량은 일시적으로 증가했다. 이어서 오렌지 케첩, 핑크 케첩도 출시했지만 '케첩=빨간색'이라는 인식을 바꾸지 못했다. 하인즈는 2006년에 색이 다른 케첩 생산을 중단했다.

펩시콜라는 1993년에 투명한 콜라를 내놓았다. 콜라의 검정색을 내기 위해 첨가하는 카라멜 색소가 건강에 나쁘다는 얘기가 나왔기 때문이다. 제조 과정에서 콜라의 색소를 없애는 건 어렵지 않았다. 펩시콜라는 맛과 향은 검정색 콜라와 똑같고 투명한 콜라를 건강한 콜라라는 콘셉트로 판매했다. 하지만 투명한 콜라의 판매는 저조했다.

하인즈의 녹색 케첩과 펩시콜라의 투명 콜라가 실패한 원인을 색채 심리의 관점으로 해석하는 학자도 있다. 색이 다르다는 특징을 차별화라고 내세웠지만 고객은 생각이 달랐다. 색이 다르다고 상품의 효용 가치가 높아지지 않는다.

'다르다'고 주장하기 전에 차별화를 고객이 받아들일지 심사숙고해야 한다. 사우스웨스트 항공에서 운행하는 비행기는 보잉 737 기종 한 가지다. 경쟁 항공사에서 고객들의 다양한 욕구를 충족시키기 위해서 여러 가지 기종을 운행하는 것과 비교된다. 사우스웨스트 항공사의 조종사, 승무원은 보잉 737 기종에 대한 훈련만 받는다. 따라서 훈련 시간과 비용이 절감된다. 청소를 담당하는 직원도 똑같은 환경에서 일하기 때문에 어디에 어떤 물건이 있어야하는지 정확하게 안다. 화물 담당자도 마찬가지다.

한 가지 기종을 고집하는 차별화가 직원의 업무 효율을 높이고 비용은 줄이면서 고객만족도는 높이는 결과를 가지고 왔다.

녹색 케첩과 투명 콜라의 차별화는 결과적으로 고객이 원하지 않는 기획이었다. 시간과 비용을 낭비한 기획이다. 참신함을 강조하기 위한 차별화의 함정에 빠진 기획자는 본질과 동떨어진 기획을 한다. 사우스웨스트 항공에서 한 가지 기종으로 운행하는 전략은 이와 대조적으로 브랜드 인지도와 업무 효율, 고객 만족도를 높였다. 불필요한 차별화로 시간과 비용을 낭비하는 대신, 직원의 훈련·근무 시간을 줄이고 브랜드 가치는 높였다.

해외 사례처럼 차별화에는 '좋은 다름'과 '나쁜 다름'이 있다. 차별화를 내세운다면 실질적으로 도움이 되는 장점과 다르니까 잘 할 거라는 우월함을 가려야 한다. 기획서에서 '특별하다' 또는 '다르다'라는 표현이 반복된다면 다음 질문에 대답해보기 바란다.[2]

- 다른 곳보다 정말 훌륭한가?
- 왜 좋은가?
- 얼마나 도움이 되는가?
- 비용을 절감하는가?
- 효율이 향상되는가?
- 상품의 가치가 높아지는가?
- 고객도 훌륭하다고 보는가?
- 차이를 만들기 위해 어떤 노력을 했는가?

이 질문에 납득할만한 대답을 하지 못하면 차별화라고 말할 수 없다.

근거를 제시할 때 필요한 세 가지 요소

아이디어가 정말 참신하다면, 논리와 근거를 들어서 설명하고 실행하도록 설득해야 한다. 논리는 육하원칙에 따르면 된다. 아이디어를 실행해야 하는 이유를 육하원칙에 따라 설명한다. 근거를 제시할 때는 이유, 매력, 설득으로 나눠서 표현하면 효과가 있다.

첫째, 기획이 필요한 이유를 설정한다. 수많은 이유 가운데 수긍할 수 있는 근거를 제시한다. 이 과정을 이유 설정이라고 한다. 기획서의 채택 여부를 결정하는 사람의 특성을 고려해서 근거를 제시하기 때문이다. 기획자가 주관적으로 타당하다고 생각하는 자료에만 의존하면 기획서의 채택 가능성은 줄어든다. 수집한 자료 가운데 기획서를 검토하는 사람이 수긍할만한 내용을 이유로 설정한다.

둘째, 기획의 매력이다. 기획이 문제를 해결하는 최고의 해결책임을 나타내려면 매력이 필요하다. 기획서는 논리적으로 완벽해야 한다. 그렇다고 논리와 근거만 내세우면 딱딱하고 건조한 기획서가 된다. 이럴 때 매력이 필요하다. 물증보다 심증에 약한 게 인간이다. 공감하고 확신을 줘서 끌어당기는 것이 매력이다. 매력은 기획서 외적인 부분^{기획서를 쓴 기획자}에서 나온다. 평소에 여러 사람에게 실력을 인정받고 지지를 얻은 기획자의 아이디어는 왠지 모르게 좋은 결과로 이어질 것 같은 믿음을 준다. 기획서를 쓰는 기술적인 부분에 집중하기에 앞서 기획을 하는 마음가짐을 먼저 살펴야 한다.

셋째, 실행했을 때 기대되는 결과를 보여주면서 설득한다. 실행한 후에 어떤 결과가 나올지는 많은 사람이 관심을 보인다. 아직 결과가 나오지 않아서 기획서에는 '기대효과'라고 쓴다. 아이디어를 씨앗, 기대효과를 열매에 비유한다. 열매가 달고 맛있으면 그 열매를 더 많이 수확하기 위해서 노력한다. 눈을 크게 뜨고 보는 부분이 바로 실행 후의 결과다.

목표를 이룬 후에 일어날 일, '비용이 줄어든다', '매출이 늘어난다', '효율이 향상된다' 그밖에 얻는 물질적·정신적 이익을 구체적인 숫자로 보여주면 설득력은 배가 된다.

콘텐츠 매핑, 흩어진 내용을 연결하는 방법

기획서를 쓰는 동안 기억할 것이 있다.

"초안에서 제시한 핵심 키워드를 만족할만한 수준으로 정리했는가?"

기획자는 설명·설득할 내용, 참고 자료 등을 어떤 순서로 배치하고 연결할지 결정해야 한다. 수집한 자료에서 사실과 주장, 통계, 아이디어, 그래픽, 참고자료 등 여러 종류의 정보를 뽑아내서 기획서를 쓴다.

기획서의 '핵심'은 이미 초안에서 정리했다. 본격적으로 기획서를 쓰는 동안 앞으로 할 일과 그 일을 하는 이유, 완료한 후에 얻는 이익의 관계를 만들고 연결해서 배치하는 작업을 한다. 핵심을 어떤 순서로 정리하고 연결할 것인지 정하는 과정을 콘텐츠 매핑^{Contents mapping}이라고 한다.

아이디어를 수렴하는 단계에서 어떤 아이디어를 어떤 항목에서 보여줄지, 배열은 어떻게 할지 생각한다. 기획서를 구성하는 자료와 아이디어 사이에는 관계가 있다. 아이디어 발상과 수렴하는 시점에서 자료 수집을 하는 시점이 멀어질수록 어떤 아이디어를 어디에 넣어야 하는지 잊어버릴 확률이 크다. 자료를 수집하는 시점에는 어떤 내용을 어떤 방식으로 활용할지 예상하지만 기획서를 작성하면서 사실과 주장을 뒷받침하는 자료를 다시 찾는 일이 허다하다.[3]

콘텐츠 매핑을 제대로 하지 않으면 기획자는 수집한 자료 속에서 길을 잃는다. 아이디어가 많으면 좋은 생각, 좋은 기획이 나온다. 자료는 다르다. 자료가 많다고 좋은 기획이 나오는 것은 아니다. 자료를 너무 많이 모을 필요는 없다. 수집한 자료를 적재적소에 배치해서 핵심을 전달하는 것이 콘텐츠 매핑의 목표다.

《비즈니스 글쓰기의 모든 것》을 쓴 클레어 메이로위츠는 업무용 문서와 학문적인 글을 편집하고 교정하는 일을 한다. 그는 나쁜 글이 존재하는 이유는 그만큼 엉성한 사고 과정이 있었기 때문이라고 했다. 뒷받침하는 자료를 많이 모아서 주장을 과대포장 하는 것은 기획자의 일이 아니다. 여기저기서 끌어모은 자료를 늘어놓은 기획서는 대충 보면 그럴듯하지만 핵심이 없기 때문에 여러 차례 검토를 거치면서 허점이 드러난다.

기획자는 머릿속에 지도를 그려놓고 핵심을 배치해야 한다. 핵심 문장 다음에 나오는 사례와 자료, 사실과 주장을 효과적으로 보여주는 방법을 터득해야 한다. 핵심 문장과 뒷받침 문장을 머릿속에 그린 지도에 따라 구조화해서 의미를 부여하면 전달력이 향상된다. 문제 해결, 인과 관계, 시간의 흐름을 보여주는 내용은 직렬_{순서에 따라}로 정리하고 주장을 뒷받침하는 자료가 두 개 이상 나올 때는 병렬_{대등한 관계}로 정리한다.

기획서에는 요점만 쓴다. 스토리텔링에 집중하는 기획자는 내용을 이야기로 구성해서 모든 걸 보여주려고 한다. 이야기 형식으로 기획서를 쓰면 서사 구조는 갖출지 몰라도 읽는 사람은 지루하다. 스토리텔링이 필요하다면 이야기를 늘어놓지 말고 다섯 줄을 넘지 않게 간추려서 서술한다.

정보량을 줄이되 준비한 자료를 필요한 항목에서 보여준다. 상대적으로 중요도가 떨어지는 자료는 제외하고, 기획서를 정리하는 과정에서 발견한 특이사항은 참고로 구성한다. 특이사항은 핵심과 거리가 멀어도 반드시, 짧게라도 설명한다.

콘텐츠 매핑을 이용해서 문장을 나열하는 방식과 구조에도 의미를 담아서 정보를 전달하면 기획서의 완성도뿐만 아니라 읽는 사람의 이해도가 높아진다.

거버닝 메시지 요약하기

기획서 초안 작성하기에서 거버닝^{Governing}을 '도입부에서 전체를 관리하는 구조화 방법'이라고 간략하게 설명했다. 도입부에서 '핵심은 세 가지다'라고 밝히는 방법을 거버닝, 단락마다 전달하려는 내용을 요약해서 하나의 문장으로 표현하는 것을 '거버닝 메시지'라고 한다. 거버닝 메시지를 리드 메시지, 헤드 메시지라고도 부른다.

단락의 핵심을 한 문장으로 정리하면, 읽는 사람은 단락이 끝나기 전까지 다른 내용으로 관심이 옮겨가지 않고 설명하는 내용에 더 집중한다. 거버닝 메시지를 만들면 나중에 발표 자료를 만들 때 그대로 사용하면 된다. 슬라이드 하나에 거버닝 메시지를 하나씩 보여주면 된다.

요약한 거버닝 메시지만 읽으면 기획서의 전체 내용을 파악할 수 있도록 구성한다. 거버닝 메시지를 뒷받침하는 사례와 근거는 내용을 설명하는 보조 자료 역할을 한다.[4]

콘텐츠 매핑이 잘 된 기획서는 거버닝 메시지만 읽으면 전체 내용을 이해할 수 있다. 기획자는 각각의 거버닝 메시지가 서로 연결되도록 만들어야 한다. 거버닝 메시지는 단락의 내용을 보여주는 요약문이기 때문에 한 문장에 논리를 담을 필요는 없다. 상세하게 설명하는 본문에서 논리를 구축했기 때문에 단락마다 정리한 거버닝 메시지를 하나의 흐름으로 연결만 하면 된다.

거버닝 메시지는 흐름이 중요하다. 앞 단락의 거버닝 메시지와 연결하려고 같은 내용을 반복해서 쓰면 안 된다. 한두 줄의 문장으로 요약하는 기능을 하기 때문에 '이하 내용 참조'라는 표현은 사용할 수 없다. 요약하는 문장에서 설명을 참조하라는 것은 맥락의 오류다.

자세한 설명이 필요한 기획서는 수십 페이지가 넘는다. 분량이 많으면 맨 앞에 전체 내용의 '요약본'을 넣는다. 기획서가 20페이지 분량이라면 요약본은 2페이지 정도가 적당하다. 어느 정도로 요약하라는 지침은 없다. 어떤 취지로 기획을 했는지, 결론을 내린 이유는 무엇인지, 실행 계획과 비용, 기대효과, 언제 시작하고 언제까지 완료할 수 있는지 등을 요약한다. 기획서를 요약할 때도 거버닝 메시지를 사용한다. 기획서에 정리한 순서대로 거버닝 메시지만 나열한 다음, 구성 항목에 따라 중요한 메시지만 남기고 문장을 수정하면 요약본이 완성된다.

개념 설명이 필요하거나 용어 해설이 필요하면 요약본에도 설명을 간략하게 넣는다. 학교에서 단락 나누기, 주제와 핵심 문장 찾기, 요약하기를 배우고 해봤다. 하지만 기획서 내용을 요약한 걸 보면, 문장을 줄이고 단어를 짧게 고쳐서 나열한 형태가 많다. 단순히 짧게 고치는 것은 요약이 아니다. 짧으면서 핵심은 모두 전달해야 한다.

《글쓰기 표현사전》에는 요약을 '독해와 표현의 완충지대'라고 했다. '요약'의 뜻을 가진 영어 단어를 정리하면서 축소형, 중점형, 창조형, 세 가지로 구분했다.

요약의 종류

구분	내용	영어 표기	방법
축소형 요약	소설의 줄거리 요약, 독후감 쓰기, 기사의 들머리(lead) 쓰기	digest, abstract	'무엇이, 언제, 어디서' 등을 중심으로 요약한다.
중점형 요약	요지, 요점 뽑기, 주제·주제문 쓰기, 중심단어 찾기	abstract, summary, precis, extract	중심단락, 결론단락, 주제문·중심단어 중심으로 요약한다.
창조형 요약	감상문·비평 쓰기, 의견 쓰기, 문장의 주제 쓰기	summary, precis, extract, paraphrase	구성과 전개를 중심으로 요약한다.

출처: 장하늘 지음, 《글쓰기 표현사전》, (다산초당, 2009)

기획서 요약본과 거버닝 메시지는 기획서 전체를 읽지 않고도 요점을 파악할 수 있게 다이제스트, 즉 이해해서 다시 써야 한다. 전체 내용을 읽지 않고도 핵심을 알 수 있게 재구성한다.

요약의 원칙은 '짧게', '정확하게', '간결하게'다. 여기서 짧게는 짧은 문장으로 표현, 정확하게는 핵심을 누락하지 않는 표현이다. 간결하게는 핵심을 가운데 놓고 덜 중요한 문장을 감추라는 의미다. 영국에서는 학생에게 프레이시 라이팅^{precis writing}을 가르친다. Precis는 대의^{대강의 뜻}·대요^{전체 줄거리}를 의미한다. 학생들은 사고·구성·강조점을 살려서 짧지만 꼼꼼하게 요약하는 방법을 배운다. 프레이시 라이팅은 감추기^{Suppression}와 압축^{Compression}을 동시에 하는 것이다.⁵

기획자는 긴 이야기를 서너 줄로 압축해서 설명하는 능력과 생각과 주장을 효과적으로 표현하는 능력을 키워야 한다. 자기가 쓴 기획서라고 요약을 쉽게 생각하면 안 된다. 사실·사례는 압축하고 주장·의견은 추진하겠다는 의지를 담고 나머지는 뺀다. 드라마 〈미생〉에서 등장인물이 문장을 요약하려고 고민하는 장면이 나온다. 여기서 감추기와 압축의 개념을 이해할 수 있다.

드라마 〈미생〉에 소개된 문장 요약하기

원문	이슬람 최대 명절 중 하나인 라마단이 지난 8월 18일에 끝났습니다. 따라서 중동항로의 거래량과 실제 적재비율이 다시 늘어날 것으로 보입니다. (라마단 직전의 실제 적재 비율은 95%에 육박했습니다.) 또한 중동 항로 선사협의체에서는 2012년 7월 중 컨테이너 당 300달러의 성수기 할증료를 부과할 예정이었으나 이를 유예하였습니다.
요약문	라마단(2012.7.20~2012.8.18) 종료에 따라 중동항로 물동량 및 소석률 회복이 예상됨 IRA가 7월 중 예정이었던 PSS(USD300/TEU)를 유예함.

거버닝 메시지는 '간결한 표현' 이상의 의미를 갖는다. 의미를 그대로 전달하면서 핵심만 추출해서 언어의 양을 줄여야 한다. 그러려면 본문의 키워드를 그대로 사용하기보다 기획자가 이해해서 다시 쓴 표현, 새로운 문장으로 손질해서 요약문을 만들어야 한다.

애매한 표현을 고쳐쓰기

기획서 문장을 쓸 때, 반드시 지켜야 하는 원칙이 있다. 첫째, 애매한 표현을 피하고 내용이 중복되지 않게 쓴다. 둘째, 적확한 표현으로 간결하게 쓴다. 셋째, 이해하기 쉬운 단어로 쓴다.

모두 단어 선택과 관련이 있다. 단어를 선택해서 표현하는 것을 '워딩wording'이라고 한다. 우리말로는 '표현법'이다.

어떤 단어로 표현하느냐에 따라서 읽는 사람이 받아들이는 의미는 다르다. 복수의 의미를 갖는 단어나 한 문장에 같은 뜻의 단어를 반복해서 사용하면 핵심을 전달하는 데 방해가 된다. 반드시 해야 하는 일은 '해야 한다'라고 쓰고, 하면 좋고 안 해도 결과에 영향이 없는 일은 '해도 좋다'라고 쓴다.

기획서에 쓰면 안 되는 애매한 표현을 예로 들면, '필요하다면', '재량에 따라', '순조롭게', '빠른', '상당히', '적잖게' 등이다. 애매한 표현은 의미가 분명하지 않아서 판단하기 어려운 것, 사람마다 다른 의미로 해석하는 것이다. '필요하다면', '재량에 따라'와 같은 표현을 실행 계획에 쓰면 실무 담당자는 실행 여부를 마음대로 결정한다. '빠른', '상당히' 등의 표현도 마찬가지다.

타부서에 협조를 구해서 진행하는 업무와 일정에서 기획자가 완곡하게 표현하려는 의도로 이렇게 쓰는 경우가 많다. 상황이 어떻든 간에 기획서에 적절하지 않은 표현이다. 기획서를 읽는 사람은 기획자가 표현한 정도를 모두 똑같이 이해해야 한다. 한 사람이라도 "이게 얼마만큼이지?"라는 의문을 갖지 않도록 적확한 표현으로 쓴다.

의미가 중복된 표현은 삼간다. '역전앞', '처갓집'은 일상에서 자주 사용하는 의미가 중복된 표현이다. 역전驛前이 역 앞, 처가妻家가 아내의 부모가 사는 집이다. 여기에 앞과 집을 붙이면 같은 말을 두 번 반복하는 것이다. 처갓집은 의미가 중복된 표현임에도 많은 사람들이 사용해서 사이시옷까지 쓰는 표기법으로 국어사전에 등록되어 있다. '머리에 두통이 있다', '얼굴을 세수한다'도 같은 의미기 중복된 표현이나. 두통은 '머리가 아프다', 세수는 '손과 얼굴을 씻는다'라는 뜻이다. 따라서 '머리가 아프다' 또는 '두통이 있다'라고 써야 한다. 이런 표현은 일상에서 사용하기 때문에 틀렸다고 생각하지 않고 문서에 쓴다.

문서에만 쓰는 표현도 있다.

"새로운 경영 방침에 따라 부서별로 목표 설정을 시행하고 협력 업체와 목표 달성의 중요성에 대해서 충분한 공유를 시행한다."

'시행하고', '시행한다'를 반복했다. '목표를 설정하고', '충분히 공유한다'로 바꾸면 '시행한다'를 넣지 않아도 의미가 통한다. 말할 때는 이렇게 표현하지 않는다. 하지만 글로 쓸 때는 자기도 모르는 사이에 의미 없는 표현을 반복한다.

인문학을 연구하는 학자들은 역사를 기술하기 위해서 오래된 문서에서 사용한 낱말, 사건, 인물 등을 확인한다. 아주 오래 전에 기록된 원전의 필사본을 몇 번이고 반복해서 보면서 역사적인 맥락에서 검토하는 것을 당연하게 생각한다. 우리가 고전이라고 말하는 작품은 의문의 여지가 없는 문장으로 이루어져 있다.⁶

'의문의 여지가 없는 문장'이 바로 적확한 표현이다. 이 책의 독자가 쓴 기획서가 역사에 남을 만큼 의미 있는 문서가 되지 말라는 법은 없다. 기획자도 인문학자처럼 폭넓은 지식을 쌓고 틀림없는 표현으로 써야 한다.

맞춤법은 맞지만 문맥상 표현이 틀린 경우가 많다. 말과 글에서 '빠른 시일'이라는 표현을 종종 한다. 기획서에는 '3일 이내'처럼 기한을 정확하게 표시하는 게 맞다. 하지만 선행 작업 A가 정확히 언제 끝날지 모르고 후속 작업 B는 빨리 시작해야 하는 상황에서 완료된 A작업을 점검할 경우, "빠른 시일 안에 점검을 마친다"라는 표현 외에 적당한 표현을 찾기 어렵다. 물론 "A작업 완료 후 2일 이내 검토한다"라고 쓸 수도 있다. 하지만 후속 작업 일정 때문에 몇 시간 만에 검토를 끝내야 하는 경우도 있다. 여기서는 '빠른'이 아니라 '이른'이라고 써야 맞다. '빠른'은 '발이 빠르다'처럼 운동의 개념이다. 순서를 나타내거나 일찍 끝내려고 서두른다는 의미는 '이른'을 쓴다. 이른 아침을 빠른 아침이라고 하지 않는 것과 같다.

일상에서 사용하는 말 가운데 잘못 쓴 표현이 상당히 많다. 기획자는 국어학자가 아니다. 때문에 모든 표현을 맥락에 맞게 써야 한다는 강박을 갖기보다 최선을 다해서 옳은 표현을 찾아 쓰는 습관을 들여야 한다. 사전에서 의미와 용례를 찾아보면 옳은 표현으로 쓸 수 있다.

기획서, 보고서, 제안서 등 업무에 필요한 문서와 원고를 쓰는 게 주요 업무인 나는 적확한 표현을 찾으려고 노력한다. 하지만 문서 결재가 끝나고, 원고가 책으로 나온 후에 다시 읽어보면 '내가 왜 이렇게 썼을까?' 하는 문장이 많다. 기자로 일할 때, 글을 잘 쓰기 위해서 어떻게 해야 하는지 고민했다. 가장 많이 들었던 조언은 책을 많이 읽고, 많이 생각하고, 많이 쓰라는 교과서에 나오는 조언이었다. 한 선배는 글쓰기에 관한 교육을 들으라는 조언을 했다. 20여 년 전에 글쓰기 교육은 지금처럼 흔하지 않았다. 당시에 커뮤니케이션에 관한 교육에 여러 번 참여했다. 이 교육은 실질적으로 도움이 됐다. 하지만 충분하지는 않았다. 나는 지금도 표현법에 관한 책을 읽고 글쓰기를 공부한다.

하버드대학에서 논증적 글쓰기 수업을 총괄하는 토마스 젠 교수는 문장력을 향상시키는 일곱 가지 방법을 제시했다.'

첫째, 모든 학교 수업에 충실하게 참여한다.

둘째, 한 가지 주제를 정하고 다양한 각도에서 여러 편의 에세이를 쓴다.

셋째, 글을 쓰는 주제와 연관한 언어에도 관심을 기울인다.

넷째, 글쓰기 개인지도를 받는 것이 좋다.

다섯째, 인내심이 있어야 한다.

여섯째, 글쓰기 능력을 기르기 위해 관련 활동에 적극 참여한다.

일곱째, 다시 고쳐 쓰는 연습을 하는 게 중요하다.

기획자에게 글쓰기 교육은 필수. 여기에 사회학, 심리학, 경제학, 철학 등 다양한 분야를 접하면 배경지식을 키울 수 있다. 문장력을 키우려고 따로 시간을 내서 지식을 쌓으려고 하지 말고 평소에 여러 분야의 콘텐츠를 보고 듣고 배우면 표현력도 향상된다. 개인지도를 받는 것도 좋다. 주변에 첨삭을 도와줄 사람이 있으면 적극적으로 지도를 받기 바란다. 비슷한 지적을 반복해서 받았다면 직접 고쳐서 써봐야 한다. 자기가 쓴 글을 직접 다시 쓰는 동안 새로운 생각이 떠오른다. 그러면 주제에 관해 깊게 생각하게 되고 더 좋은 표현으로 글을 쓸 수 있다.

전문 작가들은 자기 글을 수없이 많이 고치면서 최상의 글로 다듬는다. 업무적으로 쓰는 기획서는 마감 기한이 정해져 있어서 최상의 글로 다듬기는 곤란하다. 그래도 최선을 다해서 애매한 표현, 맥락에 적합한 단어와 문장에 대해서 고민하면 견고한 기획서를 쓸 수 있다.

기획자의 문장은 다작으로 향상된다

회사에서 쓰는 기획서, 공모전에 제출할 기획서, 모임에서 새로운 일을 추진하기 위한 기획서 등 여러 가지 목적으로 기획서를 쓴다. 나는 업무적으로 기획서를 쓰는 직장인을 대상으로 이 책을 썼다. 취재 기자로 일하면서 처음으로 특집 기사를 맡고 나서 기획안을 쓸 때가 기억난다. 당시에 선배들이 쓴 몇 달치 기획서를 꼼꼼히 살펴봤다. 다른 사람이 쓴 기획서를 보면 이렇게 쓰면 되겠다는 감이 오는데 내가 쓰려고 하면 아이디어가 머릿속에서 나오지 않았다. 이후에 출판기획서, 콘텐츠기획서, 교육기획서, 행사기획서, 사보·웹진기획서 등을 쓰면서 머릿속에 아이디어를 종이 위에 끄집어내는 데 익숙해졌다.

처음 기획서를 쓸 때처럼 부담이 되거나 갈피를 못 잡지는 않는다. 기획서를 쓰는 일은 익숙해졌지만 여전히 어렵다. 기획서는 쓰는 방법을 열심히 배우고 연습한다고 실력이 늘지 않는다. 옆에서 보거나 가르침을 받는다고 익힐 수 있는 일이 아니다. 기획서를 잘 쓰는 가장 좋은 방법은 직접, 자주 쓰는 것이다.

어떤 일이든 실전에서 경험하면서 능력이 향상된다. 직접 해보면서 배우는 것을 OJT$^{\text{On the Job Training}}$, 우리말로 '현장 실습'이라고 한다. 직접 써보면 자신의 문제가 무엇이고 어떻게 해결해야 하는지 어렴풋이 알 수 있다. 생각을 거듭하면 결국에는 답을 찾는다. 기획서 작성과 같은 업무와 연관된 일은 교육을 받고 직접 하면서 배우는 게 제일 효과적이다. 적은 예산으로 단기간 실행하는 작은 기획에서 시작해서 연간 기획, 장기 프로젝트까지 순서대로 배워야 한다.

기획서를 잘 쓰려면 소설이나 시를 쓰는 작가처럼 글쓰기 훈련을 해야 한다. 업무적인 문서 작성 능력을 선천적으로 타고난다는 얘기는 들어본 적이 없다. 유명한 시인이나 음악가도 천재성을 타고났다기보다는 경험을 쌓으면서 실력을 키웠기 때문에 역사에 남는 작품을 만들었다.

131명의 화가와 66명의 시인을 연구한 결과, 세상 사람들에게 알려진 작품을 그리고 쓰기까지 걸린 시간은 예외 없이 10년이었다. 천재성을 타고난다는 예술가도 10년 법칙, 1만 시간의 법칙을 따른다. 유명한 화가와 시인은 대표작을 완성하는 데 10년이 걸렸다. 10년 동안 그들은 기존의 작품을 연구하고 작법을 배우고 익혔다.

천재 화가로 불리는 피카소가 그리고 만든 작품은 회화 1,800여 점, 조각 1,200여 점, 도예품 2,800여 점, 판화 18,000여 점에 이른다. 피카소는 미술 역사에서 유례를 찾아보기 어려울 정도로 다작을 했다. 매달 2점 이상

그림을 그렸고 조각, 판화, 데생, 도예 작품도 남겼다.[8]

　우리가 천재라고 말하는 예술가도 반복해서 연습하고 완벽해지기 위해 노력했다. 그 결과, 시대를 뛰어넘는 걸작을 만들었다. 누구나 노력하면 문서 작성 능력을 키울 수 있다. 기획서, 보고서, 제안서 쓰기 교육을 하면서 확인한 사실이다. 문서 작성 교육에 참여한 사람들에게 주제를 정해주고 글을 쓰라고 하면 처음에는 어떤 내용을 써야 하는지 갈피를 잡지 못한다. 자료를 요약하는 능력도 사람마다 다르다. 자료에서 핵심을 찾는 방법을 터득하면 그때부터 문장에서 자신감이 묻어난다. 교육 후반부에는 샘플로 쓴 기획서에 정량적인 숫자와 근거를 제시할 뿐만 아니라 표현도 명확해진다. 교육 참가자들은 이런 과정을 거치면서 글쓰기 능력을 키운다.

　기획서 작성을 어렵게 생각하는 이유는 설명과 설득을 동시에 하는 글쓰기 방법을 모르기 때문이다. 기획서의 문장은 생각나는 대로 쓰는 게 아니라서 더 어렵다고 생각한다. 가설을 만들고 논리를 세운 다음 사례·사실을 설명하고 의견·주장으로 설득하면 기획서는 완성된다.

　처음부터 기획서를 잘 쓰는 사람은 없다. 기획서를 제출하라는 지시를 받으면 두세 가지 관점에서 아이디어를 발전시키고 복수의 초안을 만든다. 그러면 '이게 좋겠다'라는 판단을 할 수 있다. 기획서를 쓰면서 다양한 자료를 검토하면 핵심을 읽어내는 능력과 판단력, 표현력이 향상된다. 그러면서 폭넓게 사고하는 능력이 생긴다. 이런 과정을 거쳐서 기획서 작성이 두렵지 않은 기획자가 된다.

맺음말

업무상 필요에 의해서 써야 하는 문서는 매우 많다. 품의서, 회의록, 일간·주간 보고서는 쓰기가 어렵지 않다. 홍보물, 사용 설명서, 계약서는 쓰기 쉬운 건 아니지만 과거에 썼던 문서를 참조해서 변용하면 충분히 쓸 수 있다.

보고서, 기획서, 제안서는 쓰기 쉬운 문서일까? 세 가지 모두 쓰기가 쉽지 않다. 특히 기획서는 '많이 써본 사람'도 쓰기가 어렵다. 많이 써본 사람을 따옴표로 묶은 이유는 기획서는 사회 초년생도 써야 하기 때문이다. 보고서는 진행한 일을 사실 그대로 문서로 옮기면 된다. 일을 하면서 얻은 노하우와 다음에는 이렇게 하면 좋은 결과를 얻는다는 내용으로 마무리한다. 때문에 문서 작성에 익숙해지면 보고서 쓰기는 어렵지 않다. 제안서는 어떨까? 사회 초년생에게 제안서를 쓰라고 시키는 회사는 거의 없다. 적어도 내가 다닌 회사에서는 그랬다. 제안서는 대외 문서이기 때문이다. 입찰 제안서뿐만 아니라 비교적 단순한 제안서도 경험이 없는 직원에게 맡기지 않았다. 하지만 기획서는 신입 직원도 쓴다. 기획자로 경력을 쌓으려면 자발적으로 다양한 분야의 기획서를 써야 한다. 자기가 기획한 대로 사업이 진행되든 그렇지 않든 상관없이 기획서는 많이 써봐야 한다.

신입 직원에게 업무용 문서를 쓸 때 알아야 하는 내용을 바탕으로 《문서 작성 최소원칙》을 썼다. 내가 직장에서 겪었던 일에 기초해서 보고서, 기획서, 제안서 작성에서 지켜야 하는 원칙과 주의사항을 담았다. 《문서작성 최소원칙》은 총론이고 《아이디어 기획서 최소원칙》은 기획서 작성에 관한 각론이다. 이 책은 직장인이라면 꼭 알아야 하는 문서작성의 첫 번째 각론으로, 아이디어 발상과 기획서를 쓰는 절차와 방법을 설명한다.

    기획서는 기획 배경으로 시작해서 기대효과로 끝난다. 항목이 정해져 있다. 항목에 적당히 내용을 채우면 된다고 생각하는 기획자는 기획서 작성을 쉽게 생각한다. 이런 기획자들은 '빈칸 채우기'의 함정에 빠졌다고 봐야 한다. 항목마다 그럴듯하게 포장해서 내용을 적으면 실세로는 만들 수 없는 설계도와 같은 기획서가 나온다. 항목만 채운 기획서는 검토하면서 또는 실행하면서 허점이 드러난다. 이런 기획자를 믿고 사업을 맡기는 관리자는 없다.

    기획서는 회사를 살리기도 하고 망치기도 한다. 실패한 기업에서 추진한 사업과 개발한 상품·서비스를 보면 투자를 받기 위해 빈칸을 그럴듯한 문장으로 채워 넣은 기획서만 있고 실행 계획과 이익은 없다. 성공한 사업·상품·서비스를 거슬러 올라가면 시행착오를 겪으며 얻은 자료와 철저한 시장조사, 분석, 실행 계획을 담은 기획서가 있다.

    기획서를 작성하는 절차와 최소한의 원칙을 지켜서 성공하는 사업·상품·서비스를 만들고 회사에 활기를 불어넣기 바란다.

● 정경수

참고문헌

1장

1. 이리스 되링·베티나 미텔슈트라스 지음, 김현정 옮김,《발상》,(을유문화사, 2018), 30쪽
2. 신동운 지음,《다빈치가 그린 생각의 연금술》,(스타북스, 2008), 69쪽
3. 양광모 지음,《따뜻하고 쿨하게 공감하라》,(마인드북스, 2012), 87~88쪽
4. 양광모 지음,《따뜻하고 쿨하게 공감하라》,(마인드북스, 2012), 89쪽
5. 믹 유클레야, 로버트 L. 로버 지음, 김화곤 옮김,《나는 누구이고 무엇을 원하는가》,(사공, 2012), 135쪽
6. 샘 혼 지음, 이상원 옮김,《집중력, 마법을 부리다》,(갈매나무, 2017), 72~73쪽
7. 후타쓰기 고조 지음, 나혜정 옮김,《걷는 습관이 나를 바꾼다》,(위즈덤하우스, 2006), 82쪽
8. 마틴 셀리그만 외 지음, 유진상 외 옮김,《심리학의 즐거움 2 심리활용편》,(휘닉스, 2008), 284쪽
9. 이리스 되링·베티나 미텔슈트라스 지음, 김현정 옮김,《발상》,(을유문화사, 2018), 106쪽
10. 이토 마코토 지음, 나계영 옮김,《일점 집중력》,(살림Biz, 2012), 59~60쪽

2장

1. 토머스 키다 지음, 박윤정 옮김,《생각의 오류》,(열음사, 2007), 325쪽
2. 마이클 코벌리스 지음, 강유리 옮김,《딴생각의 힘》,(플루토, 2016), 56~57쪽
3. 하야시 노부유키 지음, 정지은 옮김,《애플의 법칙》,(살림Biz, 2008), 178쪽
4. 그렉 맥커운 지음, 김원호 옮김,《에센셜리즘》,(알에이치코리아, 2014), 84쪽
5. 미야자와 마사노리 지음, 최말숙 옮김,《도쿄대 교양학부 생각하는 힘의 교실》,(북클라우드, 2018), 147쪽
6. 에릭 마이젤, 앤 마이젤 지음, 한상연 옮김,《뇌내 폭풍》,(예문, 2010), 40쪽
7. 마틴 셀리그만 외 지음, 유진상 옮김,《심리학의 즐거움2》,(휘닉스, 2008), 283쪽
8. 라팅이-스신위-황즈엔-황칭웨이 지음, 송은진 옮김,《디자인 씽킹 강의노트》,(인서트, 2014), 83쪽
9. 하라지리 준이치·고야마 류스케 지음, 신경립 옮김,《셀러던트 아이디어 전쟁에서 살아남아라》,(홍익출판사, 2007), 105쪽
10. 그렉 맥커운 지음, 김원호 옮김,《에센셜리즘》,(알에이치코리아, 2014), 86~87쪽
11. 에드워드 드 보너 지음, 서영조 옮김, 박종하 감수,《드 보노 생각의 공식》,(더난출판, 2010), 123쪽
12. 미즈키 아키코 지음, 윤은혜 옮김,《퍼스트클래스 승객은 펜을 빌리지 않는다》,(중앙북스, 2013), 30쪽

3장

1 데이브 앨런·맷 킹돈·크리스 무린·대즈 루드킨 지음, 권양진 옮김,《혁신의 기술》, (평단, 2008), 90쪽
2 이리스 되링·베티나 미텍슈트라스 지음, 김현정 옮김,《발상》, (을유문화사, 2018), 107쪽
3 도로시 레너드 지음, 나상억 옮김,《스파크》, (세종서적, 2001), 142쪽
4 KBS〈과학카페〉기억력 제작팀 지음,《기억력도 스펙이다》, (비전코리아, 2013), 169쪽
5 윌리엄 더건 지음, 박아람 옮김,《성공하는 아이디어는 무엇이 다른가》, (비즈니스맵, 2016), 137쪽
6 이리스 되링-베티나 미텍슈트라스 지음, 김현정 옮김,《발상》, (을유문화사, 2018), 123쪽
7 김하자 지음,《전환기의 직업윤리》, (성신여자대학교출판부, 2000), 81쪽
8 내털리 커내버, 클레어 메이로워츠 지음,《비즈니스 글쓰기의 모든 것》, (다른, 2013), 80쪽
9 심지훈 지음,《스토리가 돈이다》, (대양미디어, 2012), 73쪽
10 나탈리 카나보르 지음, 장진영 옮김,《더미를 위한 비즈니스 글쓰기 제2판》, (시그마북스, 2018), 238쪽
11 다카쓰지 나루히코 지음, 노경아 옮김,《리서치 교과서》, (한스미디어, 2018), 26쪽

4장

1 황성욱·DDB KOERA 지음,《소셜 크리에이티브》, (마젤란, 2010), 99쪽
2 김종규 지음,《나와 세상을 바꾸는 기획의 비밀》, (중앙경제평론사, 2008), 67쪽
3 다카다 다카히사·이와사와 도모유키 지음, 김혜영 옮김,《일 잘하는 사람들은 어떻게 문제를 해결하는가》, (트러스트북스, 2016), 35쪽
4 시미즈 구미코 지음, 최영미 옮김,《과제설정부터 시작하라》, (마리북스, 2010), 190쪽
5 김도연 지음,《1등 경험》, (살림Biz, 2009), 175쪽
6 존 맥스웰 지음, 홍성화 옮김,《리더십 불변의 법칙》, (비즈니스북스, 2010), 326쪽

5장

1 제럴드 네이들러·윌리엄 챈돈 지음, 김보영·나중길 옮김,《SMART QUESTION》, (에이지21, 2006), 24쪽
2 데구치 히로시 지음, 현유경 옮김,《논리적으로 생각하는 테크닉》, (인포더북스, 2014), 97쪽
3 케빈 라이언 지음, 권오열 옮김,《비즈니스 글쓰기 노하우》, (길벗, 2005), 50쪽
4 조원익 지음,《실패한 마케팅에서 배우는 12가지 교훈》, (위즈덤하우스, 2005), 125쪽
5 자일스 루리 지음, 구자룡 편역,《시장조사의 기술》, (리더스북, 2006), 47~48쪽
6 조철선 지음,《T자형 인재》, (아인북스, 2007), 154~157쪽
7 기획이노베이터그룹 지음,《한국의 기획자들》, (토네이도, 2007), 8쪽
8 안근찬 지음,《누가 고양이 목에 방울을 달았을까?》, (가람문학사, 2008), 114~115쪽
9 황하진 지음,《경영정보시스템》, (경문사, 2005), 28쪽

6장

1. 김재호 지음, 《창의적 기획법》, (이코북, 2009), 39쪽
2. 우메다 사토시 지음, 정은지 옮김, 《최고의 기획자는 세 번 계략을 짠다》, (토네이도, 2016), 35쪽
3. 나탈리 카나보르 지음, 장진영 옮김, 《비즈니스 글쓰기》, (시그마북스, 2018), 39쪽
4. 김철수 지음, 《작고 멋진 발견》, (더 퀘스트, 2018), 33쪽
5. 이토구 쇼고 지음, 성백희 옮김, 《좋은 기획서 나쁜 기획서》, (전나무숲, 2012), 104쪽
6. 강효석, 김연희, 문권모, 신성미 지음, 《직장인 서바이벌 업무력》, (교보문고, 2010), 101~102쪽

7장

1. 사토루 토다 지음, 전지영 옮김, 《최강의 기획서》, (넥서스BIZ, 2008), 66쪽
2. 사이토 다카시 지음, 임해성 옮김, 《직장인을 위한 글쓰기의 모든 것》, (21세기북스, 2017), 124~125쪽
3. 노동형 지음, 《기획 특강 교실》, (경향미디어, 2008), 131~132쪽
4. 이영곤 지음, 《기획서 시크릿 코드》, (새로운 제안, 2012), 249쪽
5. 정경수 지음, 《문서작성 최소원칙》, (큰그림, 2017), 131~132쪽

8장

1. 정경수 지음, 《문서작성 최소원칙 개정증보판》, (큰그림, 2018), 128쪽
2. 잭 퀼스 지음, 오윤성 옮김, 《말 기술》, (생각의 서재, 2018), 143~144쪽
3. 내털리 커내머, 클레어 메이로위츠 지음, 《비즈니스 글쓰기의 모든 것》, (다른, 2013), 76쪽
4. 이영곤 지음, 《기획서 시크릿 코드》, (새로운제안, 2014), 144쪽
5. 장하늘 지음, 《글쓰기 표현사전》, (다산초당, 2009), 704쪽
6. 김주연, 정대현 외 지음, 《표현 인문학》, (생각의나무, 2000), 108쪽
7. 신우성 지음, 《미국처럼 쓰고 일본처럼 읽어라》, (어문학사, 2009), 40~42쪽
8. 이자벨 드 메종 루주 지음, 최애리 옮김, 《피카소》, (웅진지식하우스, 2007), 74쪽